当代乡村转型与重构研究丛书

人口-土地城市化耦合过程及其机制研究

——以江苏省为例

王亚华　袁　源　张小林　著

本书得到国家自然科学基金（项目编号：41371172）资助

科学出版社
北　京

内 容 简 介

本书以城市化复杂系统理论为指导，从人口城市化与土地城市化相互关系切入，基于“格局—过程—机制—趋势”的研究路线，结合“省—市—县”三级尺度的实证分析，探究人口-土地城市化耦合发展的一般性过程与内在机制，并针对不同耦合模式提出分类指导的调控措施。

本书可为地理学、土地科学、城市科学、公共管理学等相关学科的研究人员提供参考，也可为教学和科研机构的学术交流、政府相关部门的管理与决策等提供科学依据。

审图号：苏 S（2019）005 号

图书在版编目（CIP）数据

人口-土地城市化耦合过程及其机制研究：以江苏省为例 / 王亚华，袁源，张小林著. —北京：科学出版社，2019.6

（当代乡村转型与重构研究丛书）

ISBN 978-7-03-061621-0

Ⅰ. ①人… Ⅱ. ①王… ②袁… ③张… Ⅲ. ①人口－城市化－研究－江苏 ②农业用地－城市化－研究－江苏 Ⅳ. ①C924.24 ②F321.1

中国版本图书馆 CIP 数据核字（2019）第 114524 号

责任编辑：周 丹 黄 梅 石宏杰 / 责任校对：杨聪敏
责任印制：师艳茹 / 封面设计：许 瑞

科 学 出 版 社 出版
北京东黄城根北街 16 号
邮政编码：100717
http：//www.sciencep.com

北京画中画印刷有限公司印刷
科学出版社发行 各地新华书店经销

*

2019 年 6 月第 一 版 开本：720 × 1000 1/16
2019 年 6 月第一次印刷 印张：11 3/4
字数：240 000

定价：99.00 元

（如有印装质量问题，我社负责调换）

丛书序

改革开放以来，我国经历了世界上最大规模、最快速度的城镇化进程。据国家统计局数据，我国城镇化水平从 1978 年的 17.9%，提高到 2017 年的 58.5%，平均每年提高 1 个百分点以上，城镇人口由 17245 万人增长到 81347 万人，平均每年增长 1644 万人；乡村人口从 79014 万人减少到 57661 万人，净减少 21353 万人。伴随着城镇化的快速推进，我国乡村的社会、经济、空间等进入了快速重构期。

党的十九大以来，在乡村振兴战略的指引下，我国乡村迎来了前所未有的发展机遇和挑战。一方面，我国新型城镇化进入了快速发展与质量提升的新阶段，城市辐射带动农村的能力进一步增强，在一个农业大国实现城市现代化的同时，同步实现乡村的现代化转型，当前乡村发展处于大变革、大转型的关键时期。另一方面，我国农村的基本国情是大量农民仍然生活在农村、乡村差异显著，在快速城镇化的背景下乡村愈发呈现出多样性分化发展的格局。一部分村落越来越城镇化；一部分村落向特色化、专业化方向演变，成为历史文化保护村、旅游村、工业村、现代农业村等；一部分村落则出现了既有扩张又存在内部空心化现象，成为引起广泛讨论的空心村；还有部分村落则出现了人口外流引发的衰退乃至消亡。城镇化进程中面临着村庄空心化和农村老龄化、乡村文脉传承、乡村治理体系重构等艰巨任务。

乡村转型和重构是一个涵盖面广、覆盖领域多、系统性强的复杂科学命题，也是当前国内外研究的热点课题。南京师范大学的乡村地理研究由来已久，在国内外具有一定的特色。1952 年，时任南京大学地理系主任的李旭旦教授等先生至南京师范学院创办地理系，农业地理、乡村地区的小区域研究就是主要的科研方向。20 世纪 70 年代后期，南京师范大学金其铭先生在其所从事的农业地理与土地利用科研实践中，注意到各地农村不同的聚落形态特征，开始研究探讨农村聚落与地理环境之间的关系；80 年代，金其铭先生先后出版了该领域专著两部，即《农村聚落地理》（科学出版社，1988）、《中国农村聚落地理》（江苏科学技术出版社，1989），逐步创建起农村聚落地理这一门学科。90 年代以来，在金其铭先生带领下，进一步拓展了乡村地理学的研究领域，出版了国内较早的一本乡村地理学著作（《乡村地理学》，人文地理学丛书，江苏教育出版社，1990），进一步加深了对乡村城市化、乡村性、乡村空间系统等乡村发展理论的探索。同时，遵循理论与实践相结合的思想，研究团队始终把学科发展与地域性紧密结合在一起，围绕国民经济建设主战场，参与了大量的江苏省村镇规划、土地利用规划、区域规划等实践工作，从实践中总结理论，用总结出的理论指导实践。江苏省是我国人口稠密、经济发达的省份，也是全国城镇较为密集的地区之一，改革开放以来，从乡村工业化到乡村城镇化，再到城乡发展一体化，走出了具有江苏特色的城乡统筹、集约高效、低碳生态、和谐幸福的城乡融合发展之路，乡村转型与重构走在全国的前列。在多项国家自然科学基金资助下，研究团队围绕乡村性、乡村空间、城乡空间组织演变路径、乡村聚落转型与重构等方面开展了系统的理论和实践研究。

本丛书以总结过去、面向未来的学科发展为指导思想，对过去三十年乡村地理取得的理论、方法和突出成果进行系统地归纳和总结。立足于江苏省作为实证研究的地域，探讨乡村转型、乡村重构的演变过程，总结乡村地域经济空间、社会空间、聚落空间的阶段性特征、典型的模式。丛书第一期推出现代乡村地理学、乡村空间转型与重构——以苏南为例、人口-土地城市化耦合过程及其机制研究——以江苏省为例、县域城乡聚落体系的演化路径及其驱动机制研究——以江苏省为例、多功能视角下的乡村空间分化过程、模式及其机制研究——以苏州市为例 5 册。我们期望该丛书的出版能对当代乡村地理学的发展起到引领作用；对研究处于不同发展阶段的乡村、不同地域的城乡融合发展、乡村振兴提供规律性认识，对指导我国其他地区乡村发展，探究当代乡村振兴的地域模式具有实践指导意义。

《当代乡村转型与重构研究丛书》编委会

2019 年 4 月

序　言

人口城市化与土地城市化作为城市化进程的主要表现形式，发挥着作为经济社会发展载体的重要作用。然而，随着我国市场经济的不断改革与产业结构的转型升级，城市化发展过程中长期积累的人地矛盾日益凸显，人口城市化与土地城市化呈现相互不协调的发展格局，并以经济发达地区建设用地快速扩张、土地城市化明显超前于人口城市化、欠发达地区劳动力大量外流、虚假城市化与城乡二元结构造成“两栖人口”双重占地等现象最为明显。那么，人口城市化与土地城市化之间存在怎样的关联性，如何客观认识其演化过程，二者关系受哪些因素影响，有何内在逻辑关系，这些都已成为我国城市化研究中需要重点关注的现实问题，也是迫切需要在理论上进行探讨的科学问题。

根据系统科学理论，人口城市化与土地城市化既具有相互促进、相互依赖的一面，又具有矛盾和冲突的一面。人口城市化与土地城市化之间不是简单的孰快孰慢的线性关系，在经济社会不同发展水平地区、同一地区的不同城市化阶段，二者之间存在相互联系的复杂关系，从城市化系统内部来看，人口城市化与土地城市化表现为耦合关系。因此，有必要借助地理学综合集成的思想，研究人口城市化与土地城市化耦合发展的一般过程和内在机制，为我国的城市化调控提供科学依据。该书作者自 1998 年参加工作以来，在土地规划与利用领域积累了丰富的项目经验，自攻读博士研究生起开始涉足人地相互作用关系在城市化系统中的研究，并以国家自然科学基金项目“人口城市化与土地城市化耦合过程及其机理研究——以江苏省为例”为依托，进一步提升了在城乡发展与区域规划方向的专业水平，特别是对江苏省不同经济发展水平地区的人口-土地城市化耦合发展进行了系统研究。该书以“格局—过程—机制—趋势”为主线，结合“省—市—县”三级尺度的实证分析，对 1990 年以来江苏省人口城市化与土地城市化的耦合关系进行研究，揭示二者耦合发展的时空格局与一般性过程，探讨二者耦合发展内在机制，并模拟耦合发展趋势。该书主要内容可概括为以下几个方面。

一是分析江苏省人口-土地城市化演化格局。通过回顾江苏省人口城市化与土地城市化发展历程，重点分析全省人口城市化、土地城市化的演化格局及其变化特征，并进一步揭示人口-土地城市化演化空间分异特征。

二是探究江苏省人口-土地城市化耦合过程。借助异速生长模型揭示人口-土地城市化耦合发展的一般过程，划分人口-土地城市化耦合发展类型，以县级评价单元为对象分析耦合发展阶段。

三是揭示江苏省人口-土地城市化耦合机制。借助计量模型对人口-土地城市化之间的相互作用关系进行量化评价，揭示不同经济发展水平地区的耦合驱动力，在对典型地区深入剖析的基础上，总结发达地区与欠发达地区的耦合发展模式与机制，构建人口-土地城市化耦合系统框架。

四是模拟江苏省人口-土地城市化耦合趋势。借助系统动力学模型，构建包括经济、人口、土地、环境四类指标的人口-土地城市化耦合模型，对不同仿真情景下全省及典型城市的耦合发展趋势进行模拟。

该书的出版是我国城市化进程中人地关系研究的一个重要成果，将人口城市化与土地城市化孰快孰慢的感性认识和经验判读，上升为对二者耦合发展过程及机制的科学研究，实现对二者耦合关系的再认识，在实践上指导我国不同区域城市化发展，具有一定的应用价值。当然人地关系是一个涵盖面广、覆盖领域多、系统性强的复杂科学命题，由于作者研究经验所限，该书侧重从人口-土地城市化耦合发展的空间格局、一般过程及内在机制进行探索，今后还需要对人口-土地城市化耦合作用的其他方面进行多角度分析，对不同耦合模式下的深层次机制做进一步探索。

作为作者的导师，我十分乐意为之作序。同时也希望作者以该书为起点，在新型城市化和城乡融合领域加强探索，为我国人文地理学的发展添砖加瓦。

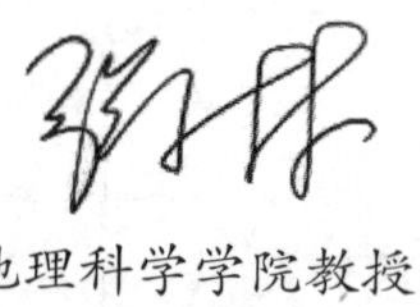

南京师范大学地理科学学院教授、博士生导师

2019 年 4 月

前言

江苏省作为我国资源环境硬约束和土地利用结构性矛盾突出的省份之一，对推动国土空间利用方式向集约化生态化转型的需求最为迫切。自20世纪90年代起，在全球化背景下，江苏省大力发展开放型经济，加速推动工业化和城镇化进程，实现了城市人口和建设用地规模的较快增长，尤其是21世纪的前后十年，是江苏省人口城市化与土地城市化由初步提升到快速发展的重要转折期，也是全省城市人口与建设用地规模增速最快的时期①。根据国家公布的第四～六次全国人口普查数据，1990年、2000年和2010年江苏省城镇化率分别为21.60%、41.49%和60.58%，同期全国城镇化率分别为26.41%、36.22%和49.95%，江苏省实现了由落后全国5个百分点到反超10个百分点的飞跃式发展。2000年之前，开发区建设与外向型经济作为全省城市化进程的主要空间载体和推动力，掀起了建设用地扩张的新高潮。2000年以后，江苏省更是将城市化战略作为推进经济社会发展的"五大战略"之一，提出"大力推进特大城市和大城市建设，积极合理发展中小城市，择优培育重点中心镇，全面提高城镇发展质量"的城市发展方针，全省城市工作会议也确立了"做强、做大、做优、做美"中心城市的指导思想，各地普遍拉开中心城市框架，城镇建设用地增长迅速。在经济全球化、产业转移、房地产等新兴支柱产业的推动下，全省特大城市和大城市建设步伐进一步加快，"十五"期间，全省城市建设用地年均扩张规模首次突破 $200km^2$。进入"十一五"，在南北共建园区、苏南重大产业转移等政策的推动下，苏中、苏北地区经济社会发展也步入快车道，全省城市建设用地年均扩张规模保持在 $178km^2$ 的水平。到"十一五"末期，全省已经形成"7个特大城市、8个大城市、27个中等城市、21个小城市、823个建制镇"的城镇体系，"以特大城市和大城市为核心、中小城市为纽带、小城镇为基础、城乡协调发展"的城市化发展格局初具规模。

随着世界多极化、经济全球化、文化多样化、社会信息化的不断发展，在当前的国际形势下，世界经济在深度调整中曲折复苏，国际资本加速向发达国家和地区回流，开放型经济下扩张型的用地方式正在悄然退幕，以江苏省为代表的广大沿海发达地区，经济发展方式也逐渐由规模速度型向质量效率型的新常态模式

---

① 根据江苏省统计局、江苏省住房和城乡建设厅提供的年度数据，1991～2000年、2000～2010年、2010～2016年3个时段，全省城市人口年均增速分别为5.40%、4.89%和1.72%，城市建设用地面积年均增速分别为7.19%、8.63%和6.62%，2010年之后人口城市化与土地城市化增速均有所回落。

转型。但不可否认的是，21 世纪前后十年全省人口城市化与土地城市化的飞跃式发展是当下经济转型升级的重要基础，因此，深化对这一时期人口-土地城市化互动关系的再认识，分析人口城市化与土地城市化耦合发展的时空格局与一般性过程，揭示二者耦合发展内在机制，对于厘清未来一段时期“一带一路”倡议和长江经济带建设、长江三角洲（以下简称长三角）区域一体化等国家战略在江苏省交会叠加局势下的新型城镇化发展思路，探索如何跨过从高速增长到高质量发展的江苏拐点、如何展现乡村振兴战略下的江苏作为等具有重要意义。

作为博士论文的选题方向，作者在 2011 年前后开始着手江苏省的人口城市化与土地城市化耦合发展研究，并于 2012 年完成大部分基础数据的收集整理工作。时值国家发布第六次全国人口普查成果，作为当时最新的人口普查数据，作者以第五次全国人口普查和第六次全国人口普查（以下简称“五普”和“六普”）成果为基础，进一步结合江苏省统计局、江苏省住房和城乡建设厅的《江苏统计年鉴》（1991～2011 年）和《江苏省城市（县城）建设统计年报》（1990～2010 年）中的人口、建设用地数据，以及江苏省历年土地利用变更调查数据和第二次土地调查数据，重点对 1990～2010 年全省及各个市（县）的常住人口、城镇人口、人口流动情况、城镇建设用地和其他非建设用地等数据进行整理汇总，为研究提供详实的基础数据。

由于城市化研究是一个不断推陈出新的复杂且系统的科学工作，加之作者水平有限，书中难免会存在不足之处，诚请各位同行和读者批评指正。

王亚华

2019 年 1 月

目　录

第一章　绪　　论

第一节　研究背景与意义

一、研究背景

第一，改革开放以来我国城镇化进程不断加快。从人口学角度来看，城市化是农村人口转化为城镇人口的过程；从地理学角度来看，城市化则是一个地区的人口在城镇相对集中的过程。改革开放以来，中国的城市化以人类历史上从未有过的规模快速发展，有力地推动了我国经济与社会的快速发展。相关统计数据显示，2010 年我国城镇化率已达 49.95%，已进入城市化率从 30%到 70%的城市化总体加速发展阶段，只用了 30 多年时间就赶上了西方 200 多年的城市化历程。城市化的迅速发展促进了财富、人才等资源的集聚及基础设施建设，改善了住房条件与城市面貌。但根据《中华人民共和国全国分县市人口统计资料》，2010 年我国户籍非农业人口占全国户籍总人口的比重为 34.17%（公安部治安管理局，2011）。户籍非农业人口与城镇人口相差 20 594 万人，人口比重相差 15.51 个百分点（中国社会科学院城市发展与环境研究所，2012）。也就是说，我国城镇常住人口中有 2 亿多人没有非农业人口户籍，他们虽然居住在城市，但未能享受到市民的权利，没有真正转化为市民，学术界把这种现象称为“半城镇化”。若按户籍人口计算，我国大概只有 36%左右的城镇化水平。

第二，土地城市化快于人口城市化现象突出。与人口城市化的水分使得城镇化发展质量差形成鲜明对比的是土地城市化的速度过快，这是“冒进式”城镇化的重要表现之一（陆大道，2007）。改革开放以来，我国的城市发展可分为两个阶段，大致以 20 世纪 90 年代为界，此前城市化主要表现为城市数量的增加，此后主要表现为城市建成区面积的高速扩张（王桂新，2012）。自 20 世纪 90 年代中期起，各地大规模规划和建设新城，在全国范围内，先后掀起了开发区热、大绿地热、大广场热。近年来，在科教兴国和大学扩招的名义下，“大学城”成为大规模圈地的主要形式（新玉言，2013）。进入 21 世纪以来，在人口城市化快速发展的同时，土地城市化更是呈现为“爆发式的扩张过程”（杨敏，2012）。根据“五普”和“六普”数据，2000～2010 年城镇人口总量增加 2.109 63 亿，接近全部城镇人口的 0.5 倍；同期，地级及以上城市行政区域土地面积增长 139 152km^2，其中建成区面积增长

14 161km^2，建成区面积增长接近一倍（倪鹏飞，2012）。从增长速度来看，20 世纪 90 年代前期地级市人口城市化率的年均增速为 0.46%，而土地城市化率的年均增速则为 3.67%，后者的速度接近前者的 8 倍；到 2000 年以后，地级市人口城市化率和土地城市化率的年均增速分别提高到 0.63%和 5.11%，二者的差距已经超过 8 倍。

第三，人口-土地城市化耦合关系研究亟待深化。当前，我国正处于城市化高速发展的关键时期。随着市场经济的加速推进与产业结构的转型升级，我国城市化过程中累积的诸多矛盾日益凸显。从总体上看，人口城市化与土地城市化之间出现不协调的发展格局，尤其是经济发达地区，城镇及其他建设用地的扩张快速蚕食农村宝贵的农地资源，土地城市化超前于人口城市化。但从不同的地域空间分析，人口城市化与土地城市化之间的发展格局又呈现出多样化的特点，如外资驱动型地区人口和资本的流动性使其城市化进程充满风险；各地开发区以产业推动城市化，但却成了容纳人口最少的产业用地；欠发达地区的农民外出务工，致使本地人口城市化水平虚高，但其土地城市化却因需求不足而停滞在较低水平。从不同发展阶段分析，土地城市化超前于人口城市化仅仅是城市化过程中一定时期的产物，即便在土地城市化超前于人口城市化的现阶段，人口城市化与土地城市化之间的相互作用关系也并非表现为简单的孰快孰慢的线性关系。可见，人口城市化与土地城市化的关系问题已经成为我国城市化过程中需要重点关注的现实问题，也是迫切需要在理论上进行探讨的科学问题。

第四，江苏省内部城市化发展区域差异显著。江苏省是全国经济起步较早的省份之一，目前已经发展成为东部沿海较为发达的省份。2010 年，全省实现地区生产总值 41 425.5 亿元，占全国地区生产总值的 10.3%。同时，由于自然条件、历史沿革、地理区位、开放外埠时期等因素的不同，省内南北地区资源与生产能力、经济要素呈现明显的南北梯度差异。2010 年，苏锡常地区实现地区生产总值 18 067.10 亿元，占全省地区生产总值的 43.61%；人均 GDP 为 84 305.15 元/人，是全省平均水平（52 641.64 元/人）的 1.6 倍。全省城市化发展特征也与经济发展格局相辅相成。一方面，江苏省城市化水平整体较高，“六普”数据显示 2010 年全省城市化水平达 60.6%，比全国高出 10.6 个百分点。另一方面，全省城市化水平也呈南高北低的不平衡状态，特别是改革开放以来，苏南经济的高速增长使得 2010 年苏南地区城市化水平达到 70.3%，高出全省平均水平 10.1 个百分点；相比之下，2010 年苏中和苏北地区城市化水平仅为 56.0%和 51.5%，分别低于苏南地区 14.3 个百分点和 18.8 个百分点。此外，省内不同地区的城市化还存在城镇密集度、规模结构、空间布局形态上的差异，又会导致地区间的经济与社会发展水平差距进一步拉大，为实施区域共同发展战略增加难度。因此，作为沿海发达地区的代表省份，江苏省经济社会发展的区域非均衡性，使其人口城市化与土地城市化之间的关系更具复杂性与典型性。

鉴于以上 4 个方面的考虑，作者认为，应当以人口城市化与土地城市化之间的相互关系为切入点，以地理学中的人地关系、城市科学、非线性系统在地理学中的运用等理论与方法为指导，对江苏省人口城市化与土地城市化耦合关系进行研究，探究二者耦合发展的时空格局与一般性过程，揭示二者耦合发展的内在机制，深化对人口-土地城市化互动关系的再认识，丰富城市化系统理论，为协调城市化快速发展阶段的人地关系提供科学依据。

二、研究意义

城市化是一个自然、社会、经济因素相互作用的复合系统，钱学森从系统论的角度将城市概括为“以人为主体，以空间和自然环境的合理利用为前提，以集聚经济效益和社会效益为目的，集约人口、经济、科技、文化的空间地域大系统”。而人口-土地城市化耦合作为城市化系统中人口与土地两个子系统及其内部各构成要素相互作用、相互影响形成的非线性关系总和，既存在相互作用和依赖的关系，又具有矛盾和冲突的方面。因此，有必要借助地理学综合集成的思想，构建人口-土地城市化耦合关系框架，研究人口-土地城市化耦合演化规律、发展趋势及其协调机制。此研究在推进人口城市化与土地城市化关系研究、探索人口-土地耦合演变过程与规律、深化城市化模式与机制研究、丰富城市化系统耦合实证案例等方面具有一定的理论价值。

本书选取城市化水平较高、内部地域差异明显的江苏省作为项目研究案例开展实证研究，通过定性与定量分析、横向与纵向比较，总结发达地区人口-土地城市化耦合演化规律与发展趋势，探寻人口-土地城市化耦合模式，寻求转型期城市化的科学发展路径，为我国的城市化进程调控提供科学依据，在指导我国不同类型区城市化实践方面具有一定的社会应用价值。

第二节 概 念 界 定

一、人口城市化

人口城市化的基本特征是农村人口转变为城市人口和城市地域的不断扩大，是源于城市发展而兴起的区域经济结构、社会结构和空间结构以城市为模式或导向的演进过程（李小建，1999）。通常，区域城市化水平的衡量指标采用人口指标，即城镇人口占常住总人口的比重。

二、土地城市化

土地城市化是指城市化过程中土地条件由农村形态向城市形态转化的过程，是衡量区域城市化水平的又一重要指标（李培祥，2008），一般通过区域内城镇用地占土地总面积的比重来表示。本书将结合 1996～2008 年江苏省土地变更调查数据进一步研究土地城市化的优化衡量方法。

三、人口-土地城市化耦合系统

耦合多指两个或两个以上系统之间的相互作用与影响，当前被越来越多地应用于地理学中的相互作用研究。人口城市化与土地城市化是城市化的两大重要表现形式，城市化进程主要表现为人口城市化与土地城市化相互耦合的动态过程。人口城市化子系统与土地城市化子系统共同构成了城市化大系统中的人口-土地城市化耦合系统，该系统是人口城市化与土地城市化两个子系统及其内部各构成要素相互作用、相互影响形成的非线性关系的总和。

第三节　本书总体安排

一、研究内容与框架

1. 人口-土地城市化演化格局研究

在回顾江苏省人口城市化与土地城市化发展历程的基础上，重点对全省人口城市化、土地城市化的演化格局及其变化特征进行研究，进而对人口-土地城市化演化空间分异特征进行分析。

2. 人口-土地城市化耦合过程研究

在分析人口-土地城市化演化过程的基础上，借助人口-土地城市化增长速率的变化情况对其进行阶段划分。运用异速生长模型，对不同阶段的人口-土地城市化异速生长系数进行评价，进而形成异速生长系数在城市化发展进程上的连续变化曲线，揭示人口-土地城市化的一般过程。通过研究不同地级市市辖区、县域的人口-土地城市化增长指数、城市用地增长弹性系数的变化特征，划分人口-土地城市化耦合类型。结合人口-土地城市化的一般过程和耦合类型，研究全省地级市及其县域所处的耦合发展阶段。

3. 人口-土地城市化耦合机制研究

基于计量统计模型对人口-土地城市化之间的相互作用关系进行量化评价，在提炼不同经济发展水平地区人口-土地城市化耦合发展驱动力的基础上，结合对典型地区人口-土地城市化耦合发展过程的剖析，归纳发达地区和欠发达地区的耦合发展模式与机制，从而进一步揭示人口-土地城市化耦合发展的内在机制。

4. 人口-土地城市化耦合趋势研究

借助系统动力学模型，从经济、人口、土地、环境 4 个方面分别选取指标构建人口-土地城市化耦合模型，并设定不同经济社会发展情境下的耦合发展目标值。通过调节人口-土地城市化耦合模型的相关参数，从全省和典型城市两个尺度考量目标值的实现程度，探索城市化科学合理的发展趋势。

5. 人口-土地城市化调控对策

针对人口城市化与土地城市化耦合格局、过程、机制研究中反映的特点与问题，提出人口-土地城市化调控措施，为我国的城市化进程调控提供政策建议。

按照“格局—过程—机制—趋势”的研究思路，本书研究的基本框架如图 1-1 所示。

二、研究方法

1. 静态分析与动态分析相结合的方法

城市化进程是城市化系统各要素作用下动态演变的结果。本书采用静态分析方法分析 2010 年江苏省全省人口城市化与土地城市化特征，并用动态分析方法剖析城市化发展的演化格局与耦合过程。静态分析结合动态分析有利于由浅入深地研究二者耦合的一般规律与内在机制。

2. RS 与 GIS 空间分析方法

地理信息系统（GIS）是用于采集、模拟、处理、检索、分析和表达地理空间数据的计算机信息系统，具有强大的空间信息分析功能。本书以土地利用变更调查成果（1996～2008 年）、第二次全国土地调查成果（2009）、2010 年基于第二次全国土地调查的土地变更调查成果与 Landsat 卫星遥感影像（选取 1979 年、1986 年、1992 年、2001 年、2009 年 5 个时相）为基础数据，利用 ENVI、ArcGIS 等软件，提取 13 个地级市土地利用变化信息（图 1-2），用以反映城市建成区的规模扩张变化情况，为土地城市化演化过程研究提供基础数据。

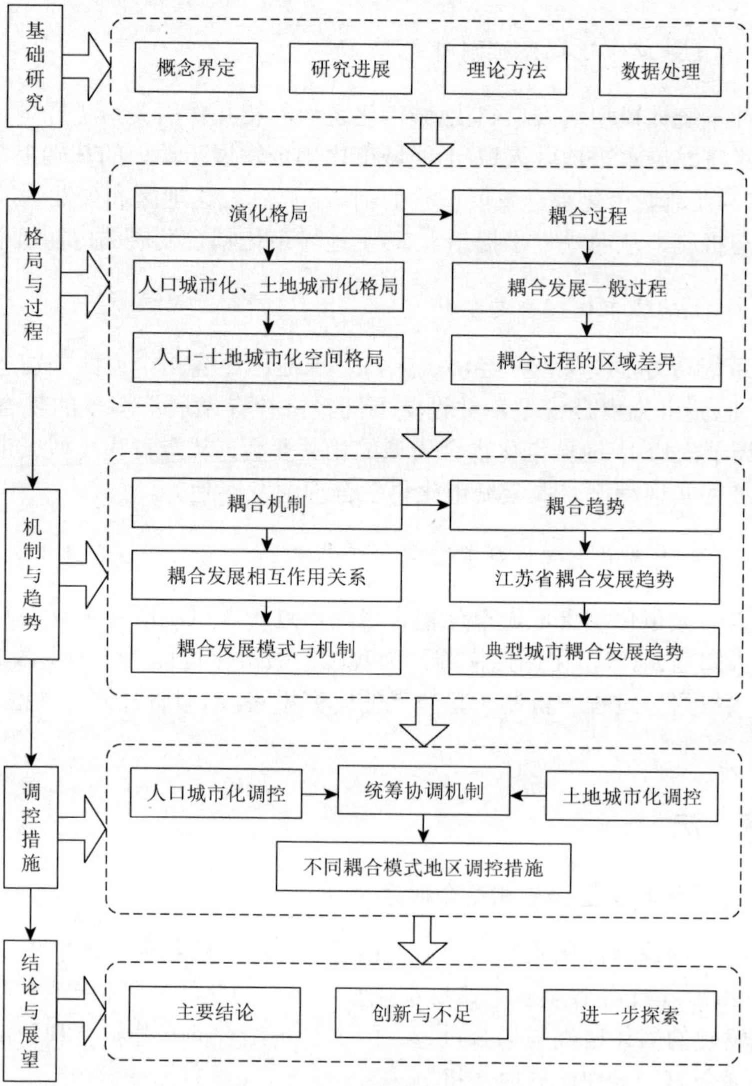

图 1-1　本书研究的基本框架

3. *数理定量分析方法*

数理定量分析方法是对数据进行收集、整理、归纳和分析进而从中找出事物之间的内在联系及其发展规律性的方法，是进行数据统计的一种重要方法。研究运用 SPSS、MATLAB、EViews、Vensim 等定量分析软件，对人口、土地、经济社会数据进行分析。运用异速生长定律、AR 模型、马尔可夫链、系统动力学等方法，研究人口-土地城市化耦合发展的一般过程、作用关系、演化趋势等。

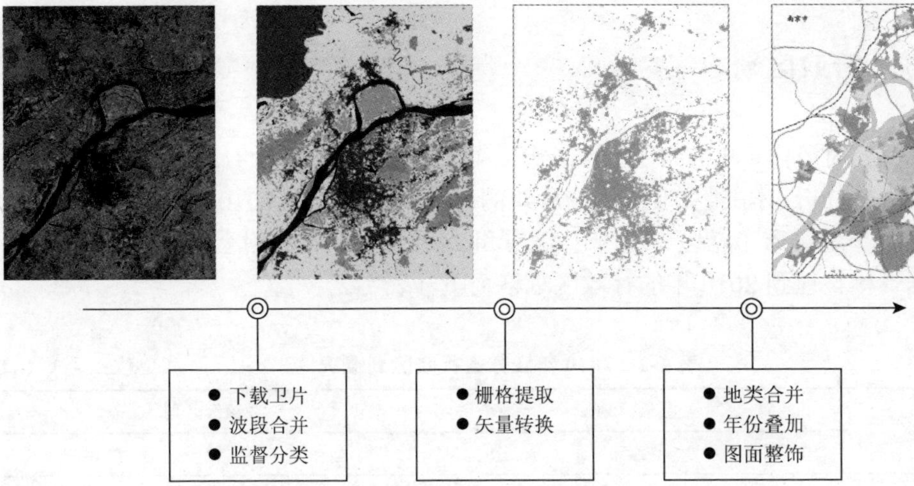

图 1-2 城市土地利用动态变化制作流程（以南京市为例）

第四节 资料来源与数据处理

一、资料来源

研究通过国际科学数据服务平台、中国统计年鉴数据库、江苏省统计局、江苏省国土资源厅、江苏省住房和城乡建设厅采集、收集研究所需数据（表 1-1）。

表 1-1 研究数据资料来源情况

数据类型	数据来源	获取情况
遥感影像	Landsat 卫星 30m 分辨率遥感影像	国际科学数据服务平台获取
人口就业相关数据	《中国人口和就业统计年鉴》（1985～2011 年） 《江苏省城乡建设统计年报》（1990～2010 年） 《中国城市统计年鉴》（1992～2011 年）	中国统计年鉴数据库检索、江苏省住房和城乡建设厅收集
用地规模相关数据	《中国城市统计年鉴》（1985～2011 年） 江苏省土地利用变更调查数据 第二次全国土地调查数据 《江苏省城乡建设统计年报》（1990～2010 年）	中国统计年鉴数据库检索、江苏省国土资源厅、江苏省住房和城乡建设厅收集
经济社会相关数据	江苏省及 13 个地级市统计年鉴（1991～2011 年） 《数据见证辉煌——江苏 60 年》	中国统计年鉴数据库检索、江苏省统计局收集
其他	《中国统计年鉴》（1981～2011 年） 《新中国 60 年》	中国统计年鉴数据库检索

二、统一行政区划

在研究时段内，江苏省 13 个地级市内部先后开展了多次行政区划调整。为便于前后对比分析，本书将 1991～2009 年的行政区划统一到 2010 年 63 个县级评价单元（13 个地级市市辖区、26 个县级市和 24 个县），并按照区划调整方案，将各类数据资料整理到 2010 年的行政区划格局下（表 1-2）。

表 1-2 2010 年江苏省行政区划概况 （单位：个）

地区	县级区划			乡镇级区划		
	市辖区	县级市	县	街道	镇	乡
江苏	55	26	24	332	877	98
南京	11	0	2	84	29	0
无锡	6	2	0	51	32	0
徐州	5	2	3	41	113	0
常州	5	2	0	21	37	0
苏州	6	5	0	33	60	0
南通	3	3	2	20	99	2
连云港	3	0	4	17	53	30
淮安	4	0	4	11	91	24
盐城	2	2	5	13	103	0
扬州	3	3	1	12	70	7
镇江	3	3	0	10	40	0
泰州	2	4	0	15	75	6
宿迁	2	0	3	4	75	29

三、数据处理

（一）人口城市化与土地城市化数据

1. 省级尺度基础数据

江苏省人口城市化与土地城市化演化格局分析主要采用省级数据口径，其中省级人口城市化数据采用《江苏统计年鉴 2011》中 1991～2010 年城镇人口比重，省级土地城市化数据采用 1996～2008 年江苏省土地利用变更调查数据中的城镇工矿用地占土地总面积的比重。

（1）省级人口城市化数据。省级人口城市化数据采用《江苏统计年鉴 2011》中根据“六普”做了统一修正的 2010 年年末常住人口、城镇人口及其计算得到的城镇人口比重。

（2）省级土地城市化数据。省级土地城市化数据采用 1996～2008 年江苏省土地利用变更调查数据中的城镇工矿用地面积，同时采用 2009～2010 年基于第二次全国土地调查的土地变更调查数据中的城镇用地面积进行比较对照。对省级土地城市化的数据时限及其地类选取具体说明如下。

始于 1984 年的土地利用现状调查（俗称土地详查）是我国首次开展的大规模土地资源调查。1996 年在全国县级土地利用现状调查全部结束的基础上，我国全面开展了一次变更调查，各地将不同年份完成的调查成果统一变更到 1996 年 10 月 31 日的统一时点上。此后我国每年开展一次土地变更调查，形成每年年末的土地变更调查数据。直至 2007 年我国全面开展第二次全国土地调查，形成了基于第二次土地调查的、全新的 2009 年统一时点数据。而第二次全国土地调查数据基于当时的《土地利用现状分类》（GB/T 21010—2007）①，以航空、航天遥感影像为主要信息源，尤其是江苏省采用 1∶5000 比例尺成图，调查精度与统计口径都发生了较大变化，第二次全国土地调查成果数据与 2008 年土地变更调查数据之间存在数据突变，城镇工矿建设用地面积同样出现了数据不连续的问题。基于数据的可获取性、连续性考虑，本书主要采用江苏省 1996～2008 年土地变更调查数据来研究全省土地城市化演化格局，同时用 2010 年基于第二次全国土地调查的土地变更调查数据进行比对。

1984 年全国农业区划委员会颁布的《土地利用现状调查技术规程》中的土地利用现状分类将城镇（后细分为城市和建制镇）定义为“市、镇建制的居民点”，将“居民点以外独立的各种工矿企业、采石场、砖瓦窑、仓库及其他企事业单位的建设用地”单独纳入了独立工矿这一地类，各地的开发园区被划入了独立工矿。而实际上，开发园区承担了各类城镇功能，是城镇的重要组成部分，加上独立工矿后的城镇用地面积与建设部门的城镇建成区面积较为接近。因此，研究采用江苏省 1996～2008 年土地变更调查数据中的城市、建制镇和独立工矿三个地类面积之和（即城镇工矿用地）来表征城镇用地规模。

2007 年，土地利用分类系统《土地利用现状分类》（GB/T 21010—2007）首次作为国家标准颁布。开展农村土地调查时，采用“城镇村及工矿用地”的归并地类。与 1984 年土地利用现状分类不同，《土地利用现状分类》（GB/T 21010—2007）将

① 该标准在 2017 年已被新的国标“GB/T 21010—2017”替换。

附属于城镇的独立工矿用地按照附属关系一分为三，分别纳入城市、建制镇和村庄三类用地。这样，城镇范围内的商服、住宅、工业、仓储、学校等企事业单位用地一起纳入了城市和建制镇用地，从而有效解决了1984年土地利用现状分类城镇用地比实际偏小的问题。因此，可采用江苏省2009～2010年基于第二次全国土地调查的土地变更调查数据中的城市和建制镇两个地类面积之和来表征城镇用地规模。

但是，研究发现，多数地级市2009年城市和建制镇两地类面积之和小于2008年土地变更调查数据中的城镇工矿用地面积，故本书研究仍将采矿用地加入城镇用地规模中。尽管如此，仍有个别地级市（无锡、常州和南通）的城镇用地面积小于2008年城镇工矿用地面积（表1-3）。因此，基于第二次全国土地调查的2009年、2010年土地变更调查数据仅用于与2008年的数据进行比较对照及分析2010年的现状情况。

表1-3 江苏省土地变更调查与第二次全国土地调查城镇用地面积比较（2008年、2009年）

（单位：hm^2）

地区		2008年城镇工矿用地	2009年城镇用地（不含采矿用地）		2009年城镇用地（含采矿用地）	
			面积	与2008年差值	面积	与2008年差值
江苏省		596 395.03	572 957.80	−23 437.23	695 855.73	99 460.70
苏南	南京	71 084.61	66 482.84	−4 601.77	73 259.80	2 175.19
	苏州	111 038.00	118 717.56	7 679.56	121 154.25	10 116.25
	无锡	73 195.03	57 126.64	−16 068.39	60 955.49	−12 239.54
	常州	50 704.37	43 989.89	−6 714.48	48 614.88	−2 089.49
	镇江	31 121.75	28 589.16	−2 532.59	36 095.41	4 973.66
苏中	南通	43 633.97	37 115.03	−6 518.94	40 458.39	−3 175.58
	扬州	33 801.93	31 772.38	−2 029.55	34 799.06	997.13
	泰州	27 186.35	26 894.29	−292.06	28 148.22	961.87
苏北	徐州	48 816.93	46 030.71	−2 786.22	57 509.08	8 692.15
	连云港	24 113.54	31 030.25	6 916.71	67 423.61	43 310.07
	淮安	22 886.87	27 572.05	4 685.18	31 398.43	8 511.56
	盐城	40 722.77	33 761.48	−6 961.29	70 167.73	29 444.96
	宿迁	18 088.89	23 875.52	5 786.63	25 871.38	7 782.49

资料来源：2008年数据为土地变更调查数据中的城镇工矿用地数据，2009年数据为第二次全国土地调查数据。

2. 县级尺度基础数据

开展1991～2010年县级尺度人口-土地城市化耦合过程与机制研究，需要收集全省63个县级评价单元20年的城镇人口数据和城镇用地面积数据。

（1）县级人口城市化数据。长期以来，我国的人口统计一直按照中华人民共和国公安部门户籍人口统计口径统计农业人口与非农业人口。2000 年“五普”采用常住人口统计口径统计城镇人口与农村人口。2006 年前后，地级市统计年鉴人口统计口径开始由户籍人口改为常住人口。因此，全省 63 个县级评价单元的常住人口统计口径数据不全，研究期限 20 年中只有 13 个地级市 2000 年、2006～2010 年共 6 年的人口城市化数据（表 1-4），地级市其余年份及所有县级市和县的城镇人口数据都未能获取。

表 1-4 江苏省地级市人口城市化数据（2000 年、2006～2010 年） （单位：%）

地级市	2000 年	2006 年	2007 年	2008 年	2009 年	2010 年
南京	71.1	76.4	76.8	77.0	77.2	78.5
无锡	58.3	67.1	67.4	67.5	67.8	71.0
常州	54.0	60.5	60.9	61.0	61.2	63.9
苏州	57.1	65.1	65.6	66.0	66.3	70.6
镇江	50.4	59.2	59.6	59.8	60.0	62.0
南通	33.5	46.9	48.6	50.3	52.7	56.0
扬州	42.7	49.2	50.2	51.3	52.9	56.7
泰州	39.4	46.1	47.6	49.1	51.0	55.7
徐州	33.5	44.8	45.8	47.2	49.1	53.9
连云港	28.0	39.0	40.5	42.0	43.5	51.8
淮安	28.8	38.4	39.9	41.4	43.1	50.8
盐城	35.6	42.5	43.7	44.8	46.3	52.5
宿迁	25.5	32.4	34.1	35.9	37.7	48.3

（2）县级土地城市化数据。1996～2008 年的土地变更调查数据比例尺较小（1∶10 000），调绘精度有限，只有城镇、建制镇和独立工矿的地类面积，不能反映地类图斑内部详细的利用现状。同时，63 个县级评价单元的城镇工矿用地面积只有 1996～2008 年的数据，缺少 1991～1995 年及 2009～2010 年同口径数据。

鉴于以上情况，本书以全省 63 个县级评价单元 1991～2010 年的城区非农业人口、建成区面积作为基础数据①，下文统称为城市人口规模和城市建成区面积，

① 非农业人口系《中华人民共和国城市规划法》（1989 年 12 月 6 日第七届全国人民代表大会常务委员会第十一次会议通过）明文规定的界定城市规模的法定指标，由于其较好的连续性，在城市研究中被广泛使用（该法自 2008 年起被《中华人民共和国城乡规划法》取代而废止，但后者并未另外指定其他法定指标）。不过，该指标也存在缺陷，即对城市人口规模的统计口径偏小，如 1991 年、2000 年和 2010 年江苏省城镇人口分别为 1587.74 万人、3040.81 万人和 4767.63 万人，而非农业人口仅为 1011.57 万人、1490.13 万人和 3047.81 万人。

开展县级尺度人口-土地城市化耦合过程与机制研究。所采用的数据均来自《江苏省建设事业 1991—2000 年统计资料暨成就汇编》和《江苏省城乡建设统计年报》城市（县城）建设篇（2001～2010 年），并将 1991～2009 年时点的行政区划统一到 2010 年 63 个县级评价单元。另外，由于从 2006 年开始，人口统计指标由城市非农业人口调整为“城区（县城）人口”，研究对因统计口径调整、行政区划调整等产生的数据跳跃进行了平滑处理，以保证该面板数据的连续性和稳定性。

（二）遥感影像数据

为了研究江苏省 13 个地级市城市扩展的动态变化情况，研究在早期选取了 1979 年、1986 年、1992 年、2001 年、2009 年 5 个时相，下载 Landsat 卫星遥感影像数据，利用 ENVI、ArcGIS 等软件进行影像解译，提取城市建设用地地类，制作地级市城市建成区规模扩张变化情况图，为土地城市化演化过程研究提供基础数据。

Landsat 的遥感影像数据主要来源于 http：//www.usgs.gov/和 ftp：//ftp.glcf. umd. edu/glcf/Landsat/。其中，http://www.usgs.gov/数据的下载情况见表 1-5 和表 1-6。

表 1-5 江苏省 13 个地级市城市用地遥感影像数据类型表

年份	遥感卫星数据类型	备注
1979	Landsat 1、Landsat 2、Landsat 3MSS（1972～1983 年）	
1986	Landsat 1、Landsat 2、Landsat 3MSS（1982～1992 年）	
1992	Landsat 4、Landsat 5 TM	没有 1992 年份的数据，用 1994 年、1995 年代替
2001	Landsat 7 ETM SLC-on（1999～2003 年）	
2009	Landsat 7 ETM SLC-off（2003 年）	条带处理

表 1-6 江苏省 13 个地级市城市用地遥感影像数据年度情况表

地区	1979 年	1986 年前后	1992 年前后	2001 年	2009 年
南京	1979 年	1985 年	1995 年	2001 年	2009 年
苏州	1979 年	1984 年	1994 年	2001 年	2009 年
无锡	1979 年	1984 年	1994 年	2001 年	2009 年
常州	1979 年	1984 年	1994 年	2001 年	2009 年
镇江	1979 年	1985 年	1995 年	2001 年	2009 年
南通	1979 年	1984 年	1994 年	2001 年	2009 年

续表

地区	1979年	1986年前后	1992年前后	2001年	2009年
扬州	1979年	1985年	1995年	2001年	2009年
泰州	1979年	1984年	1994年	2001年	2009年
徐州	1979年	1989年	1995年	2001年	2009年
连云港	1978年	1987年	1995年	2001年	2009年
淮安	1979年	1988年	1995年	2001年	2009年
盐城	1979年	1988年	1995年	2001年	2009年
宿迁	1979年	1989年	1995年	2001年	2009年

第二章　国内外相关研究进展

第一节　人口城市化相关研究

一、西方国家早期的人口城市化研究

1. 人口迁移研究

西方国家于 18 世纪中叶最先进入工业城市化阶段，在第一次工业革命的推动下，1851 年英国的城市化水平首次超过 50%，率先进入成熟的城市化阶段。然而，工业革命前的城市只不过是少数人的聚集之所，当今时代，城市已逐渐成为更多人生活的地方；从 1800 年至今，世界人口增长了 6 倍，然而世界城市人口增长了近 60 倍。因此，早期西方国家关于城市化的研究多集中于农村人口和劳动力向城市迁移，其中以美国经济学家刘易斯（A. W. Lewis）的两部门模型（dual sector model）最为著名。英国统计学家雷文斯坦（E. G. Ravenstein）也指出，“迁移流动意味着生存和进步而一个静止的人口则意味着停滞不前”。人口迁移作为工业化、城市化和社会经济现代化进程的必要条件和重要结果，形成了以“人口迁移转变论”等具有代表性的研究成果。

美国人口学者泽林斯基（L. W. Zlinsky）根据发达国家 20 世纪 70 年代前的人口迁移与人口再生产类型转变，以及与工业化、城市化和社会现代化进程的关系，将人口迁移进程分为 5 个阶段（表 2-1）。该阶段划分方法与美国城市地理学家诺瑟姆（R. M. Northam）引用 Logistic 曲线概括的城市化水平变化过程“S”形曲线，即国家或区域在城市化初期、加速期和后期阶段，城市人口比重增长速度的变化特征相比较，有异曲同工之处。但值得注意的是，“人口迁移转变论”是对发达国家人口迁移所经历的几种发展形态的归纳，是否有着严格的先后次序，能否适用于发展中国家，有待进一步研究验证。尽管如此，人口迁移进程的 5 个阶段仍具有重要的价值，即将人口迁移流动与人口转变、工业化及城市化进程结合起来，从更广阔的视角来分析人口的迁移变动（李玲等，2008）。

表 2-1　“人口迁移转变论”的 5 个阶段

阶段	特征
工业革命前传统社会阶段	高人口出生率和死亡率，人口自然增长缓慢，人口很少迁移流动
工业革命早期社会转变阶段	伴随死亡率的下降，人口迅速增多，农村剩余人口增加，出现大规模由农村向城市的人口迁移；同时在国内移民拓荒或殖民海外
工业革命晚期社会转变阶段	人口出生率持续下降而抑制了人口自然增长，因移民海外而使农村向城市的人口迁移速度放慢
发达社会阶段	死亡率和生育率下降，同时农村向城市的人口迁移速度较以前更慢，而城市内部和城市之间的人口迁移和流动增强，来自欠发达地区的净迁入人口，以及因商业活动和旅游的周期性人口迁移增加
未来超发达社会阶段	推测未来居民迁移大都发生在城市内部和城市之间，对于来自欠发达地区非技术工人的大量迁入，发达地区可能予以控制

2. 城市发展循环研究

工业城市化阶段之后，到 20 世纪 60 年代，发达国家的城市化水平已经超过 60%，在普遍经历了 40～70 年代大都市中心区人口外迁的郊区化热潮后，70 年代前半期开始出现人口从大都市区（metropolitan area）向非大都市区（nonmetropolitan area）的净迁移（如英国 20 世纪最后 20 年，农村人口增长了约 13%），发达国家的逆城市化趋势成为当时热议的焦点。到了 80 年代，美国、日本、欧洲等发达国家和地区的城市化水平已经达到成熟阶段。此时，一方面，工业化的完成，显著改善了西方国家的城市生活和工作条件，使得大城市因农村人口流入所带来的压力不复存在；另一方面，由于导致城市中心区相对衰落的逆城市化现象出现，这时西方国家的城市政策重点开始由建设新城市转向中心城区的复兴。于是，到了 90 年代初，西方国家出现了人口重返较大城市及中心城区的现象，这一时期被称为再城市化阶段。人口从非大都市区向大都市区回流，又引发了对逆城市化是城市化进程的长期趋势还是短期现象的讨论。盖伊尔（H. S. Geyer）和康图利（T. M. Kontuly）为此提出了城市发展假说，认为人口向不同规模城市的迁移集聚和扩散，导致大、中、小城市依次经历人口的快速和慢速增长，由此构成城市发展循环（Geyer and Kontuly，1996）。

3. 西方人口迁移研究取得的成果

从表 2-2 可以看出，19 世纪 70 年代以来人口迁移的研究更加深入。新古典经济学、新经济学、累积效应等理论主要是站在迁移者的角度，从微观层面分析经济和社会环境因素对迁移决策的影响；结构主义、二元制劳动力市场分割理论等，则从宏观层面分析长期趋势及地区、国家、国际不同范围的结构性变化对人口迁移的影响。各类理论从不同角度、不同层次解析相似区域在相似发展阶段和发展条件下，不同类型人口的迁移动机和迁移规律及与其他环境要素的关系。由于区域差异的限制，这些针对发达国家人口迁移研究而归纳的理论和基本规律，对于目前世界上处于不同经济发展、人口转变和城市化进程阶段的国家或地区难以普遍适用，但这些理论和基本规律不仅为不同区域人口迁移的多角度研究提供了指导或切入点，也为政府制定政策提供了有益的参考。

表 2-2 西方人口迁移研究进展简表

时间	人口迁移规律	迁移与工业化、城市化	迁移动机和迁移决策
19 世纪 70～80 年代	雷文斯坦：距离、流量、流向、动机、迁移者特征	—	—
20 世纪 50～70 年代	博格：推力-拉力 E·李：迁移量、生命周期	泽林斯基：迁移与社会转变 贝里：迁移与经济增长和城市人口增长波动 盖伊尔和康图利：迁移与城市发展循环	托达罗：新古典经济学 贝克尔，舒尔茨：人力资本投资
20 世纪 80～90 年代	—	萨森：新国际劳动地域分工 菲利：迁移与世界城市	斯达克：新经济学 鲍尔：二元劳动市场 马希：关系网络、累积效应、结构主义、性别差异

资料来源：李玲等，2008。

二、当前人口城市化研究焦点

人口迁移方面，无论是从微观角度分析经济和社会环境因素对迁移决策影响的新古典经济学、新经济学和累积效应，还是从宏观层次分析长期发展趋势及地区、国家、国际不同范围的结构性变化对人口迁移影响的结构主义、二元制劳动力市场分割理论和人口迁移与工业化、城市化、社会经济现代化和国际化的关系，主要都是运用实证分析的方法，通过对不同区域、不同历史时期、不同发展阶段人口迁移的分析，归纳出一般规律并上升到理论高度。各种理论又从不同角度、不同层次解析相似区域在相似发展阶段和发展条件下不同类型的人口城市化动机、规律及与其他要素的关系。但不可否认的是，上述理论和基本规律主要基于对发达国家城市化的研究。随着 20 世纪中期以来世界范围内人口城市化进程的加快，人口迁移理论在日益丰富的同时，其普遍适用性也因为不同国家或地区所处经济发展、人口转变和城市化进程的阶段不同而受到质疑。

三、国内人口城市化研究取得的成果

1. 人口城市化问题研究的新特点

当前国内学者从自身研究领域出发，对城市化研究大致总结出三类新特点：

从研究角度来看，已经从早期的以宏观视角为主逐渐拓展到更加具体、更具有现实意义的微观层面，从国家或者整个经济体的角度向区域、省域或单个城市等中观乃至微观领域转变。从研究方法来看，实证研究方法得到普遍使用，学界在研究人口城市化与经济社会发展等之间的联系时，更多地采用具有科学意义的计量方法，得到的研究结论也更加具有科学性和参考价值。从研究内容来看，也从早期单纯的经济学领域扩展到社会学、地理学、生态学等其他学科，并采用多学科交叉的方法，使城市化研究内容得到进一步深入。

2. 人口城市化现状的研究

由于城市化本身的复杂性，不同学科的学者对城市化有着不同的解释和定义。例如，经济学家强调城市化是经济发展的结果，即从传统经济向现代经济的转变过程；地理学家则强调其空间的转移，认为城市化是农业人口向城镇人口、农村居民点向城市居民点转移的过程；社会学家则从人与人之间的社会关系对城市化进行研究，强调城市化是社会生活方式的主体由农村向城市的转变；人口学家则从人口数量的角度观察城市人口规模的分布等变化情况。总体而言，不同学者都是基于自身的学科性质对城市化进行研究，导致他们对人口城市化现状的认识存在一定偏见，缺乏全面的界定。

目前我国的城市化整体表现为：①城市化进程处于快速发展阶段，城市化速度领先于世界平均水平；②城市化发展模式由原先政府主导的计划经济体制下的人口迁移模式过渡到市场经济体制下的人口迁移模式；③无论从经济指标对比还是统计数字验证，我国城市化水平、质量与同一阶段的发达国家还存在一定的差距。究其原因，目前我国的城市化总体已步入以大城市为主导的城市化阶段，相当一部分的外出务工人员虽然作为常住人口中的城镇人口被计算在城市化之列，但其并没有真正享受城市市民应有的各种权利和社会福利，并未实现真正的城市化。由此可见，我国的城市化存在一定的虚假成分，对城市化的测度主要表现为统计意义上的城市化水平而并非实际。

从城市化进程来看，改革开放前，户籍制度限制使得我国城市化基本停滞，城乡二元社会结构明显，农村积蓄了大量的剩余劳动力。改革开放后，政策的调整使得人口的流动成为可能，在农村的推力和城市的拉力及经济发展、产业结构调整等驱动因素的合力作用下，大量的农村剩余劳动力涌入城市。短期内大量人口流入加上政府缺乏相关的应对措施致使这一阶段的城市化进程出现了一系列问题。学界主要将其总结为：城市体系结构失衡、功能减弱，城乡关系不协调，二元社会结构明显等。另外，土地城市化快于人口城市化也是一个突出的问题，城市空间扩张的速度大大快于人口融入城市的速度，产生了虚假城市化。

3. 影响人口城市化的因素研究

经济因素。城市化与经济发展存在密切的关系，西方社会早期的一些经典理论，如刘易斯的二元经济模型、托达罗的城乡人口迁移模型都是从经济发展与城市化关系入手的。黄宇慧（2006）运用协整理论，通过选取城市化水平、人均 GDP、城乡消费支出、第三产业比重等指标进行计量经济模型分析，揭示上述指标之间存在着长期的均衡关系。台冰和厉有为（2006）对人均工业增加值与城市化水平的数据样本进行回归分析的结果表明，二者之间具有高度的相关性，人均工业增加值增长是城市化水平变化的重要动因。

制度因素。长期以来制度问题是制约我国城市化发展的首要因素，改革开放前由于相关制度制约，我国的城市化进程基本停滞，城乡处于割裂状态，二元特征显著。改革开放后，人口流动政策的开放使得农村人口进入城镇的限制大大减少，但仍然存在一些制约因素（江智华，2013）。卢向虎（2005）从户籍制度、农村土地制度、社会保障制度、城市住房供给制度、城市用工制度和城乡教育制度等多方面阐述了制度因素对我国农村人口城乡迁移的阻碍作用。

社会发展因素。除了经济因素和制度因素对城市化的影响外，社会发展因素也在一定程度上影响着城市化进程。王延中（2010）通过分析社会保障体系与城市化的关系，认为适度的社会保障有助于全民共享社会福利体系，更有利于从整体上促进城市化和城乡经济社会的协调发展。

4. 人口城市化带来的影响研究

对经济发展的影响。经济发展既是城市化的驱动因素，也是城市化的发展结果。城市化通过带动产业结构、就业结构、消费结构、资源配置等不同方面的调整和转变，从而对经济发展产生影响。李通屏和成金华（2005）利用改革开放后主要年份的数据对中国城市化的投资效应和消费效应进行比较分析，认为健康稳定的城市化伴随着稳定协调的投资和消费关系，但当前中国的城市化存在“有城无市”或“城与市”不相协调的问题，高投资、低消费成为城市化快速发展进程中的常态。赵显洲（2006）以 1978 年以来的时间序列数据为样本，对城市化和经济发展的相互作用做了动态分析，证明二者之间既存在短期效应又存在长期效应。李林杰等（2007）揭示和分析了城市化对国内消费需求的影响，并提出应借助人口城市化来促进国内消费需求的增长。

对社会发展的影响。我国的城市化进程主要表现为农业人口向城市的大规模迁移，这一过程必定会对社会发展产生巨大的影响，导致许多新矛盾和问题的产生。李林杰和顾六宝（2005）认为导致我国“三农”问题的根源是城市化滞后，所以解决“三农”（农业、农村、农民）问题的根本途径是加快城市化的发展，提高城市化发展的质量。隋海燕（2006）认为城市化是实现全面建设小康社会的重要一环，对市县社会公平、提高经济效益、解决二元经济结构矛盾、实现社会和谐发展等方面有着重要的意义。

对环境发展的影响。人口城市化对环境的影响主要是通过人口集聚及工业化反映出来的，工业化在推动人口向城市集中的过程中，同时对生态环境产生巨大的影响，如大气污染、水源污染、植被破坏等。姚从容（2010）分析了城市化对气候变化的影响，认为城市化带动人口大规模的空间积聚，以及现代生活方式对传统生活方式的替代，使得城市人口排放的温室气体和污染物迅速增加，导致城市空气质量下降，热岛效应加剧，局部地区的气候变化显著。董婕等（2010）认为城市化同样对水资源产生巨大的影响，随着城市建设规模的不断扩大，城市人口的大量增加必然推动产业结构的不断升级，从而使得城市用水量、用水结构、用水效率都发生相应变化。当前我国城市用水的供给矛盾越来越突出，在北方一些地区，用水紧缺已经成为制约城市发展的主要因素。

第二节　土地城市化相关研究

一、国外土地非农化的研究概况

1. 以“人”“地”为研究对象的两大学派

以生态学、环境学、地理学为代表的自然科学家应用 RS 和 GIS 技术构建空间模型对农地非农化的格局、演化过程进行研究，观察对象是“地”，包括单元像素（individual pixel）和地块景观（landscape），通过构建模拟模型、经验统计评价模型和综合模型进行研究。模拟模型主要是元胞自动机（cellular automaton，CA），用于对土地利用/土地覆盖变化（land-use and land-cover change，LUCC）的分布和变化过程的模拟及重现；经验统计评价模型研究文献较多，主要采用多元统计分析对 LUCC 过程进行量化评价，从复杂的土地利用系统中分离出主要的驱动因子及其定量关系；综合模型则结合模拟模型和经验统计评价模型预测外生变量（exogenous variable）变化对土地利用变化的影响，从早期基于简单栅格的马尔可夫模型（Markov model），到后来包括经济、人口等解释变量，并结合 CA 模型用于土地利用空间变化的预测（Ligtenberg et al.，2001；Overmars and Verburg，2006）。近年来，小尺度土地利用变化及效应模型（CLUE-S）的建立，在揭示自然因素和人口、国民生产总值等社会经济因素对不同类型土地利用变化影响的同时，也对不同情况下的土地利用变化影响进行了模拟（Parker et al.，2003；Kangalawe，2010）。

土地利用变化是人类在环境、经济和社会等约束条件下选择的结果，所以，以城市经济学家为代表的社会科学家，从城镇和农村的发展等与“人”相关的角度出发，通过建立经济模型，对农地非农化的经济过程进行探究。研究通过微观经济模型和区域经济模型展开，观察的对象包括个人、企业和政府。微观经济模型包括土地租金模型（land rent model）、投标租金模型（bid-rent model）或单一中心模型（mono-centric model）（Kuminoff et al.，2001；Reynolds，2001；Ahn，2002），后续引入的新经济地理理论，通过解释集聚现象和城市空间结构的关系，更加重视实证研究的作用。区域经济模型用于解释人口和经济活动在区域内的流动，包括扩散模型、引力模型和网络模型等（Wegener，1994）。然而，Browder（2002）认为，用距离和人口规模来反映城市化对农地非农化的影响并不全面，由此提出城乡互动（urban-rural interface）的概念，并将其引入城市化与土地利用变化的研究。

2. 体现“人”“地”融合趋势的四类模型

然而经济模型忽略了土地的异质性特征，无法解释其空间过程。以 Chomitz 为代表的环境经济学家通过整合 Hedonic 理论来处理土地的异质性，建立了基于空间框架的土地所有者经济决策模型（Chomitz and Gray，1996；Ladis and Zhang，1998）。由此，个人异质性和决策环境的不确定性问题在后来一系列的研究中得到了完善和发展（Bockstael，1996；Wu and Cho，2007）。空间非经济模型能够针对土地利用变化的空间过程和结果进行解释，但解释不了人类行为对土地利用变化的空间过程和结果的影响。虽然有些模型包含了反映经济效果的解释变量，但这些因素表征的是人类行为的结果，而不是人类行为本身。经济非空间模型的优势在于有经济理论的严格支撑，但是由于没有考虑到地块的异质性问题而显得对空间处理过于粗糙。此外，有效处理 LUCC 研究中产生的内生性问题及空间相互关系问题也是很重要的。为了解决经济非空间模型没有考虑到地块的异质性问题及经济模型不能解释和预测土地利用变化空间模式的变化问题，可建立土地利用变化的空间经济结构模型（Burgi and Turner 2002；Irwin and Bockstael，2002；Buyantuyev and Wu，2007）。近年来，许多学者将研究人口和就业变化的区域增长模型尤其是结构模型的技巧用来研究农地非农化的影响因素（Hailu and Brown，2005；Nzaku and Bukenya，2005；Mojica and Bukenya，2006）。

二、当前土地城市化研究的焦点

1. 时空过程与特征

对城市建设用地增长时空过程与特征的研究，往往采用多个时序的统计数据或遥感影像数据，通过相关技术手段分析城市建设用地增长的空间分布特征及其变化规律。国外对城市建设用地增长的研究主要是从城市用地增长和城市扩张两个方面进行。城市建设用地增长的时空过程研究不仅是城市发展研究中的一项重要内容，也是全球环境变化研究中的一项基础内容（Turner et al.，2007）。全球范围内的研究表明，城市化发展在不断吸纳人口的同时，城市用地也在不断扩张，城市数量不断增加，在发展中国家尤为明显（Lambin and Geist，2006）。对城市建设用地增长的实例研究表明，不同国家、区域的用地增长研究反映出不同的增长速度、模式与空间上的变化，其中亚洲和南美洲为全球城市用地增长最快的地区（Geymen and Baz，2008；Schneider and Woodcock，2008）。一项源自 120 个城市的研究表明（Angel et al.，2005），在 1990～2000 年，全球城市人口年均增长率为 1.7%，而城市用地增长率则高达 3.3%，根据预测，发展中国家的城市建设用地规模将由 2000 年的 20 万 km^2 增长到 2030 年的 60 万 km^2。

中国作为全球瞩目的发展中国家，改革开放以来经济、社会发展迅猛，城市化发展速度更是远远高于其他国家和地区。20 世纪 90 年代以来，国内外学者针对中国的城市建设用地增长开展了大量研究工作。Tan 等（2005a）的研究表明，20 世纪 90 年代以来，全国 145 个大中城市建设用地增长 3534km^2，东部、中部和西部地区分别占 75.3%、14.3%和 10.4%，其中东部地区增长速度最快。对县级单元城镇建设用地扩张的研究发现，1990～2000 年东部地区城镇建设用地增速有所减缓，而中西部地区则加速明显。宏观经济尺度的研究则发现，1990～1995 年城市建设用地增速远大于 1995～2000 年，主要集中在京津冀、长三角和珠三角等已形成城市群的区域（Liu et al.，2005；Tan et al.，2005b）。对北京、上海、深圳、无锡等全国重点城市的研究表明（Liu et al.，2002；张心怡等，2006），不同城市的建设用地在不同时期呈现不同程度的增长，且在轴向、模式方面均有所不同；20 世纪 80 年代后期这些城市的建设用地增长速度开始加快，部分城市进入 21 世纪初期有所减缓，不同城市的建设用地增长形成了分异格局。

2. 影响因素与动力机制

作为研究城市发展的重要内容之一，城市建设用地增长的影响因素和动力机制直接揭示了城市建设用地增长的原因和作用途径，为预测城市建设用地规模变化并制定相应的对策措施提供了可靠的依据。城市建设用地增长具有阶段性、多样性和复杂性等多重特征，且在各个阶段都受到来自不同方面的驱动作用。总体来说，影响因素可分为自然因素和经济社会因素，相对于前者而言，后者更易于通过量化的方法进行测度。目前研究涉及的主要经济社会因素包括人口增长、经济发展、固定资产投资、工业化进程、交通条件、社会政策制度、城市建设与绿化等（谈明洪等，2003）。

人口增长和经济发展作为城市建设用地增长的两大主要因素，成为众学者主要研究的动力机制。Li 等（2003）的研究结果表明，人口密度与经济发展分别是城市规模扩张的内部驱动因素与外部推动因素；赵涛（2005）认为经济发展是促使国内城市建设用地扩展的根本动力，产业结构调整是现阶段城市建设用地快速增长的直接推动力，人均 GDP 提高和人口数量增长进一步加速城市建设用地增长。Deng 等（2010）则认为经济结构对国内城市建设用地规模具有重要的影响。对珠三角地区的研究发现，外商直接投资（foreign direct investment，FDI）的增加、农用地与非农用地生产效率之比的递减促进了城市建设用地规模的增长（Seto and Kaufmann，2003）；而在长三角地区，乡镇企业作为内部环境因素起到了为城市建设提供保障、加速非农业人口转化及促进小城镇发展的作用（姚士谋和陈爽，1998）。除了上述两大主要影响因素外，交通条件的改善、城市环境提升与绿化覆盖面积提高、国家宏观调控等均对加快城市建设、促进建设用地增长起到了重要的作用（Zhang，2000）。

3. 预测与控制

城市建设用地的快速增长使得对其增长规模、方向等的预测具有重要意义，目前的预测研究主要包括两个方面，一是对用地时空扩展的模拟，二是对用地规模的预测。20 世纪 60 年代以来，城市模型被广泛应用于城市发展研究，并在新技术的支撑下逐渐实现对城市发展的模拟。但直到 CA 模型的出现，预测研究受到空间数据和扩展规则的约束，才真正实现了对城市扩张二维空间特征的研究（Syphard et al.，2005）。对城市建设用地增长规模的预测主要建立在不同的预测指标和数学模型的基础上，预测指标包括非农业人口、固定资产投资、地区生产总值等人口与经济社会指标。安祥生（2006）从城镇人口和经济因素两个指标对山西省的城镇建设用地增长进行预测，比较结果发现前者更符合规划的要求，而后者则结果偏大，由此提出在城市规划的编制过程中，可以采用多种预测方案结果加权求和的方法。另外，城市建设用地的扩张大多通过非农建设占用的方式实现，也有学者通过研究耕地转化为建设用地比重的方法进行预测（曾辉等，2007）。城市建设用地增长是受到各种因素共同作用的非线性复杂过程，对其预测需要一定规则、指标和模型的支撑，但其结果仍不可避免具有不确定性和片面性。总体来说，预测工作在一定程度上为城市发展中的用地规模需求和用地空间布局研究提供了科学参考。

国外对城市用地扩张的控制产生于 20 世纪 20 年代，通过统一规划和政策、法规限制，将城市土地按利用目的划分为若干区域，对每个区域的用途、建筑密度、高度和容积率等加以限定（杨钢桥，2004）。以英国为代表的欧洲国家实施“绿带”（greenbelts）政策，在一定程度上扼制了城区扩张对环境带来的冲击（吕小彪等，2004）。美国则围绕如何解决城市过快外向蔓延所带来的问题，产生了“城市增长管理”（urban growth management）、“区域主义”（regionalism）、“新城市主义”（new urbanism）、“城市增长边界”（urban growth boundary，UGB）以及“精明增长”（smart growth）等诸多理念，其中“城市增长边界”与“绿带”政策不谋而合（黄慧明，2007）。与美国自下而上的控制政策不同，国内基本采取自上而下的做法，主要通过土地利用规划、城市规划对土地利用进行引导和控制（邱道持等，2005；冯科等，2010）。

三、国内关于城市建设用地扩张的研究

1. *城市建设用地扩张成为热点*

20 世纪 90 年代以来，国内的城市建设用地扩张速度明显加快，期间虽有一些波动，但总的增长态势一直延续到现在，并将在今后相当长的时期内继续保持较快的增长速度（刘涛和曹广忠，2010）。从空间上看，现有的研究成果表明国内不同地区的城市建设用地增长在近十年均保持较快增长，但对增长速度的相对差异性存在争议。究其原因，是不同学者采用的基础数据的多样性和相互间的不匹配产生了根本性影响，基于遥感影像、城乡建设统计年报和土地利用变更调查等数据的研究结果差异较大，导致其可比性不强。此外，对于不同影响因素对城市建设用地扩张的作用强度、作用方向也存在争议。由于城市建设用地扩张的相关基础理论较为薄弱，且不同学者倾向于自身熟悉的研究方法、研究视角，进一步影响了研究结果的可比性。鉴于研究的理论范式、视角及方法的不一致，目前研究结果中不可避免地存在诸多争论和矛盾。

2. *研究采用的方法*

城市建设用地增长是城市地理与城市发展、土地利用变化等研究的热点，经过与多个学科的交叉融合，其研究方法经历了从简单的数据统计分析到现在的多源空间数据分析，并在此基础上继续延伸、融合和创新（王婧和方创琳，2011）。随着研究的深入，有些学者对传统的研究方法进行改造、集成后应用于相关领域的研究中，也有些学者通过引入其他领域的研究技术或者思考角度，进一步拓宽了城市建设用地增长研究的思路。

RS 和 GIS 是目前研究城市建设用地增长特征的主要方法。RS 具有获取快速、影像清晰、来源丰富、动态变化等特点，对缺乏土地利用现状调查资料的研究区域，RS 为获取相关信息提供了较好的技术支持。通过对航拍影像进行解译、分类和提取，由此获得城市建设用地的时空信息，为城市建设用地空间信息提取及在此基础上的扩展研究提供了较好的信息平台。GIS 则为城市研究的海

量空间信息管理、分析、模拟等提供有力的技术支持，二者的结合无疑为研究城市建设用地增长提供了重要的技术手段（Sui，1994）。当前国内广泛应用于土地利用调查等领域的影像为 Landsat TM 遥感影像，已建成的数据集包括 20 世纪 80 年代中后期、90 年代中期、90 年代末期和 2005 年 Landsat TM/ETM + 影像数据库及相应的土地利用/覆被现状数据库、遥感解译标志数据库等（刘纪远和邓祥征，2009）。在时空信息基础上，GIS 通过进一步处理空间属性数据完成城市建设用地增长的时空分析，如城市建设用地扩展的规律、相关指数的动态变化与空间分异格局等（田光进和庄大方，2003）。研究城市建设用地增长特征的另一种方法是对统计数据的分析，主要针对研究区域历年城市建设用地总量的变化，不同空间尺度下数量变化的区域差异，以及通过构建指标体系的方法研究增长特征。

国内关于城市建设用地增长动力因素的研究更多是基于经验统计模型，并且更加注重对各因素的综合测度，常用的方法包括主成分分析、回归分析、灰色关联度分析、空间统计模型分析等方法。Deng 等（2010）综合自然因素与经济社会因素，利用空间计量经济模型等分析国内城市用地增长的动力因素；吴大放等（2010）在对自然、政策和经济社会因素进行全面分析的基础上，通过主成分分析，提取了珠海市建设用地变化的社会经济驱动力因素；谈明洪等（2003）从全国范围内探讨城市建设用地增长的驱动机制，进而采用偏相关分析解释得出经济因素对城市用地增加的驱动作用大于人口因素的结论；史培军等（2000a）则利用 1980～1994 年深圳市遥感影像，以历年建成区面积为因变量进行多元回归；鲍丽萍和王景岗（2009）在对国内城市建设用地扩展影响因素进行定性分析的基础上，利用灰色关联法从经济、社会和政策 3 个层面对其影响城市建设用地扩展程度的大小进行研究；曾辉等（2007）则通过分析边缘非城镇像元的距离、建成区斑块的规模对边缘及全区非城镇像元向建设用地转化比率的影响，来分析建设用地扩展的动力因素。

第三节 人口-土地城市化关系研究

一、对立统一关系

部分学者认为城市化和农地非农化是对立的。在对农地非农化的研究方面，国内学者起步较晚，于 1995 年在国际地圈-生物圈计划（IGBP）和全球环境变化的人文因素计划（IHDP）联合提出后才真正开始对土地利用变化过程与机制进行研究。学界把农地非农化的基本驱动因素归结为受人口增加、经济发展、城市化、农业用地的比较利益等各个因素的综合影响，而在经济转型期间，政府行为对农地非农化的规模和速度起到了重要的推动作用（温铁军和朱守银，1996；叶艳姝和吴次芳，1997；曲福田等，2001；文凤华等，2004；姚寿福，2004）。张安录（1999）对农地城市流转的驱动机制进行了全面系统的分析，认为农地城市流转通过内在自发流转机制和外在人为加速机制的共同作用，由农村向城市以有序或混沌、加速或渐进、行政变异或产权更替、资源享有或土地投机等方式发生流转。

更多学者则认为城市化与农地非农化在根本上是统一的。赵金芸和李培仁（1997）指出，城市建设用地不断扩张与外延式增长必然导致大量耕地被占用，一方面加剧了"吃饭"和"建设"之间的矛盾，另一方面耕地减少的同时出现了大量剩余劳动力，这样一来必然带给城市巨大的收容压力。卢新海（2004）在分析城市化进程中的土地需求与供给时指出，在城市化进程中，农用地的流转与转用是不可避免的，农用地转用成为城市化进程土地供应的主要方式。王海全和龚晓（2005）提出城市化的快速发展引起的对土地需求的急剧增加一般是通过土地农转非，即改变农用地使用用途性质来进行的。因此，城市化过程也是大量土地农转非的过程。国内各地土地利用变化的实证分析显示，城市土地扩张与人口增长、外资投入、三产发展等外在驱动因素呈明显的正相关关系。城市人口是影响城市用地扩张的直接因子，经济发展是城市用地扩张的根本驱动力，且能通过刺激城市人口增加和促进城市环境改善对城市的扩张起作用（摆万奇，2000；史培军等，2000b；张宏斌，2001；蔡运龙和霍雅勤，2002；谈明洪等，2003；曲福田等，2005；胡伟艳等，2009）。也有学者从耕地保护是关系社会经济可持续发展的角度出发，认为农业结构调整、生态环境治理、城市化的加快和加入世界贸易组织（World Trade Organization，WTO）是我国目前农地非农化面临的挑战（余庆年和王万茂，2002）。而杨国良和彭鹏（1996）认为农业发展是土地非农化的根本前提，在农业剩余成为非农业生产资本的同时，土地则以土地资本的形式进行和完成了非农转化。蔡运龙和霍雅勤（2002）的研究也表明，农业用地的比较效益低下是农地非农化的根本原因，农业利用的低经济效益和城市土地价格的高涨，对农业产生了推力和拉力的作用，加快了农地非农化的进程（丁光伟和李世顺，1998；贾生华和张宏斌，2000）。城市化与农地非农化的对立统一关系使得学界对人口城市化与土地城市化的定义更加多元（表 2-3）。

表 2-3　人口城市化与土地城市化的相关定义

文献	人口城市化	土地城市化
刘英群（2011）	农村人口不断向城市及其区域集中的过程	—
李力行（2010）	城市吸纳农村人口进入，为他们创造就业、提供社会福利，使得这些人最终转变为城市人口	泛指城市在空间上的扩张，即大规模的城市建设所推进的"看得见"的城市化

续表

文献	人口城市化	土地城市化
冯科（2010）	—	“中国式城市用地蔓延”，即城市建设用地快速、无序扩展的同时，伴随着交通拥塞、绿地被侵蚀、农田被占用等诸多问题的一种郊区化和城市化共振现象
吕萍等（2008）	—	由于城市化的推进，土地利用属性由农业用地转变为城市建设用地及土地产权属性由农村集体土地转为国有土地的过程
李培祥（2008）	人口向城市地区集中或农业人口变为非农业人口的过程	某一区域城市化过程中土地条件由农村形态向城市形态转化的过程，是衡量该地区城市化水平高低的重要指标
姚震宇（2011）	城市化表现为伴随着工业化，越来越多的人由农村进入城镇，导致城镇人口比例的上升	表现为城市数目的增加和城市建成区的扩大

二、发展快慢关系

对1990～2000年全球120个城市的研究显示，在世界城市发展过程中，城市用地的增长速率快于城市人口的增长速率，前者约为后者的两倍（Seto and Shepherd，2009；Shoshany and Goldshleger，2002）。在中国，当前土地城市化快于人口城市化已成为不争的事实，造成中国土地城市化大肆扩张的原因有很多，但主要还是源于不合理的城乡二元结构及不完善的分税制改革（黄艳芬和丁力，2013）。但土地城市化快于人口城市化的直接后果是中国城市化的虚假繁荣。李力行（2010）阐述了当前我国城市化过程中一个突出的问题，即土地城市化和人口城市化之间的发展不平衡，城市空间扩张的速度大大快于人口融入城市的速度，并称之为虚假城市化现象。也有学者认为土地城市化速度快于人口城市化导致假象的城市化（刘瑜和沈山，2009）。

三、演化协调关系

1. 协调关系探究

当前学界关于人口城市化与土地城市化之间的关系，主要观点如表2-4所示。王军（2008）从人口城市化过程和空间组织互动的一般原理出发，认为人口城市化是空间结构的演化动力与形式，其作用表现在作为影响全省空间格局的关键因素、带动省域城镇体系的发展、加快区域一体化进程、促进产业结构和布局的优化、要求空间组织做相应调整等方面。在空间组织对人口城市化的调控方面，市场经济改革的根本性要求、区域资源合理配置和有效利用的要求是其调控动力，资源要素的直接配置、规划的宏观调控引导、制度和政策安排是其实施手段。李力行（2010）从城市建设和空间扩张的速度与吸纳就业和常住人口增长速度相对比得出前者较快这一表象出发，指出地方政府在城市空间上的扩张动机与在提供就业和社会福利方面的收缩动机叠加在一起，导致了我国人口-土地城市化发展的不均衡性。合理的应对政策包括加速发展第三产业、扩大城镇新增就业，加快配套保障、促进农民工市民化，打通城乡土地市场、改革土地制度，创新行政区划管理体制、提高城市自主权等。田莉（2011）则认为土地城市化是城镇化进程的重要组成部分，土地城市化是否与人口城市化和社会经济协调发展，是关乎我国未来可持续发展的核心议题。1988 年土地有偿使用制度建立以来，土地城市化在城市快速发展中扮演了重要角色，但经营城市、土地财政也使得地方政府过于依赖土地的出让收益，农地过度非农化现象严重、城镇化的形态呈现低密度蔓延趋势、开发区土地投入产出效率和国际先进地区相比差距甚远等都是“十二五”期间人地矛盾尖锐的表现。

表 2-4　人口城市化与土地城市化研究视角及主要观点

学科	视角	主要观点
经济学	土地财政（郭志勇和顾乃华，2012）	土地财政对城市化的拉动是一种过度的刺激，其对应的是一种透支后代人土地资源的“寅吃卯粮”的城市化方式，会导致虚高的城市化。城市化缺乏产业支撑，人口城市化明显滞后于土地城镇化。而且，我国“要地不要人”的城市化推进，并没有同步打破户籍制度等障碍
	宏观经济（中国经济增长前沿课题组，2011）	土地的供给特性和跨期分配效应导致宏观风险增加，房地产价格上升过快，阻碍了人口城市化，去工业化特征明显。土地财政和公共支出扩张虽然对城市化有直接加速效应，改变了时间轴上的贴现路径，但如果超前的土地城市化不能带来城市“规模收益递增”效果，且政府财政收支结构和筹资方式不能改变，则城市的可持续发展就会面临挑战
	土地价格和价格机制（周滔，2009）	城市化和土地利用方向、结构等方面的变化必然存在着某种规律性的联系。在土地城市化转化过程中，其不仅使土地的地貌特征及其负载物的空间形态发生变化，也使土地的权属和价值发生变化，是一个土地多方位的、整体性的改变过程
社会学	统筹城乡发展（李培林，2012）	土地城市化出现热潮，更多是反映了土地财政的强大刺激，而不是统筹城乡发展、城乡一体化和新农村建设的真实需求
	政府经营城市（李力行，2010）	地方政府在城市空间上的扩张动机与提供就业和社会福利方面的收缩动机叠加在一起，导致我国土地城市化与人口城市化的不均衡。具体体现在，城市建设和空间扩张的速度快，但是所吸纳的就业和常住人口增长速度相对较慢
	市民化（卢斌莹等，2010）	在土地城市化的同时，土地上的人并未相应的城市化，必须注意在土地城市化的同时，人也应该市民化

续表

学科	视角	主要观点
地理学	农地过度非农化（田莉，2011）	全国城市建成区面积由 1981 年的 7438km^2 增加到 2008 年的 36 295km^2，年平均拓展速度约为 6%，远高于同期城镇人口的年增长速度 4.21%和城镇化的年增长率 3.11%
	不同尺度研究区域（卢艳等，2008）	建成区扩展系数显示土地城镇化速度过快

另外，城乡二元土地产权和模糊集体产权导致土地使用规划管理的弱质性，也是引发城市粗放型增长的原因。针对上述问题，应着力推进人的城市化，选择正确的城镇化发展途径，以及健全土地市场体系与强化政府在土地收益分配中的福利职能必须双管齐下（田莉，2011）。宫漫（2011）则从城乡双重用地的角度，指出近年来我国城市化推进速度很快，然而城乡建设用地转化与城乡人口转化还不够协调。很多地区农村居民点建设用地并没有随着城市化快速推进而逐步减少，相反呈现不断增长态势。农民工由于不能通过市民化获得城市户籍，其收入水平难以支持其在城市定居，只能选择在农村建房，无法退出承包土地，土地利用不能有效集中，农业规模经济难以扩大。因此，目前新转移的城市化人口大部分仍保持着农业户籍，人口城市化很不稳定，具有双重流动性，与城镇居民还有很大区别（约翰逊，2004）。甄峰等（2011）通过对江苏省的实例研究表明，改革开放 30 多年来，全省的城市化过程主要表现为经济城市化和地域景观城市化，人口城市化对区域城市化的总体贡献不断减弱，且逐渐滞后于其他方面的城市化。在大中城市成为城市化人口的主要集聚地、都市带（圈）作为城市化发展的主要空间形态的现状下，单纯以城市土地空间扩张及城市数量增加为主的城市化道路已经基本不适应江苏省新时期发展战略的要求，而新型城市化概念的提出则明确了提升城市化发展质量、推进城乡区域统筹、优化城市化空间发展的要求（Vernon，2002；Heikkila，2007；Friedmann，2006）。

2. 协调程度评价

人口城市化与土地城市化及其相互关系的相关评价方法如表 2-5 所示。陈凤桂等（2010）通过借鉴物理学中的容量耦合概念和容量耦合系统模型，分别对全国及部分省份的人口城镇化与土地城镇化、耕地资源的耦合度、协调度、耦合协调系数进行了测算分析（许君燕，2010；范辉等，2010）。赵岑和冯长春（2010）以城市人口规模为切入点，结合我国各城市的实际用地情况，通过构建异速生长模型，对城市人口增长与用地扩张的相互关系及其变化趋势进行了探讨（梁进社和王昊，2002；陈彦光，2008）。此外，黄丹和徐邓耀（2011）运用 SPSS 技术通过相关分析与回归分析，林珍铭等（2011）基于土地利用结构信息熵及其相关性系数，蔡滢滢等（2011）采用综合指数多目标决策模型联合灰色系统理论中的GM（1，N）模型和灰色关联度模型，对人口-土地城市化协调发展程度做了定量化研究。

表 2-5　人口城市化与土地城市化及其相互关系的相关评价方法

评价对象	评价指标	指标解释
人口城市化	城市人口比例	国内外目前普遍采用的一种计算城市化的方法，即用城市人口占城市总人口的比重来度量
	非农业人口比例	在一定程度上能体现一个地区人口在经济活动上的结构关系和一个地区生产力的高低及生活方式的变化情况（赵乐，2010）
土地城市化	农用地转为建设用地比例	建设用地总面积中非农村居民点用地规模与辖区内可利用土地规模的比例（李明月和胡竹枝，2012）
	综合指标体系	土地城市化，简单说就是农村土地转化为城市土地，但这种转化不仅是面积上的扩大或缩小，土地的利用程度、利用效益等各方面也都发生了变化，要合理地度量土地城市化的水平，就要采用多因素综合分析方法（薛欧等，2011）
人口-土地城市化的关系	城市土地资源人口承载力	城市土地资源人口承载力从两方面分析，一是建设用地供给规模；二是建设用地人口数量限制，通常从建设用地人口总量和人均占用建设用地指标进行分析，主要反映的是在既定建设用地规模下，适宜的人口容量限度（郭艳红，2011）
	城市人均用地	城市人均用地标准对我国城市规划和土地利用规划产生了巨大的影响（谈明洪和李秀彬，2010），地方政府为了满足城市用地的需求，常会人为调高城市人口以实现城市人均用地必须满足的国家标准
	城市用地弹性系数	该系数是在 20 世纪 80 年代我国城市人均用地 $60m^2$ 的情况下提出来的（袁丽丽，2005），又称城市用地扩展系数。该值相当于建成区面积的平均增长速度与非农业人口的平均增长速度的比值，大于 1.12 表明城市用地扩展过快
	城市人口-面积异速生长模型	该模型基于采用少数几个主要因素定量地表达城市土地利用变化的思想（梁进社和王昊，2002），在分形理论中认为城市建设用地与人口处于不同的维度，进而通过计算城区面积与人口的幂函数标度指数对二者的异速生长关系进行评价

另外，随着熵的泛化，社会熵、经济熵、生态熵等概念越来越多地被应用于协调发展研究中（Georgescu-Roegen，1997；Larsen and Gujer，1997；Antrop，1998；Balocco and Grazzini，2000；Herrmann-Pillath et al.，2002）。国内学者更偏重于演化规律的摸索和探讨，多应用于城市能源消费结构分析、城市土地利用结构和形态的描述（陈彦光和刘继生，2001）、城市人口密度演化分析等方面。例如，耿海青等（2004）分析了城市居民家庭能源消费结构的熵值演变特征；谭永忠和吴次芳（2003）、王秀红等（2002）采用土地利用信息熵分析区域在一定时段内各种土

地利用类型的动态变化及其转换程度，冯健（2002）采用信息熵分析人口的时空变化规律。

第四节 耦合研究中的理论与模型

一、城市化系统理论

系统科学是研究系统的一般性质、运动规律、系统方法及其应用的科学，其研究对象不是某个具体的系统，而是抽象的、哲学意义上的“一般系统”（general system）。研究通过揭示一般系统的“同型性”问题，即各个不同性质的系统之间所表现出的存在方式和运动方式上的一致性（也可以理解为所有系统共同遵守的规律），为科学合理地利用自然和改造自然提供依据（马建华和管华，2003）。美国国家航空航天局（National Aeronautics and Space Administration，NASA）顾问委员会于 1983 年成立的地球系统科学委员会（Earth System Science Committee，ESSC）就是地理学界应用系统科学的先驱，该组织于 1987 年出版的《地球系统科学》研究报告，着重探讨了几十年至几百年的全球变化及其与人类活动的关系，提出制约、适应和改变这种变化的措施和对策。近年来，城市地理学的快速发展使得人类建设城市、改造城市和管理城市在理论与方法学层面上的实践经验不断丰富（顾朝林，2005），城市科学呼之欲出。城市科学作为一门对城市的产生、兴衰发展进行研究，以揭示城市本质、成因、机制、生存条件、系统运转、内在发展规律、外在表现特征和生命力为主要任务，对城市生命体及其可持续发展条件进行研究的学科门类，其重要意义还在于研究成果有助于对城市发展建设的科学预见和正确决策，有助于城市全面、协调、可持续地健康发展（任志远，2005）。

20 世纪 30～40 年代，Christaller 和 Lösch 开始通过中心地模型研究城市体系（urban system），1960 年 Duncan 首次使用城市体系这一概念。1964 年，Berry 使城市体系一词成为正式术语（周一星，1999）。城市体系即为一般系统论的系统，因此，作为一种具有自组织能力的系统（Bertalanffy，1973；许国志，2000），具有整体性、层次性、有序性、动态性和开放性的特征，其时空演化过程主要是系统要素相互作用协调发展的过程（表 2-6）。城市体系的上述特征是内在相关的，是从开放性到动态性，成就和形成有序性、层次性，最终到整体性的过程。首先，开放性表现在不断与周围环境进行物质、能量及信息的交换，导致系统演化而成就了动态性；其次，系统在演化的自组织过程中形成的结构和具备的功能成就了有序性；再次，由于其动态演化导致系统远离平衡态，从而成就了层次性；最后，由于其远离平衡态，形成了非线性性质和复杂性结构，从而成就了城市系统的整体性（周一星，1999）。

表 2-6　系统、作为系统的城市和城市体系

<table>
<tr><th>范畴</th><th>项目</th><th>系统</th><th>作为系统的城市</th><th>城市体系</th></tr>
<tr><td rowspan="3">第一范畴</td><td>要素
（element）</td><td>构成系统的元素，系统是要素的集合</td><td>包括人口、土地、交通线、植被、水体、建筑物等</td><td>各个城市、城镇、村庄、交通网络等</td></tr>
<tr><td>环境
（environment）</td><td>系统之外与它相关联的事物构成的集合</td><td>包括自然环境和人文环境即社会经济环境</td><td>自然环境、社会环境，包括城市腹地等</td></tr>
<tr><td>边界
（boundary）</td><td>分开系统与环境的界线</td><td>至今为止，还没有找到一种确定城市边界的有效办法</td><td>一般以区域为界，有时超越区域边界，视区域的完整性而定</td></tr>
<tr><td rowspan="5">第二范畴</td><td>结构
（structure）</td><td>系统组分之间的关联方式，包括时间结构、空间结构、时空结构</td><td>包括城市形态、土地利用结构、要素分布及其他点、线、面关系</td><td rowspan="2">空间结构、等级结构（包括城市规模分布）等。空间结构表现为：点结构、环结构、树结构、网络结构</td></tr>
<tr><td>组织
（organization）</td><td>有序的结构</td><td>不同产业之间的关系，城市人-地关系</td></tr>
<tr><td>功能
（function）</td><td>刻画系统行为，特别是系统与环境关系的一个概念</td><td rowspan="2">城市在区域中作用和分工（如行政职能、交通职能、商业职能、教科文职能等）</td><td rowspan="2">城市体系在一个区域中的作用便是其职能，该职能由城市体系中各要素（主要是城、镇）的作用决定，但不是后者的简单加和</td></tr>
<tr><td>性能
（performance）</td><td>系统的某种特性和能力。功能是一种特殊的性能</td></tr>
<tr><td>行为
（behavior）</td><td>系统相对于环境表现出来的各种变化</td><td>城市的发展和变化，适应和自组织是城市最典型的行为</td><td>发展、变化</td></tr>
<tr><td rowspan="3">第三范畴</td><td>状态
（state）</td><td>状况、态势、特征等是系统科学常用而不加定义的概念之一</td><td>目前实证研究较多而理论总结较少</td><td>体系中各城镇的矢量描述</td></tr>
<tr><td>演化
（evolution）</td><td>系统的结构、功能、行为、状态等随着时间的推移而发生的变化</td><td>郊区城镇化、城市郊区化均属城市演化范畴，近年来国外开展了较多的模拟研究</td><td>狭义指结构的转变；广义指发生、发育、转变、退化、解体等变化</td></tr>
<tr><td>过程
（process）</td><td>系统演化在一定时间尺度上的展开，即系统演化的历程</td><td>与城市演化有关，城市化等应属城市过程研究领域</td><td>发育、形成、老化、消亡等历程</td></tr>
</table>

资料来源：周一星和陈彦光，2003。

二、非线性系统模型

耦合原本是物理学上的概念，指两个或两个以上系统或运动形式通过各种相互作用而彼此影响的现象（刘耀彬等，2005a）。城市化系统可以看作是一个开放的、非平衡的、具有非线性相互作用和自组织能力的动态涨落系统，其客观存在的动态耦合关系可概括为耦合裂变律、动态层级律、随机涨落律、非线性协同律、阈值律和预警律六大基本定律，并奉为研究分析城市化系统耦合过程必须遵循的基本定律（刘耀彬等，2005b；方创琳和杨玉梅，2006）。从目前的研究来看，对城市化耦合系统的评价多采用从定性到定量的综合集成方法。

乔标和方创琳（2005）认为整个城市化过程就是城市化的各个层面与生态环境的综合协调、交互胁迫的耦合发展过程，建立了城市化与生态环境协调发展的动态耦合模型，指出耦合发展的实质就是系统各要素相互作用、相互制约，由低级协调共生向高级协调发展的螺旋式上升的过程（Ruth and Appsamy，2001；张振杰等，2007）。刘耀彬（2006）根据城市化与生态环境耦合含义及其规律，在灰色关联技术的支持下，构建了耦合系统评价指标体系和评价模型，并以江苏省为实证对象，揭示出全省城市化与生态环境耦合主要因素、时空作用特征，二者的耦合度分布基本符合江苏省南北空间分异的规律（吴文恒等，2006）。黄金川和方创琳（2003）分析了城市化与生态环境的交互耦合机制，推导出城市化与生态环境交互耦合的数理函数和几何曲线，揭示出区域生态环境随城市化的发展存在先指数衰退、后指数改善的耦合规律。宋学锋和刘耀彬（2006）运用 ISM 和 SD 两种方法建立了江苏省城市化与生态环境系统动力学模型。

第五节　研究进展简要评述

国内外有关人口城市化和土地城市化的研究均已取得了丰硕的成果，值得借鉴。在研究内容上，人口城市化与土地城市化的演化过程、作用关系、影响因素、动力机制等均有所涉及，说明这些内容也是人口-土地城市化耦合发展研究的关键所在。在研究视角上，城市科学的崛起及城市体系理论研究的不断发展，将城市作为一种具有整体性、层次性、有序性、动态性和开放性特征的系统，对其内部要素相互作用的协调发展过程研究已日趋成熟。在研究方法上，非线性系统模型的引入为耦合系统评价提供了从定性到定量的综合集成方法，逐渐向数学模型、计量经济学模型、系统动力学模型等现代方法和技术的融合及应用研究转变。

诚然，现有的人口城市化和土地城市化耦合发展研究仍存在一定的局限性。在研究内容上，由于城市化系统与其内部子系统之间存在密切的联系，需要将格局、过程和机制作为一个相互关联的整体进行研究。在研究视角上，当前与城市化相关的耦合系统研究多见于“城市化与生态环境”耦合研究，仅将城市化作为耦合系统的一个子系统，研究城市化子系统与包括生态环境在内的其他子系统之间的耦合关系。而本书将人口城市化和土地城市化作为城市化巨系统的两个子系统，对其耦合发展进行研究。在研究方法上，现有成果多着眼于耦合协调关系研究，且受研究期限的制约，将耦合系统作为一个相对封闭和独立的系统，在有限的研究期限内，通过运用容量耦合模型等方法，得到人口-土地城市化协调发展关系一般表现为从极度失调到初级协调再到优质协调的封闭式发展过程的结论，且缺乏对研究期限之前与之后演化发展关系及相互作用关系的综合考虑。而本书作为对人口城市化与土地城市化耦合发展的研究，其耦合视角并非局限于二者协调发展关系的评价，而是遵循“格局—过程—机制—趋势”的研究范式，深入探究二者耦合发展的时空格局与一般过程，揭示二者耦合发展的内在机制。

第三章 江苏省人口-土地城市化演化格局

第一节 人口城市化演化格局

格局是指事物的空间分布特征和形态（顾朝林等，2008）。中华人民共和国成立以来，江苏省城市化发展经历了若干个重要阶段。本书在回顾全省人口城市化发展进程的基础上，从人口城市化的发展速度、外来人口及其构成、城镇体系结构变动等方面，分析全省人口城市化演化特征。

一、中华人民共和国成立以来江苏省人口城市化发展的进程

1. 城市化缓慢增长阶段（1949～1978 年）

中华人民共和国成立后，伴随着国民经济的逐步恢复以及全国第一个五年计划的实施，全省城乡经济逐渐起步，城市化进程缓慢推进，城市化水平处于徘徊状态。进入“大跃进”时期，全省经济发展过热，人民公社政策的实施使得全省城镇人口增长迅速，城市化水平有了很大的提高。1959～1961 年，受三年困难时期的影响，全省经济连续出现负增长，随后政府开始压缩投资规模，提高建制镇标准，把大批城市人口下放至农村，鼓励知识青年“上山下乡”，并将户籍制度等作为管理和限制城乡人口流动的手段，城市化进程受到严重阻碍，到 1978 年全省城市化水平仅为 13.73%。这一阶段全省城市化率年均增长 0.1～0.2 个百分点，低于全国同期平均水平。

2. 城市化初步提升阶段（1979～1999 年）

十一届三中全会做出的以经济建设为中心的战略决策为全省社会经济发展指明了方向，人民公社化时期成立的苏南社队企业更加蓬勃发展，各地抓住乡镇企业发展的大好机遇，到 1990 年全省乡镇企业增加值达到 1974.6 亿元，其中工业增加值 1703.4 亿元，分别占当年全省 GDP 和工业总产值的 27.43%和 53.94%。乡镇企业的快速发展吸引大量人口、资金向小城镇集聚，极大地推动了全省“自下而上”的城市化进程，使以建制镇为代表的小城镇迅速发展壮大起来，并左右着 20 世纪 90 年代乃至 21 世纪初的全省城市化格局。1992 年邓小平南方谈话之后，上海浦东的开发开放又使得全省经济进入新一轮的扩张期。一批与新城区统一规

划建设的开发区脱颖而出，如苏州工业园区，南京、苏州、无锡、常州等国家级高新区，在此期间，开发区建设与外向型经济发展成为全省城市化进程的主要空间载体和推动力。1996 年全省设立了泰州、宿迁 2 个地级市并对行政区划进行相应调整，大中城市的老城区得以改造、新区投入使用，小城镇建设得到稳步发展，同时对苏北交通、能源建设的投资也得到加强，全面推动了全省城市化的发展进程。这一阶段全省城镇化发展以小城镇和开发区建设为依托，城市化率年均增长 0.98 个百分点，约为全国同期平均水平（0.79 个百分点）的 1.2 倍。

3. 城市化快速发展阶段（2000 年以来）

2000 年 7 月，省委、省政府确定把城市化战略作为推进经济社会发展的“五大战略”之一，提出了“大力推进特大城市和大城市建设，积极合理发展中小城市，择优培育重点中心镇，全面提高城镇发展质量”的城市发展方针，并从 2001 年开始对南京、苏州、无锡、扬州、淮安等 8 市的市区行政区划进行调整，基本解决了“市县同城”的问题。此后，全省城市化水平以年均 2 个百分点的速度快速推进，到 2010 年年底已达 60.58%（图 3-1）。特别是“十一五”期间，大城市的迅速崛起加快了城市化进程的步伐，全省特大城市数从 2005 年的 5 个增至 2010 年的 7 个，“7 个特大城市、8 个大城市、27 个中等城市、21 个小城市、823 个建制镇”的城镇体系初具规模，基本形成“以特大城市和大城市为核心、中小城市为纽带、小城镇为基础、城乡协调发展”的城市化发展格局。这一阶段全省城市化率年均增长约 1.91 个百分点，约为全国同期平均水平（1.37 个百分点）的 1.4 倍。

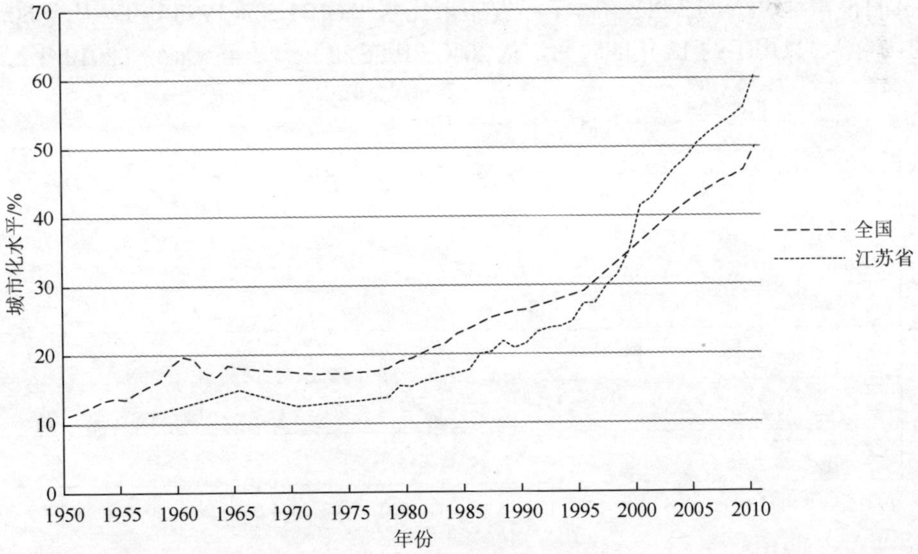

图 3-1　中华人民共和国成立以来全国及江苏省城市化水平变化情况

二、人口城市化演化特征

1. 人口城市化速度超常规，“半城市化”现象明显

受经济发展和工业化进程的影响，江苏省城市化走过了一个较为特殊的“S”形变化轨迹。1979 年以前，一方面，由于以优先发展重化工业的特殊工业化道路，非农产业对农业劳动力吸纳能力有限；另一方面，严格的户籍管理制度隔断了城乡之间的联系，农民被拒之于工业化进程之外，使得城市化发展呈现出水平低、波动大、进程异常缓慢的特点。全省城镇人口比重起伏、波动较大，几乎没有增长，1957 年为 11.30%，1965 年为 14.90%，但此后城市化速度有所减缓，到 1978 年仅为 13.73%，城镇人口比重经历了一个先上升、后下降、再上升的过程，基本处于停滞、徘徊的状态。直到 20 世纪 80 年代后期，全省城市化水平回升至 20%以上，进入陈彦光和周一星（2005）结合我国国情修正后的城市化的加速发展阶段，城市化速度明显加快，至 1998 年达到 30%以上。

1979 年以后，随着改革开放的不断深化，全省经济社会发展进入了一个前所未有的高速发展时期，工业化进程明显加快，城市化也随之进入了快速发展的阶段。尤其是 1991 年以来，城镇人口由 1587.74 万人增至 2010 年的 4767.63 万人，增长了约 2 倍，平均每年增加约 159 万人，年均增长率达 5.96%（表 3-1）；城市化水平由 23.2%增长到 2010 年的 60.6%，20 年间上升了 37.4 个百分点，平均每年约上升 1.9 个百分点（图 3-2），是周一星教授提出的“我国的城镇化水平一年提高 0.6%～0.8%的正常速度”的 3 倍左右。江苏省城市化水平由 31.5%（1998 年）上升至 60.6%（2010 年），只用了约 13 年的时间，从 20%（1986 年）上升至 60.6%（2010 年），也

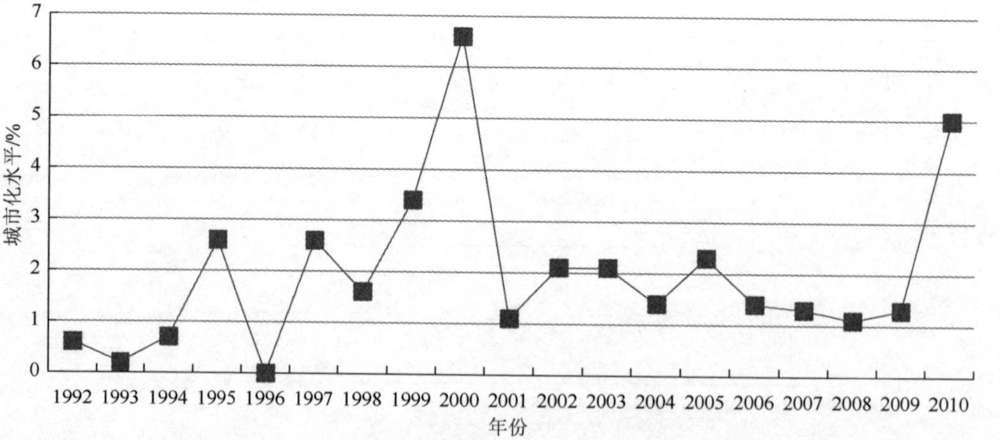

图 3-2　江苏省城市化水平各年增长量（1992～2010 年）

只用了25年的时间，城市化速度超常规发展，大大快于美国、德国、日本等发达国家城市化高速增长期的速度，并成为中国城市化水平提高较快的地区之一。

同时，2010年全省非农业人口占户籍总人口的比例为50.77%，与城市化水平（60.6%）相差9.83个百分点（表3-1），该人口比例差值是1991年（1.65%）的5.96倍，但低于全国2010年人口比例差值（15.51%）；非农业人口与城镇人口相差976.87万人，是1991年（136.88万人）的7.14倍。也就是说，2010年全省城镇常住人口中有近1000万人为农业人口，他们虽然离开农村进入城市，但未能真正融入城市，与非农业人口在教育、医疗、社会保障等社会均等化方面存在差距，没有享受到市民的权利，没有真正城市化，学术界把他们称为“半城市化”。

表3-1　江苏省常住人口与户籍人口比较表（1990～2010年）

年份	常住总人口/万人	城镇人口		户籍总人口/万人	非农业人口		差值		
		人口数/万人	城市化水平/%		人口数/万人	比重/%	总人口（常住–户籍）/万人	城镇–非农业 人口数/万人	城镇–非农业 比重/%
1991	6843.70	1587.74	23.2	6733.87	1450.86	21.55	109.83	136.88	1.65
1992	6911.20	1643.72	23.8	6767.49	1508.02	22.28	143.71	135.70	1.52
1993	6967.27	1673.58	24.0	6800.69	1636.02	24.06	166.58	37.56	–0.06
1994	7020.54	1733.01	24.7	6831.28	1687.51	24.70	189.26	45.50	0.00
1995	7066.02	1929.09	27.3	6868.42	1757.63	25.59	197.60	171.46	1.71
1996	7110.16	1942.50	27.3	6908.13	1848.64	26.76	202.03	93.86	0.54
1997	7147.86	2133.64	29.9	6948.36	1890.73	27.21	199.50	242.91	2.69
1998	7182.46	2262.47	31.5	6983.09	1930.65	27.65	199.37	331.82	3.85
1999	7213.13	2520.09	34.9	7009.09	2088.20	29.79	204.04	431.89	5.11
2000	7327.24	3040.81	41.5	7069.28	2354.97	33.31	257.96	685.84	8.19
2001	7358.52	3134.73	42.6	7097.00	2474.20	34.86	261.52	660.53	7.74
2002	7405.50	3310.25	44.7	7127.33	2573.01	36.10	278.17	737.24	8.60
2003	7457.70	3487.97	46.8	7163.93	2822.43	39.40	293.77	665.54	7.40
2004	7522.95	3624.56	48.2	7206.05	3023.57	41.96	316.90	600.99	6.24
2005	7588.24	3832.06	50.5	7252.88	3142.49	43.33	335.36	689.57	7.17
2006	7655.66	3973.29	51.9	7317.72	3251.39	44.43	337.94	721.90	7.47
2007	7723.13	4108.70	53.2	7354.08	3363.75	45.74	369.05	744.95	7.46
2008	7762.48	4215.17	54.3	7388.63	3491.68	47.26	373.85	723.49	7.04
2009	7810.27	4342.51	55.6	7419.23	3705.08	49.94	391.04	637.43	5.66
2010	7869.34	4767.63	60.6	7466.59	3790.76	50.77	402.75	976.87	9.83

资料来源：2003～2010年非农业人口数据来自《中国人口统计年鉴》（2004～2006年）、《中国人口和就业统计年鉴》（2007～2011年），其余数据来自《江苏统计年鉴2011》。

2. 外来人口在人口城市化进程中扮演了重要角色

在江苏省城市化的加速进程中，农村剩余劳动力的转移模式发生了两个转变，即从过去的以“就地转移”为主变为以“异地转移”为主，从过去的劳动力以“兼业型”为主变为以“专业型”为主，全省乡村劳动力转移人口总量大幅上升。

根据“五普”“六普”数据，2000 年全省流入人口数量为 909.98 万人，占总人口的 12.46%；到 2010 年，全省流入人口数量达 1822.68 万人，占总人口的比重提升至 23.16%，十年间流入人口及其占总人口的比重均增长了一倍（表 3-2 和表 3-3）。

表 3-2　江苏省流入人口情况（2000 年）

地区		流入人口数量		流入人口来源比重		
		数量/万人	占总人口比重/%	本市（县、区）/%	本省其他市（县、区）/%	省外/%
江苏省		909.98	12.46	44.70	27.65	27.65
苏南	南京	139.82	22.82	43.08	29.03	27.88
	苏州	151.30	22.28	23.69	29.31	47.00
	无锡	118.91	23.38	27.97	31.30	40.75
	常州	89.46	23.69	33.22	29.81	36.97
	镇江	62.81	22.08	47.20	28.58	24.21
苏中	南通	27.35	3.64	58.19	21.35	20.45
	扬州	69.16	15.07	51.74	31.81	16.46
	泰州	31.45	6.57	63.48	18.82	17.71
苏北	徐州	58.97	6.62	66.09	19.67	14.25
	连云港	55.17	12.07	63.40	26.09	10.51
	淮安	50.84	10.09	67.01	25.64	7.35
	盐城	36.51	4.59	70.88	21.71	7.42
	宿迁	18.23	3.60	68.68	22.71	8.60

表 3-3　江苏省流入人口情况（2010 年）

地区		流入人口数量		流入人口来源比重		
		数量/万人	占总人口比重/%	本市（县、区）/%	本省其他市（县、区）/%	省外/%
江苏省		1822.68	23.16	24.94	34.58	40.49
苏南	南京	274.27	44.77	18.03	50.34	31.63
	苏州	493.10	72.60	8.30	27.73	63.97

续表

地区		流入人口数量		流入人口来源比重		
		数量/万人	占总人口比重/%	本市（县、区）/%	本省其他市（县、区）/%	省外/%
苏南	无锡	247.49	48.65	13.48	34.36	52.16
	常州	166.98	44.22	14.57	37.12	48.31
	扬州	74.22	16.18	41.56	39.49	18.94
苏中	镇江	83.87	29.48	32.31	33.60	34.09
	南通	101.72	13.54	37.58	29.99	32.43
	泰州	65.36	13.66	52.03	25.00	22.96
苏北	徐州	86.87	9.75	51.03	34.78	14.19
	连云港	52.90	11.58	48.91	40.31	10.78
	淮安	62.95	12.49	55.10	34.88	10.02
	盐城	73.37	9.23	59.14	30.85	10.01
	宿迁	39.60	7.82	70.64	20.04	9.32

资料来源：2000 年和 2010 年流动人口数据分别来源于《江苏省 2000 年人口普查资料》和《江苏省 2010 年人口普查资料》对“五普”和“六普”数据的统计汇总。

对 2000 年和 2010 年全省及 13 个地级市流入人口的结构进行分析（图 3-3），

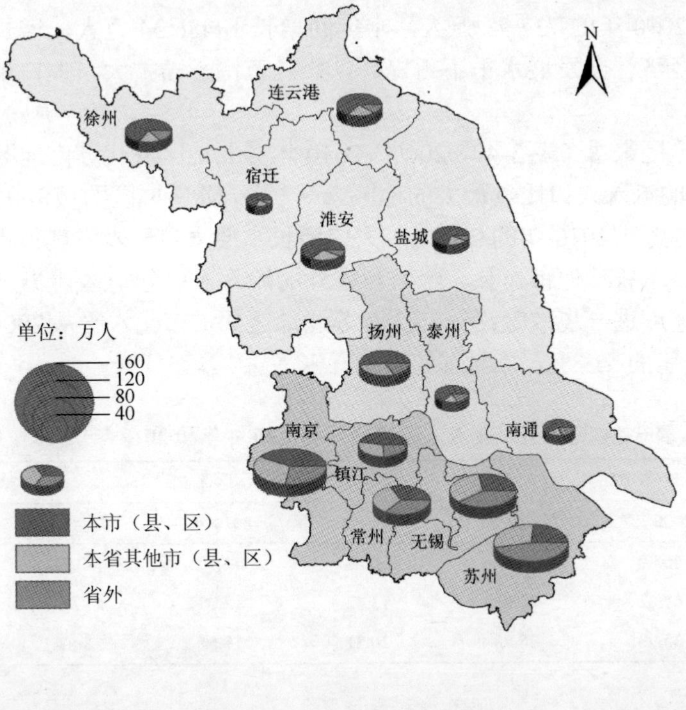

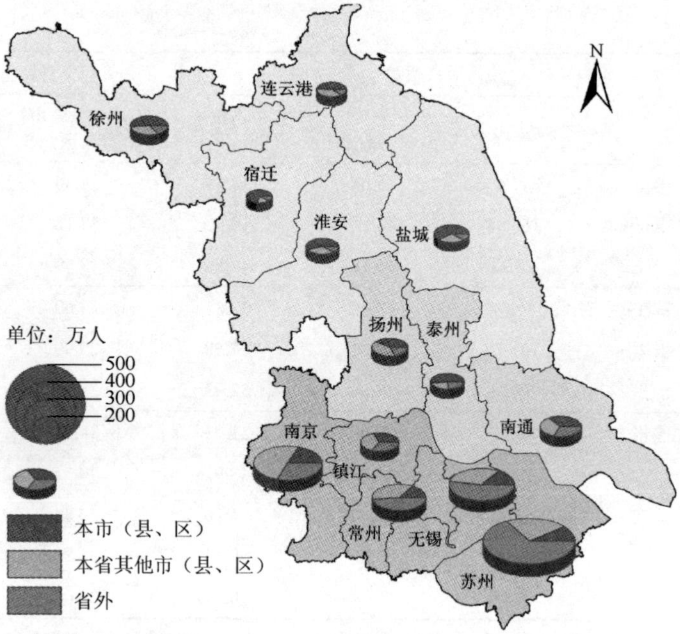

图 3-3　2000 年和 2010 年全省 13 个地级市流入人口结构图

来自本市（县、区）的流入人口比重下降 19.76%，来自本省其他市（县、区）和省外比重分别上升 6.93%和 12.84%，尤其是省外流入人口，由 2000 年的 251.59 万人上升到 2010 年的 737.93 万人，十年间增长了 486.34 万人，增长了近 2 倍，说明江苏省经济社会发展水平不断提高，影响范围不断扩大，人口聚集与吸纳能力不断增强。

从三大地区来看（表 3-4），2000～2010 年苏北地区取代苏南地区成为来自本市（县、区）的流入人口比重最大的地区。一方面，苏南地区的城市化水平从 2000 年的 45.6%提高到 2010 年的 70.8%，人口增长主要来自于本省其他市（县、区）和省外，来自本省其他市（县、区）和省外的流入人口分别达到 71.4%和 86.8%，本地城市化速度进一步放缓；另一方面，苏北地区的城市化水平从 2000 年的 25.0%提高到 2010 年的 51.8%，本地城市化有了长足发展。

表 3-4　三大区域流入人口结构分析（2000 年和 2010 年）　　（单位：%）

地区	本市（县、区）		本省其他市（县、区）		省外	
	2000 年	2010 年	2000 年	2010 年	2000 年	2010 年
苏南	46.39	38.54	66.28	71.40	82.21	86.80
苏中	17.62	22.68	13.42	12.08	8.96	8.41
苏北	35.99	38.78	20.31	16.51	8.83	4.79

3. 人口城市化演化引发了城镇体系结构的变动

江苏省乡镇企业的蓬勃发展带动了百万农民向非农产业大转移，农村城镇化取得突破性进展，促进了新城镇的兴起，到2000年小城镇发展到历史上最为鼎盛的时期，全省小城镇数量达1182个，分别约是1990年和1980年小城镇数量的2.1倍和10.0倍（表3-5）。21世纪初期，江苏省将城市化战略确立为促进区域发展的“五大战略”之一，大中城市发展速度逐渐加快，城市规模等级稳步提升。加上2000年前后全省开展的撤乡并镇等行政区划调整工作，小城镇数量明显减少，由2000年的1182个减少为2010年的834个。

从各级城镇人口分布结构（表3-6）看，特大城市：大城市：中等城市：小城镇[①]的比例由1980年的23.0：24.8：18.3：33.9提升为2010年的32.1：11.2：21.1：35.6，人口分布两头强的特征越发明显（江苏省建设厅，1998）（图3-4）。特大城市比重在2000年后产生质的飞跃，2010年比2000年上升了近20个百分点；小城镇比例先升后降，在经历了20世纪80年代以来的迅速上升后到2010年基本回到1980年的水平，但由于面广量大且人口基数大，其在全省城镇人口规模等级结构中仍位列首位；大城市、中等城市随城市升格而有所变化，比例关系不稳定，其中大城市比例下降较快，中等城市在7%～22%波动（表3-6）。从城镇人口规模等级结构变化态势看，自20世纪80年代以来，江苏省城市化从以乡镇企业为主要动力转向外向型经济等多元推动的动力机制，从重视小城镇建设已经转到更加注重发挥城市的聚集、辐射功能，强调大城市和小城镇协调发展，逐渐走上“聚集型”的城市化道路，城市在城市化中的作用日渐显现，城镇布局和结构日趋合理，基本形成了以特大城市和大城市为核心、中小城市为纽带、小城镇为基础的城镇体系，大城市、特大城市辐射带动力不断增强。1980～2010年特大城市人口增长幅度与年均增长率最高（表3-7），31年间人口规模增长了7.2倍，吸纳了新增城镇人口的34%。尤其是2000年以来，城镇人口向特大城市集聚的趋势明显（表3-8），特大城市吸纳的新增城镇人口更是接近50%，每年新增城镇人口达100多万人，相当于每年新增一座特大城市。

各级城镇人口总量增加的同时，城镇人口平均规模总体呈上升趋势，同时随着后续城市规模等级提升及城镇数量的增加而呈现一定程度的波动（表3-5和图3-5）。2010年，全省城镇人口平均规模为4.8万人（表3-5），约为全国平均规模（2009年为2.9万人）的1.7倍。

---

① 本书比较1980～2010年城镇人口规模，为保持数据的连续性，仍采用1989年颁布的《城市规划法》中规定的城镇规模划分标准，即市区和近郊区非农业人口＞100万的为特大城市，50～100万的为大城市，20～50万的为中等城市，＜20万的为小城镇。

表 3-5　江苏省城镇数量与城镇人口平均规模（1980～2010 年）

等级规模/万人	城镇数量/个							城镇人口平均规模/万人						
	1980 年	1985 年	1990 年	1995 年	2000 年	2005 年	2010 年	1980 年	1985 年	1990 年	1995 年	2000 年	2005 年	2010 年
＞100	1	1	1	1	1	5	6	165.1	191.9	209.0	226.0	255.9	192.1	225.4
50～100	3	3	4	4	5	6	6	59.3	69.5	71.7	79.5	82.7	68.0	78.5
20～50	5	7	8	7	7	9	31	26.3	30.7	29.1	34.5	36.8	24.6	28.7
＜20	118	187	575	881	1182	989	834	2.1	1.9	0.9	0.8	0.9	1.3	1.8
其中 10～20	3	—	11	10	24	35	20	13.3	—	13.8	12.8	13.0	13.8	16.1
其中 ＜10	115	—	564	871	1158	954	814	1.8	—	0.7	0.6	0.6	0.8	1.4
合计或平均值	127	198	588	893	1195	1 009	877	5.7	4.9	2.2	1.7	1.6	2.8	4.8

表 3-6　江苏省城镇人口规模等级结构（1980～2010 年）

等级规模/万人	城镇人口/万人							城镇人口占总城镇人口的比例/%						
	1980 年	1985 年	1990 年	1995 年	2000 年	2005 年	2010 年	1980 年	1985 年	1990 年	1995 年	2000 年	2005 年	2010 年
＞100	165.1	191.9	209.0	226.0	255.9	960.6	1352.4	23.0	19.9	16.5	15.3	13.1	34.0	32.1
50～100	177.8	208.6	286.9	317.8	413.4	407.9	471.1	24.8	21.6	22.6	21.5	21.1	14.4	11.2
20～50	131.5	215.0	232.9	241.2	257.7	221.0	889.2	18.3	22.3	18.3	16.4	13.2	7.8	21.1
＜20	243.5	349.1	540.9	690.4	1030.9	1238.5	1496.9	33.9	36.2	42.6	46.8	52.6	43.8	35.6
其中 10～20	39.9	—	152.2	128.4	311.8	482.7	321.2	5.6	—	12.0	8.7	15.9	17.1	7.7
其中 ＜10	203.6	—	388.7	562.0	719.1	755.8	1175.7	28.4	—	30.6	38.1	36.7	26.7	27.9
合计	717.9	964.6	1269.7	1475.4	1957.9	2828.0	4209.6	100.0	100.0	100.0	100.0	100.0	100.0	100.0

资料来源：《江苏城镇发展报告（1997 年）》《江苏省建设事业 1991—2000 年统计资料暨成就汇编》《江苏城乡建设统计年报》2005 年、2010 年。其中，2010 年为城镇常住与暂住人口之和，其余为城镇非农业人口。此外，1990 年县城非农业人口采用了 1991 年的数据。下表同。

表 3-7 江苏省城镇人口发展速度（1980～2010 年）

等级规模/万人	城镇人口增长幅度/%							城镇人口年均增长率/%						
	1980～1985 年	1985～1990 年	1990～1995 年	1995～2000 年	2000～2005 年	2005～2010 年	1980～2010 年	1980～1985 年	1985～1990 年	1990～1995 年	1995～2000 年	2000～2005 年	2005～2010 年	1980～2010 年
＞100	16.2	8.9	8.1	13.2	275.4	40.8	719.1	3.0	1.7	1.6	2.5	30.3	7.1	7.3
50～100	17.3	37.5	10.8	30.1	−1.3	15.5	164.9	3.2	6.6	2.1	5.4	−0.3	2.9	3.3
20～50	63.5	8.3	3.6	6.8	−14.2	302.3	576.2	10.3	1.6	0.7	1.3	−3.0	32.1	6.6
＜20	43.4	54.9	27.6	49.3	20.1	20.9	514.8	7.5	9.2	5.0	8.3	3.7	3.9	6.2

续表

等级规模/万人		城镇人口增长幅度/%							城镇人口年均增长率/%						
		1980～1985年	1985～1990年	1990～1995年	1995～2000年	2000～2005年	2005～2010年	1980～2010年	1980～1985年	1985～1990年	1990～1995年	1995～2000年	2000～2005年	2005～2010年	1980～2010年
其中	10～20	—	—	−15.6	142.9	54.8	−33.5	704.9	—	—	−3.3	19.4	9.1	−7.8	7.2
	<10	—	—	44.6	28.0	5.1	55.6	477.5	—	—	7.6	5.1	1.0	9.2	6.0
江苏省全省		34.4	31.6	16.2	32.7	44.4	48.9	486.4	6.1	5.7	3.0	5.8	7.6	8.3	6.1

表 3-8　江苏省新增城镇人口分布情况（1980～2010 年）

等级规模/万人		1980～1985年		1985～1990年		1990～1995年		1995～2000年		2000～2005年		2005～2010年		1980～2010年	
		新增人口/万人	比例/%	新增人口/万人	比例/%	新增人口/万人	比例/%	新增人口/万人	比例/%	新增人口/万人	比例/%	新增人口/万人	比例/%	新增人口/万人	比例/%
>100		26.8	10.8	17.1	5.6	17.0	8.3	29.9	6.2	704.8	81.0	391.7	28.3	1187.3	34.0
50～100		30.8	12.5	78.3	25.7	30.9	15.0	95.6	19.8	−5.5	−0.6	63.2	4.6	293.3	8.4
20～50		83.5	33.9	17.9	5.9	8.3	4.0	16.5	3.4	−36.7	−4.2	668.2	48.4	757.7	21.7
<20		105.6	42.8	191.8	62.8	149.4	72.7	340.5	70.6	207.5	23.8	258.4	18.7	1253.4	35.9
其中	10～20	—	—	—	—	−23.8	−11.6	183.4	38.0	170.8	19.6	−161.5	−11.7	281.3	8.1
	<10	—	—	—	—	173.2	84.2	157.1	32.6	36.7	4.2	419.9	30.4	972.1	27.8
合计		246.7	100.0	305.1	100.0	205.6	100.0	482.5	100.0	870.1	100.0	1381.5	100.0	3491.6	100.0

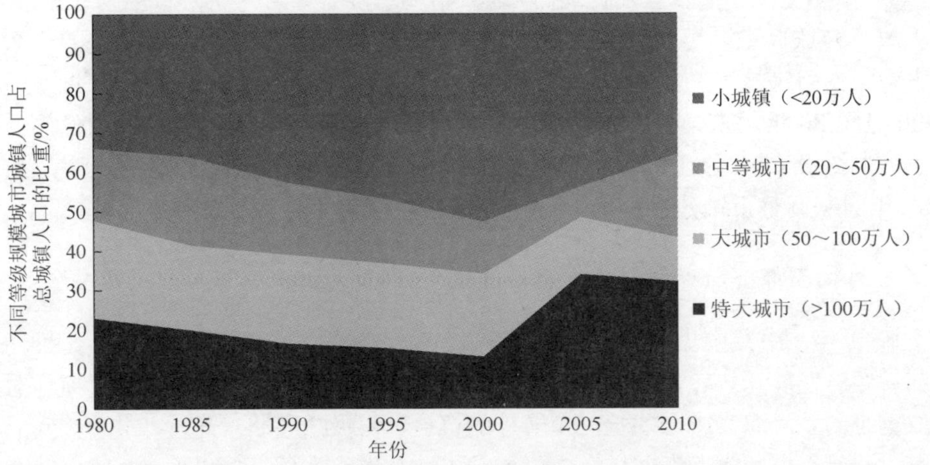

图 3-4　江苏省城镇规模等级结构变化图（1980～2010 年）

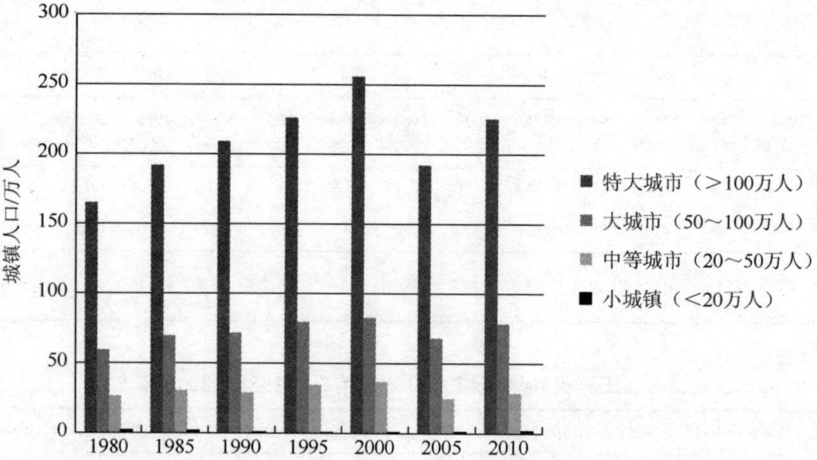

图 3-5 江苏省城镇人口平均规模（1980～2010 年）

第二节 土地城市化演化格局

改革开放以来，江苏省土地城市化在多元驱动下快速发展。本书在回顾江苏省土地城市化发展进程的基础上，从土地城市化发展速度、内部结构、空间扩展等方面分析全省土地城市化演化特征。

一、改革开放以来江苏省土地城市化发展的进程

1. 乡镇企业发展驱动阶段（1979～1990 年）

改革开放以来，苏南社队企业加快了发展步伐，各地利用政府制定的一系列优惠政策，引进技术与人才，加强横向联合，乡镇企业迅猛发展，产值成倍增长，到 20 世纪 80 年代末，乡镇企业产值在农村社会总产值中已占近 60%的份额，占据了农村经济的半壁江山。乡镇企业的快速发展推动了全省小城镇建设，加上 1983 年国家调整市镇建制标准，导致乡镇数量及其用地规模猛增。

2. 外向型经济与开发区建设驱动阶段（1991～2000 年）

1990 年，中共中央和国务院决策开发浦东，1992 年邓小平南方谈话，推动了江苏省经济发展新一轮高潮的到来。全省特别是区位较好的苏南地区紧紧抓住对外开放重心向以上海为中心的长三角转移的机遇，积极呼应浦东开发，主动接受浦东辐射，开始兴办各类开发区，全方位推动外向型经济发展。20 世纪 90 年代，全省的产业结构已经由轻纺食品工业为主导进入了以重化工业为主导的高速增长阶段，

固定资产投资呈加速发展的趋势；同时，土地价值的显化使得越来越多的地方政府开始将土地出让作为地方资本原始积累的重要途径。这些经济社会发展战略措施强有力地促进了城市发展，也使得全省迎来了建设用地扩张的新高潮。与新城区统一规划建设的一批开发区的脱颖而出，如苏州工业园区，南京、苏州、无锡、常州等国家级高新区，使得“八五”期间全省城市建设用地年均扩张规模达到70km^2。

但随着1997年《中共中央、国务院关于进一步加强土地管理切实保护耕地的通知》(中发〔1997〕11号)，提出冻结耕地非农转用一年，同时修改土地管理法，将耕地总量动态平衡的政策以法律的形式确认下来，并建立了土地用途管制制度，开始实施严格的耕地保护制度，“九五”期间全省城市建设用地年均扩张规模回落到55km^2。

3. 城市化战略驱动阶段(2001年以来)

2000年后，全省城市工作会议确立了“做强、做大、做优、做美”中心城市的指导思想，各地普遍拉开中心城市框架，城镇建设用地增长迅速。在城市化战略的指引下，全省大力推进特大城市和大城市建设，在经济全球化、产业转移、房地产成为支柱产业等经济形势的推动下，“十五”期间全省城市建设用地年均扩张规模首度突破200km^2。进入“十一五”，在南北共建园区、苏南重大产业转移等政策的推动下，苏北地区经济社会发展开始步入快车道，城市建设用地规模迅速扩展，这一数字保持在178km^2[①]。

二、土地城市化演化特征

1. 土地城市化速度较快，受政策影响明显

根据江苏省土地变更调查数据，1996～2008年，全省城镇工矿用地面积由2900.9682km^{2}增加至5963.9503km^2，13年间增加了3062.9821km^2，增长了105.58%，平均每年增加235.61km^2，年均增长率达6.19%（表3-9）。

1996～2008年，受国家宏观政策影响，全省城镇工矿用地增长经历了两个明显的变化周期（图3-6）。20世纪90年代在开发区热、房地产热的推动下，全省城镇工矿用地增长速度较快，年增长率达4.47%。到1997年，中共中央、国务院联合颁布11号文件，冻结非农建设占用耕地报批一年，城镇工矿用地增长速度随之趋缓，年增长率降至近2%。随着2000年江苏省城市化战略的实施及新一轮经济增长，城镇工矿用地增长速度迅速提高，到2004年年增长率迅速提升至15.36%，

① 资料来源：《江苏统计年鉴2011》。

表 3-9　江苏省城乡建设用地面积、城镇工矿用地面积（1996～2008 年）　（单位：hm^2）

地区		土地总面积	城乡建设用地面积					城镇工矿用地面积				
			1996 年	2000 年	2005 年	2008 年	2010 年	1996 年	2000 年	2005 年	2008 年	2010 年
江苏省		105 171.517 1	12 009.862 9	12 622.774 1	14 288.030 9	15 177.812	17 627.413 3	2 900.968 2	3 243.727 3	4 957.042 2	5 963.950 3	7 286.720 9
苏南	小计	28 087.812	3 630.185 2	3 935.722 9	5 005.701	5 503.943 8	6 154.067 7	1 433.843 9	1 690.184 1	2 813.180 8	3 371.437 5	3 591.548
	南京	6 582.313 3	880.273 8	927.361	1 197.084 3	1 256.385 3	1 356.956 4	384.619 3	427.961 7	645.613 8	710.846 1	779.926 2
	苏州	8 487.825 9	1 100.938	1 172.416 1	1 498.274 8	1 704.820 6	1 978.148 7	464.194 9	545.208 9	895.818 9	1 110.38	1 297.602 4
	无锡	4 787.608 7	707.712 4	736.339	973.170 7	1 091.936	1 197.29	286.877 6	322.913 3	615.543 7	731.950 3	622.563 6
	常州	4 384.571 2	469.639 3	601.239 1	742.260 2	803.006 1	887.151 9	175.881 1	245.788 4	399.091 4	507.043 7	515.430 3
	镇江	3 845.492 9	471.621 8	498.367 7	594.911 1	647.795 8	734.520 7	122.271	148.311 7	257.113	311.217 5	376.025 5
苏中	小计	22 965.316	2 747.673 1	2 980.778	3 204.308 1	3 377.273 4	3 653.515 8	527.064 8	554.607 6	848.111 5	1 046.222 6	1 084.251
	南通	10 534.398 8	1 191.535	1 395.667 1	1 488.467 8	1 568.755 7	1 736.348 8	230.269 1	234.567 7	342.626 2	436.339 7	424.934 9
	扬州	6 634.065 9	859.940 7	860.014 3	912.765 1	963.259 4	1 001.905	170.757 2	179.967 1	280.310 3	338.019 3	358.069 7
	泰州	5 796.851 3	696.197 4	725.096 6	803.075 3	845.258 3	915.262	126.038 5	140.072 9	225.175	271.863 5	301.246 4
苏北	小计	54 118.389 1	5 632.004 6	5 706.273 1	6 078.021 7	6 296.594 8	7 819.829 8	940.059 4	998.935 6	1 295.749 9	1 546.290 1	2 610.921 9
	徐州	11 142.326 8	1 503.583 8	1 543.392 3	1 655.004	1 694.883 2	1 973.454	309.501 5	348.661 7	447.611 3	488.169 3	588.018 3
	连云港	7 499.905	813.653 4	802.476 3	836.651 9	859.875 7	1 352.189 2	207.425 7	184.525 7	213.525	241.135 4	690.369 9
	淮安	9 949.972 5	1 040.280 1	1 051.891	1 099.671 9	1 145.484 5	1 314.720 6	122.798 8	127.755 4	177.458 1	228.868 7	335.908 6
	盐城	16 972.421 3	1 358.478 2	1 379.127 1	1 522.262	1 597.934 6	2 106.133 5	215.416	241.415 3	320.050 9	407.227 7	724.405 7
	宿迁	8 553.763 5	916.009 1	929.386 5	964.431 9	998.416 8	1 073.332 5	84.917 4	96.577 5	137.104 6	180.888 9	272.219 4

资料来源：土地总面积及 1996 年、2000 年、2005 年、2008 年各地类面积来源于江苏省土地变更调查数据（1996～2008）。2010 年各地类面积来源于第二次全国土地调查的土地变更调查数据（2010 年），与土地变更调查数据调查口径不同，数据之间存在一定程度上的突变，本表仅用于验证与比较。

苏南地区更是达到 19.30%。之后，随着国家实行宏观调控，严把“土地闸门”，全省城镇工矿用地增长率又降至 6%上下。

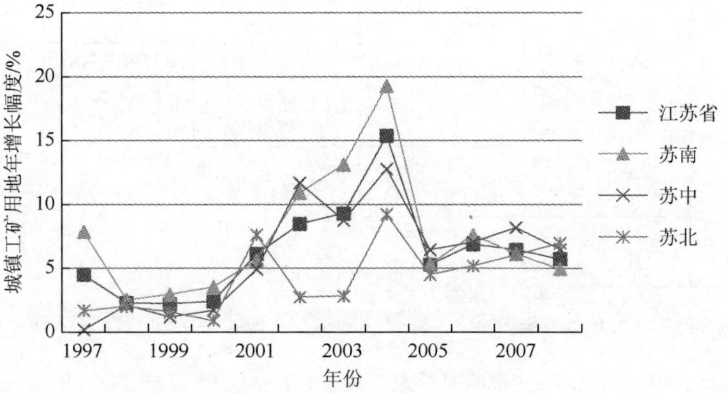

图 3-6　江苏省城镇工矿用地年增长幅度（1996～2008 年）

因全省及各地级市辖区面积较大，城镇工矿用地占土地总面积的比重一般较小，全省由 1996 年的 2.76%提升至 2008 年的 5.67%。1996 年，苏南、苏中、苏北地区城镇工矿用地占土地总面积的比重分别为 5.10%、2.30%和 1.74%，苏南分别是苏中和苏北地区的 2.2 倍和 2.9 倍，全省比重最高和最低的地级市为无锡与宿迁，比重分别为 5.99%和 0.99%；至 2008 年，三个地区比重分别提高到 12.00%、4.56%和 2.86%，苏南是苏中和苏北地区的倍数分别提高至 2.6 倍和 4.2 倍；全省比重最高和最低的地级市仍为无锡和宿迁，比重分别为 15.29%和 2.11%。由此可见，城镇工矿用地占土地总面积的比重总体水平偏低，地区差异悬殊。

进一步考察城镇工矿用地占建设用地、居民点及工矿用地、城乡建设用地的比重。按照 2001 年颁布的《全国土地分类》(过渡期间适用)，城镇工矿用地包含城市、建制镇和独立工矿用地三个地类，城镇工矿用地加上农村居民点用地即为城乡建设用地，城乡建设用地加上盐田、特殊用地即为居民点及工矿用地，居民点及工矿用地加上交通用地、水利设施用地即为建设用地（图 3-7）。

鉴于以上地类关系，相对于城镇工矿用地占土地总面积的比重，城镇工矿用地占建设用地、居民点及工矿用地、城乡建设用地的比重依次增大，苏南与苏中、苏北地区的差距依次缩小。1996 年，全省城镇工矿用地占建设用地、居民点及工矿用地、城乡建设用地的比重分别为 18.31%、22.37%、24.15%。到 2008 年，三个比重分别上升为 30.84%、37.03%、39.29%（表 3-10），苏南地区城镇工矿用地占以上三类用地的比重，相对于苏中地区和苏北地区分别降至 2.0 倍及 2.0 倍以内和 3.0 倍以内。可见，城镇工矿用地占建设用地、居民点及工矿用地、城乡建设用地的比重总体水平依次提高，地区间差距依次缩小（图 3-8）。

<table>
<tr><th></th><th>一级类</th><th>二级类</th><th colspan="3">三级类</th></tr>
<tr><td rowspan="10">土地总面积</td><td rowspan="8">建设用地</td><td rowspan="6">居民点及工矿用地</td><td rowspan="4">城乡建设用地</td><td rowspan="3">城镇工矿用地</td><td>城市</td></tr>
<tr><td>建制镇</td></tr>
<tr><td>独立工矿用地</td></tr>
<tr><td>农村居民点用地</td></tr>
<tr><td>盐田</td></tr>
<tr><td>特殊用地</td></tr>
<tr><td>交通用地</td></tr>
<tr><td>水利设施用地</td></tr>
<tr><td>农用地</td></tr>
<tr><td>未利用地</td></tr>
</table>

图 3-7　《全国土地分类》（过渡期间适用）建设用地地类关系示意图

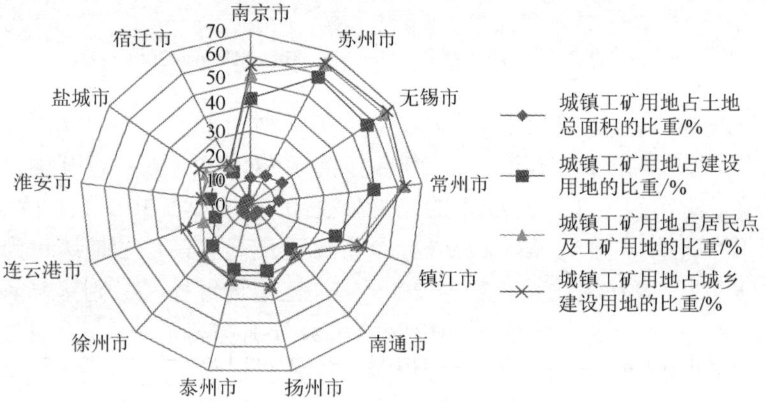

(a) 2008年

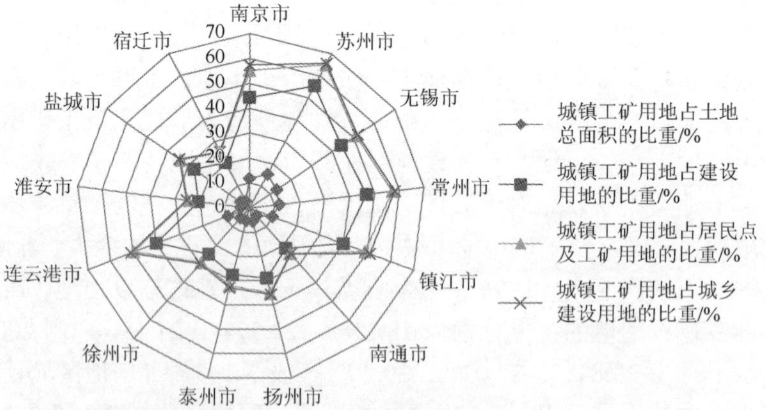

(b) 2010年

图 3-8　江苏省城镇工矿用地占城乡建设用地面积的比重（2008 年和 2010 年）

表 3-10 江苏省城镇工矿用地占各类建设用地的比重（1996～2008 年）

（单位：%）

地区		占土地总面积的比重					占建设用地的比重					占居民点及工矿用地的比重					占城乡建设用地的比重				
		1996 年	2000 年	2005 年	2008 年	2010 年	1996 年	2000 年	2005 年	2008 年	2010 年	1996 年	2000 年	2005 年	2008 年	2010 年	1996 年	2000 年	2005 年	2008 年	2010 年
江苏省		2.76	3.08	4.71	5.67	6.93	18.31	19.53	27.07	30.84	33.79	22.37	23.87	32.56	37.03	40.55	24.15	25.70	34.69	39.29	41.34
苏南	小计	5.10	6.02	10.02	12.00	12.79	31.36	34.24	46.18	50.50	47.59	37.60	41.04	54.20	59.28	57.08	39.50	42.94	56.20	61.25	58.36
	南京	5.84	6.50	9.81	10.80	11.85	31.32	33.08	41.05	43.22	44.36	39.57	41.98	50.25	52.82	55.30	43.69	46.15	53.93	56.58	57.48
	苏州	5.47	6.42	10.55	13.08	15.29	37.68	41.51	53.64	58.67	55.50	41.51	45.79	59.07	64.43	65.03	42.16	46.50	59.79	65.13	65.60
	无锡	5.99	6.74	12.86	15.29	13.00	34.04	36.50	54.01	57.04	44.33	39.36	42.52	61.19	65.02	51.15	40.54	43.85	63.25	67.03	52.00
	常州	4.01	5.61	9.10	11.56	11.76	28.59	32.57	43.39	50.22	46.72	36.00	39.89	52.63	62.23	57.09	37.45	40.88	53.77	63.14	58.10
	镇江	3.18	3.86	6.69	8.09	9.78	18.68	21.49	32.53	36.79	39.88	24.16	27.83	41.13	45.91	49.05	25.93	29.76	43.22	48.04	51.19
苏中	小计	2.30	2.41	3.69	4.56	4.72	16.29	15.81	22.50	26.31	25.23	18.64	18.16	25.89	30.33	29.23	19.18	18.61	26.47	30.98	29.68
	南通	2.19	2.23	3.25	4.14	4.03	17.22	15.12	20.38	24.47	21.55	18.76	16.43	22.56	27.30	24.27	19.33	16.81	23.02	27.81	24.47
	扬州	2.57	2.71	4.23	5.10	5.40	15.91	16.67	24.43	28.04	29.04	19.13	20.23	29.74	34.01	35.08	19.86	20.93	30.71	35.09	35.74
	泰州	2.17	2.42	3.88	4.69	5.20	15.27	15.99	23.92	27.50	27.60	17.81	18.99	27.63	31.70	32.13	18.10	19.32	28.04	32.16	32.91
苏北	小计	1.74	1.85	2.39	2.86	4.82	11.70	12.24	15.33	17.80	26.86	14.86	15.57	19.17	22.19	32.77	16.69	17.51	21.32	24.56	33.39
	徐州	2.78	3.13	4.02	4.38	5.28	16.07	17.85	21.38	22.86	24.75	20.23	22.16	26.51	28.25	29.26	20.58	22.59	27.05	28.80	29.80
	连云港	2.77	2.46	2.85	3.22	9.21	13.23	11.65	13.53	15.11	39.86	17.59	15.62	18.27	20.33	49.63	25.49	22.99	25.52	28.04	51.06
	淮安	1.23	1.28	1.78	2.30	3.38	9.62	9.83	13.09	16.18	20.71	11.54	11.89	15.84	19.62	25.14	11.80	12.15	16.14	19.98	25.55
	盐城	1.27	1.42	1.89	2.40	4.27	10.08	11.11	14.30	17.51	27.22	13.28	14.70	17.76	21.72	33.72	15.86	17.50	21.02	25.48	34.40
	宿迁	0.99	1.13	1.60	2.11	3.18	7.54	8.39	11.55	14.87	20.50	9.11	10.22	14.00	17.88	25.17	9.27	10.39	14.22	18.12	25.36

资料来源：同上表。

城镇工矿用地占土地总面积的比重较小的主要原因是全省及各地级市的土地总面积比建设用地、居民点及工矿用地、城乡建设用地都要大（2008 年全省建设用地、居民点及工矿用地、城乡建设用地分别占土地总面积的 18.39%、15.31%和 14.43%），尤其是苏北地区面积辽阔，城镇工矿用地占土地总面积的比重更小，且一般情况下，土地总面积本身并不发生变化。而城镇工矿用地占建设用地、居民点及工矿用地、城乡建设用地的比重反映的土地城市化发展趋势相当，数值较大，区域之间的差距较小，且每年与城镇工矿用地都处于动态变化之中，相对于城镇工矿用地占土地总面积的比重更具有动态性（图 3-9～图 3-12）。

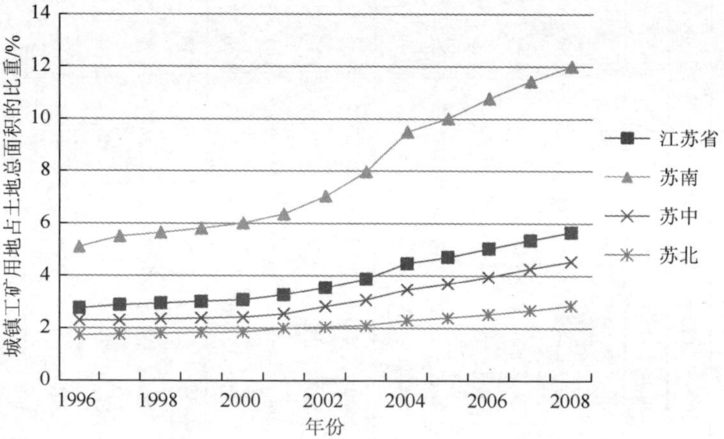

图 3-9　江苏省城镇工矿用地占土地总面积的比重（1996～2008 年）

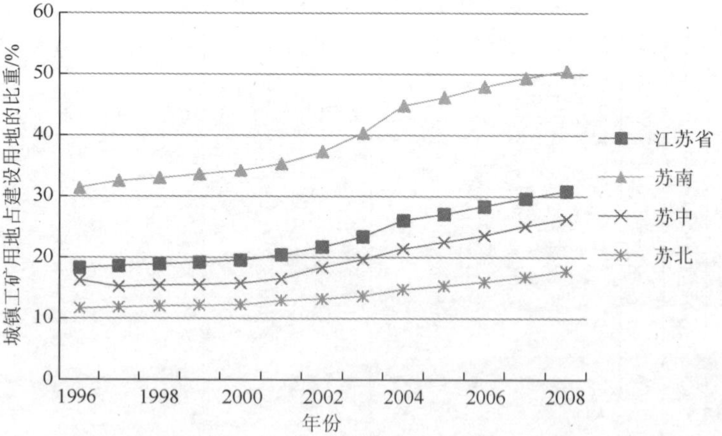

图 3-10　江苏省城镇工矿用地占建设用地的比重（1996～2008 年）

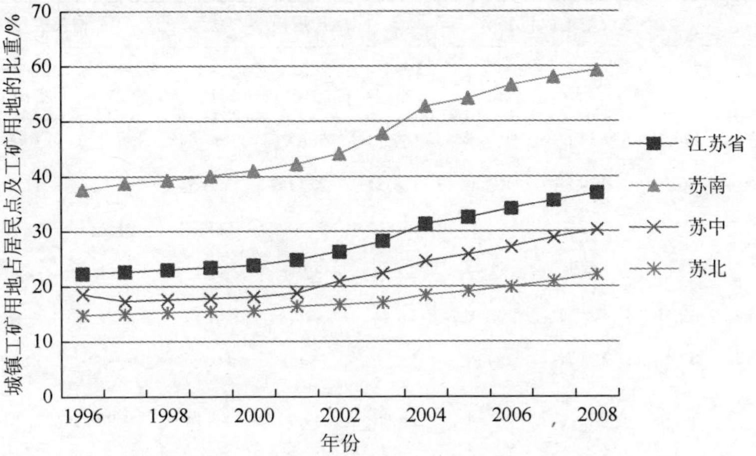

图 3-11　江苏省城镇工矿用地占居民点及工矿用地的比重（1996～2008 年）

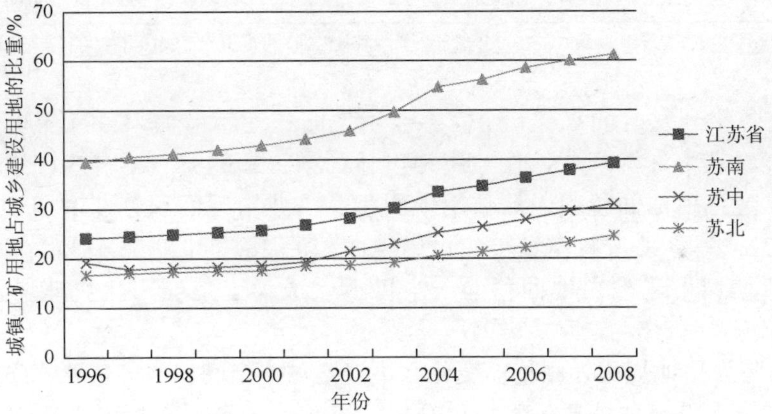

图 3-12　江苏省城镇工矿用地占城乡建设用地的比重（1996～2008 年）

同时，城乡建设用地由城镇工矿用地和农村居民点用地构成，直接反映了建设用地的城乡关系。因此，城镇工矿用地占城乡建设用地的比重较占土地总面积的比重更能直观地表征土地城市化水平，表达土地城市化的内涵。

2. 居住与工业用地推动土地城市化快速增长

根据建设部门统计数据，全省城市建设用地面积由 1991 年的 800.60km^2 增长至 2010 年的 3424.65km^2，20 年间增长 2624.05km^2，增长了 327.76%（表 3-11）。

表 3-11 江苏省城市建设用地类型增长情况（1991～2010 年）

用地类型	城市建设用地面积/km^2			增长规模/%			增长规模结构/%		
	1991 年	2001 年	2010 年	1991～2001 年	2001～2010 年	1991～2010 年	1991～2001 年	2001～2010 年	1991～2010 年
居住用地	270.50	437.63	1024.54	167.13	586.91	754.04	24.01	30.44	28.74
公共设施用地	66.30	179.84	402.84	113.54	223.00	336.54	16.31	11.57	12.83
工业用地	227.60	378.75	896.33	151.15	517.58	668.73	21.72	26.84	25.48
仓储用地	37.60	59.76	92.52	22.16	32.76	54.92	3.18	1.70	2.09
对外交通用地	42.50	89.24	130.97	46.74	41.73	88.47	6.72	2.16	3.37
道路广场用地	47.30	133.80	387.86	86.50	254.06	340.56	12.43	13.18	12.98
市政公用设施用地	14.70	48.78	97.84	34.08	49.06	83.14	4.90	2.54	3.17
绿地	34.90	126.46	344.83	91.56	218.37	309.93	13.16	11.33	11.81
特殊用地	59.20	42.28	46.92	−16.92	4.64	−12.28	−2.43	0.24	−0.47
合计	800.60	1496.54	3424.65	695.94	1928.11	2624.05	100.00	100.00	100.00

资料来源：《江苏省建设事业 1991—2000 年统计资料暨成就汇编》和 2001 年、2010 年《江苏城乡建设统计年报》。

随着各级开发区的兴建，全省工业用地面积逐年增加。2004 年以来，国家将房地产确立为支柱产业，住宅用地出让面积大幅攀升。在 1991～2010 年的新增城市建设用地面积中，居住用地面积和工业用地面积分别增加 754.04km^2 和 668.73km^2，分别占新增城市建设用地面积的 28.74%和 25.48%，二者的增加规模占新增城市建设用地面积的一半以上，成为土地城市化快速增长的主要类型。

城市建设用地规模和结构的变化，不仅是城市空间拓展的重要标志，也是认识城市设施水平、环境质量和城市功能完善程度的重要指标（李江和郭庆胜，2002）。梁爽（2006）在对我国城市空间结构进行研究时发现，在城市用地大规模扩张期间，城市内部用地结构变化主要表现在传统用地类型的比重降低，如居住用地、工业用地、仓储用地、特殊用地等。同时，服务性、功能性用地，如公共设施用地、道路广场用地、市政公用设施用地、绿地等比重迅速上升。1991～2010 年，全省城市用地结构不断优化，居住用地、工业用地、仓储用地、对外交通用地与特殊用地呈下降态势，分别降低了 3.86%、2.26%、2.00%、1.49%和 6.02%；另外，公共设施用地、道路广场用地、市政设施用地和绿地呈上升态势，其中绿地和道路广场用地增加幅度最大，分别是 5.71%和 5.42%（表 3-12）。这说明，1991～2010 年，城市基础设施与城市功能不断完善，环境质量得到改善，同时一些地方建设大绿地、大广场之风也加剧了城镇用地结构变化。

表 3-12　江苏省及三大区域城市建设用地比重变化　（单位：%）

用地类型	全省		苏南		苏中		苏北	
	1991 年	2010 年	1991 年	2010 年	1991 年	2010 年	1991 年	2010 年
居住用地	33.78	29.92	35.10	27.46	34.76	32.51	30.24	34.06
公共设施用地	8.28	11.76	8.27	11.39	6.39	11.88	9.68	12.58
工业用地	28.43	26.17	29.47	27.52	28.63	27.35	26.03	22.02
仓储用地	4.70	2.70	4.02	2.46	4.39	2.86	6.37	3.17
对外交通用地	5.31	3.82	4.32	4.16	4.66	2.62	7.93	3.88
道路广场用地	5.91	11.33	5.51	11.25	6.79	11.47	6.13	11.40
市政公用设施用地	1.84	2.86	1.98	3.00	1.93	2.76	1.46	2.58
绿地	4.36	10.07	3.71	11.19	6.99	7.92	3.84	8.89
特殊用地	7.39	1.37	7.62	1.57	5.46	0.63	8.32	1.42
合计	100.00	100.00	100.00	100.00	100.00	100.00	100.00	100.00

3. 城市空间外延扩张明显，紧凑度不断下降

随着经济社会的快速发展，全省城市规模不断扩张，外延扩张明显（图 3-13）。1991～2010 年，全省 13 个地级市市辖区规模经历了快速增长的过程（表 3-13）。

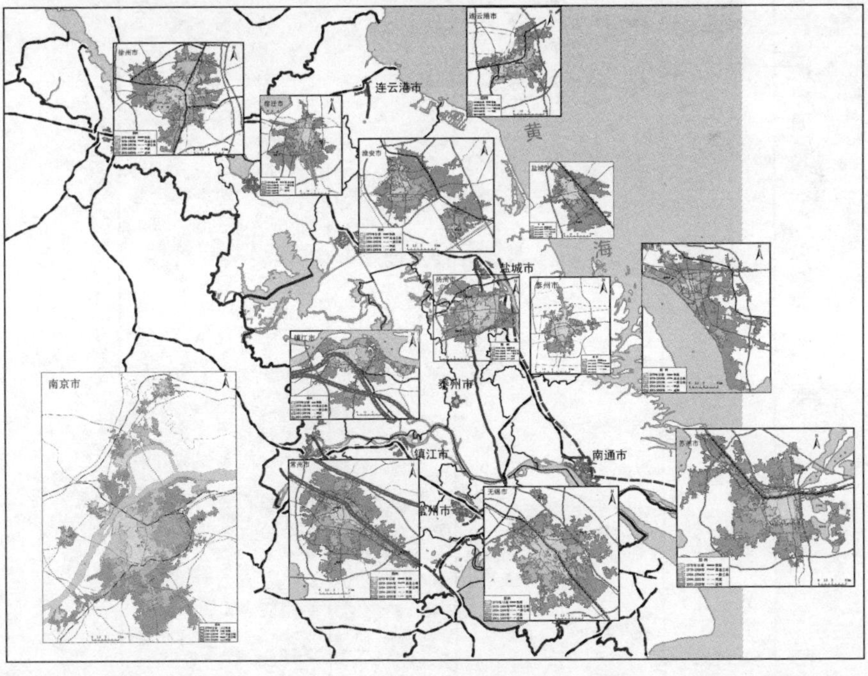

图 3-13　江苏省 13 个地级市市辖区空间扩张阶段变化（1979～2009 年）

表 3-13　江苏省 13 个地级市市辖区市区建成区规模增长情况（1991～2010 年）

地区	地级市市辖区	建成区面积/km²					增长幅度/%					年均增长率/%				
		1991 年	1995 年	2000 年	2005 年	2010 年	1991～1995 年	1995～2000 年	2000～2005 年	2005～2010 年	1990～2010 年	1991～1995 年	1995～2000 年	2000～2005 年	2005～2010 年	1990～2010 年
苏南	南京市	154.40	180.50	230.65	512.60	618.64	16.90	27.78	122.24	20.69	300.67	3.17	5.03	17.32	3.83	7.19
	苏州市	37.80	70.20	93.85	195.00	329.29	85.71	33.69	107.78	68.87	771.14	13.18	5.98	15.75	11.05	11.43
	无锡市	65.40	77.90	111.15	193.00	231.30	19.11	42.68	73.64	19.84	253.67	3.56	7.37	11.67	3.69	6.52
	常州市	39.60	60.60	85.70	104.31	153.05	53.03	41.42	21.72	46.73	286.49	8.88	7.18	4.01	7.97	6.99
	镇江市	29.60	52.50	60.20	86.10	108.60	77.36	14.67	43.02	26.13	266.89	12.14	2.77	7.42	4.75	6.72
苏中	南通市	29.50	55.00	60.00	83.50	125.21	86.44	9.09	39.17	49.95	324.44	13.27	1.76	6.83	8.44	7.50
	扬州市	25.20	43.20	48.73	67.30	82.00	71.43	12.80	38.11	21.84	225.40	11.38	2.44	6.67	4.03	6.08
	泰州市	15.50	22.00	37.54	50.00	65.00	41.94	70.64	33.19	30.00	319.35	7.26	11.28	5.90	5.39	7.43
苏北	徐州市	60.32	71.60	88.51	136.50	239.00	18.70	23.62	54.22	75.09	296.22	3.49	4.33	9.05	11.85	7.13
	连云港市	43.90	48.30	51.40	77.69	120.00	10.02	6.42	51.15	54.46	173.35	1.93	1.25	8.61	9.08	5.16
	淮安市	29.10	50.00	61.83	89.00	120.00	71.82	23.66	43.94	34.83	312.37	11.43	4.34	7.56	6.16	7.34
	盐城市	20.90	23.00	28.68	64.38	88.50	10.05	24.70	124.48	37.47	323.44	1.93	4.51	17.55	6.57	7.48
	宿迁市	10.40	17.04	27.30	33.80	65.00	63.85	60.21	23.81	92.31	525.00	10.38	9.89	4.36	13.97	9.60

资料来源：《江苏省建设事业 1991—2000 年统计资料暨成就汇编》和 2005 年、2010 年《江苏城乡建设统计年报》，并对部分面积有回落的城市建成区面积进行了适当修正。

其中，省会城市南京的建成区规模一直领跑全省，由 1991 年的 154.40km^2 增长到 2010 年的 618.64km^2，20 年间增长了 3 倍，年均增长率达 7.58%。尤其是 2000 年江宁撤县设区、2002 年新设立浦口、六合区，东山新城与长江北岸地区全部划归南京市区，大大扩张了南京建成区规模，2000～2005 年的增长幅度达 122.24%，年均增长率高达 17.32%。苏锡常三市是江苏省对外开放的前沿与先导，城镇发展起步较早，其增长幅度与年均增长率低于苏中和苏北地区，但其建成区规模位居全省前列，共同形成苏锡常都市圈的中心。徐州作为江苏省重点规划建设的三大都市圈（徐州都市圈）核心城市，其建成区规模一直位列苏中和苏北地区第一位，2010 年其规模为苏中和苏北地区地级市市辖区建成区平均规模的 2 倍多。1996 年新成立的泰州、宿迁两市，建成区规模更是迅速扩张，1990～2010 年的增长幅度分别达到 319.35%和 525.00%，年均增长率也位居全省前列。

城市外围轮廓形态的紧凑度被认为是反映城市空间形态的一个十分重要的概念（Stephan and Friedrich，2001；Roberto et al.，2002），形状紧凑度计算公式为（武进，1990；刘纪远等，2003）

$$c = 2\sqrt{\pi A} / P \tag{3-1}$$

式中，c 为城市的紧凑度；A 为城市面积；P 为城市轮廓周长。紧凑度为 0～1，值越大，紧凑型越高；反之，形状的紧凑型越低。

根据全省 13 个地级市不同时期遥感影响解译数据分析，三大区域的城市空间扩张程度与其经济发展水平成反比。全省三大区域中心城区紧凑度在 2001 年之前均表现为“苏北＞苏中＞苏南”的态势；2009 年苏中地区的中心城区紧凑度平均值为 0.2274，居全省之首，高于苏南和苏北地区的 0.1286 和 0.1885（表 3-14）。从时序演化阶段来看，三大区域的紧凑度平均值呈现逐渐下降的趋势，其中降幅最明显的是苏北地区，从 0.3324 下降到 0.1885，降幅达到 43.29%。降幅最小的是苏中地区，从 0.2854 下降到 0.2274，降幅仅为 20.32%，这也直接导致了 2009 年苏中地区的中心城区紧凑度居三大区域之首。

表 3-14 江苏省及三大区域地级市中心城区紧凑度（1979～2009 年）

区域	演化阶段				
	1979 年前后	1985 年前后	1995 年前后	2001 年	2009 年
江苏省全省	0.2769	0.2516	0.2145	0.1823	0.1744
苏南	0.2162	0.2308	0.1555	0.1216	0.1286
苏中	0.2854	0.2507	0.2422	0.2024	0.2274
苏北	0.3324	0.2730	0.2569	0.2310	0.1885

第三节　人口-土地城市化演化的空间格局

在研究人口城市化与土地城市化的基础上，运用客讷尔（Kernel）密度分析方法研究全省人口-土地城市化时空演化格局，从空间布局、演化模式等方面分析全省人口-土地城市化演化的空间格局。

一、基于客讷尔密度的人口-土地城市化时空演化分析

江苏省的城镇密度为 85.5 个/万 km^2，约为全国平均水平（2009 年为 22.5 个/万 km^2）的 3.8 倍，是我国城镇分布较为密集的省份之一。为了直观地表达人口-土地城市化演化在空间上的连续变化趋势，本书采用客讷尔密度分析方法展现全省城市规模等级的时空演化过程。客讷尔密度估计是空间分析中运用较为广泛的非参估计技术，其结果通过等值线表示城市空间分布的变化趋势，利用峰值区代表城市人口密集分布地区（陈春林等，2011）。

通过运用 ArcGIS 空间分析模块中的 Kernel Density 工具，选取江苏省 63 个县级评价单元 1995 年、2000 年、2005 年和 2010 年 4 个时间截面的城区非农业人口数据进行客讷尔密度分析（图 3-14）。从客讷尔城市空间密度演化的结果来看，

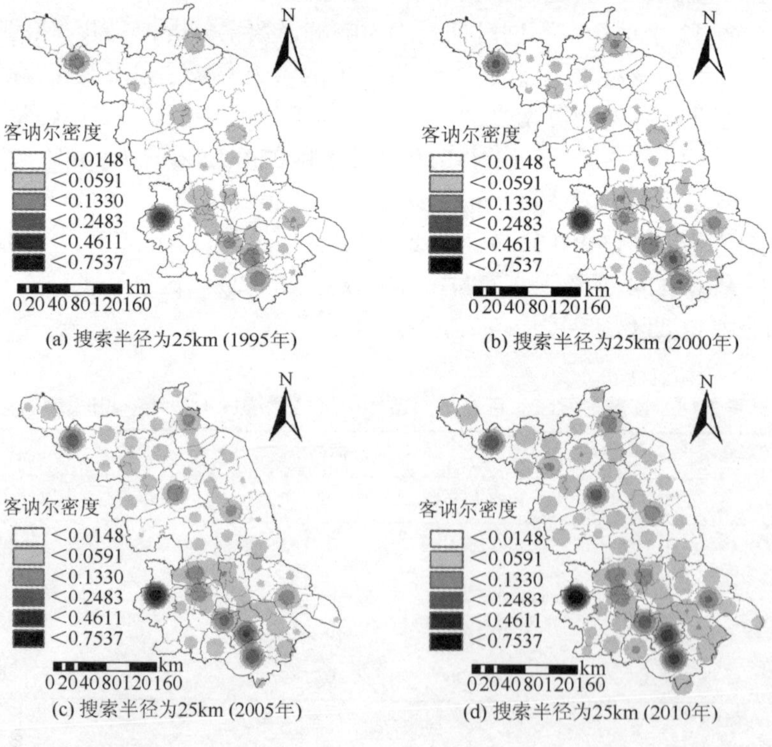

(a) 搜索半径为25km (1995年)　　(b) 搜索半径为25km (2000年)

(c) 搜索半径为25km (2005年)　　(d) 搜索半径为25km (2010年)

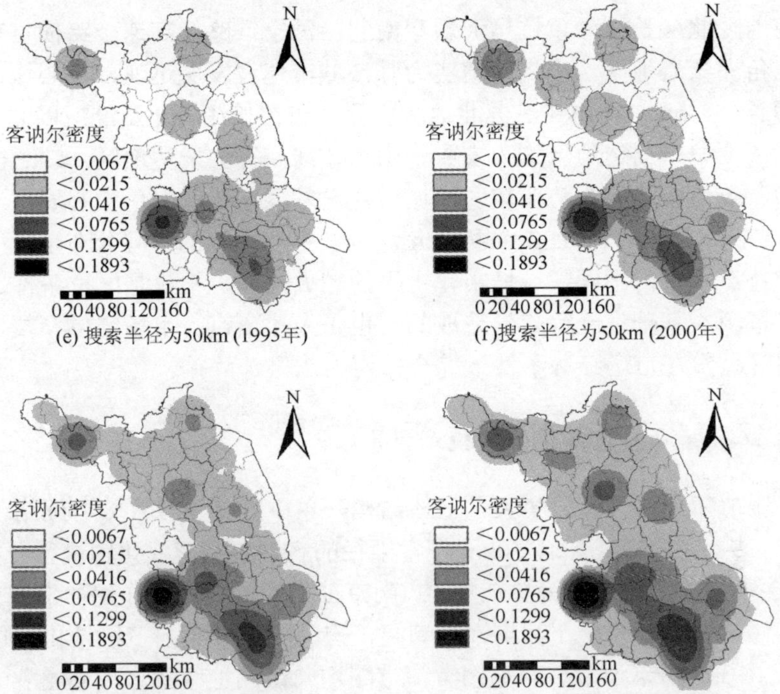

(e) 搜索半径为50km (1995年)　(f)搜索半径为50km (2000年)

(g) 搜索半径为50km (2005年)　(h) 搜索半径为50km (2010年)

图 3-14　江苏省城市规模空间分布客讷尔密度演化
（1990 年、2000 年、2005 年和 2010 年）

根据《江苏统计年鉴 2011》公布的 2010 年全省行政区划，图中共包括 63 个县级行政单元

研究设定的25km和50km两个多尺度的带宽较好地解释了全省城市规模等级的时空演化过程。其中，25km 的搜索半径清晰地反映出 63 个县级评价单元城市规模结构在空间上的连续变化，50km 的搜索半径则直观地反映出全省城市规模分布密集地带的形成与扩张。

二、人口-土地城市化演化空间分异特征

1. 城镇发展南北差异明显，中心城镇分布南密北疏

全省城市规模空间分布的客讷尔密度在整体上具有西高东低、南密北疏的态势。全省的城市空间分布不均衡，沿江八市城镇密度大，苏锡常地区尤其密集，而苏北徐州、淮安、盐城、连云港、宿迁地区城镇发展薄弱，经济发展水平与城镇化程度存在较大的地区差异。2010 年全省城镇化水平达 60.6%，苏南地区最高为 70.8%，苏中地区为 56.1%，苏北地区最低为 51.8%，城镇化水平自南向北呈梯度递减态势。

苏南地区北濒长江，京杭运河斜穿南北，沪宁铁路及高速公路横贯东西，地处长江三角洲核心地区，经济腹地实力强，城市建设发展迅速，中心城市地均密度为 1.79 个/万 km^2。而苏中、苏北地区主要分布在长江以北及淮河以北，因长江阻隔，远离上海，周边地区均为安徽、山东、河南等欠发达地区，缺乏区域增长极核带动，致使经济发展势头较弱，城市建设发展态势较弱，中心城市地均密度分别为 1.47 个/万 km^2 和 0.92 个/万 km^2。全省中心城镇的空间分布呈现明显的南密北疏的特点。省内不同区域城市化水平的较大差距，不仅是区位条件、历史沿革、自然资源、基础设施等差异造成的，也是人才禀赋、市场定位、技术水平、政策导向等因素在市场经济条件下综合作用的结果。

2. 人口-土地城市化演化空间模式分异

全省城市体系沿“单核集聚—多核结构—单中心体系—多中心网络”的空间模式演化（朱杰，2009）。结合 50km 搜索半径的客讷尔密度演化图进行分析，1995 年和 2000 年全省主要表现为单核集聚，南京都市圈的首位度作用非常突出；2005 年随着苏锡常都市圈和徐州都市圈的崛起，空间模式开始向多核结构和单中心体系演化；2010 年南京都市圈和苏锡常都市圈均向镇江地区融合，形成多中心网络结构。

从全省范围看，长江以南，南京都市圈和苏锡常都市圈的联动发展，尤其是苏锡常地区城市城镇规模大，分布密集，正在形成“城市群”；而长江以北地区，城镇规模小，分布稀疏，城市规模空间分布的集聚程度较高，其中苏中地区逐渐形成沿江、沿启扬高速的轴线发展模式，苏北地区总体呈多核结构（图 3-15）。

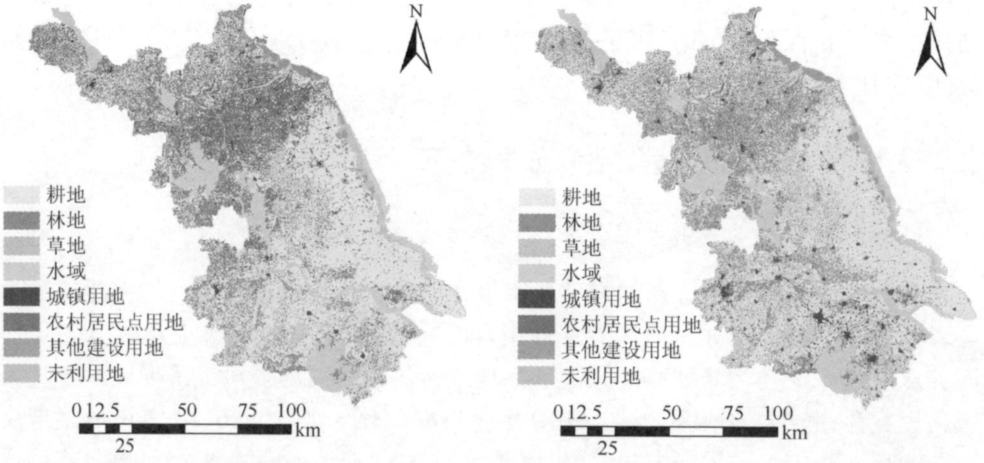

(a) 1995年　　(b) 2000年

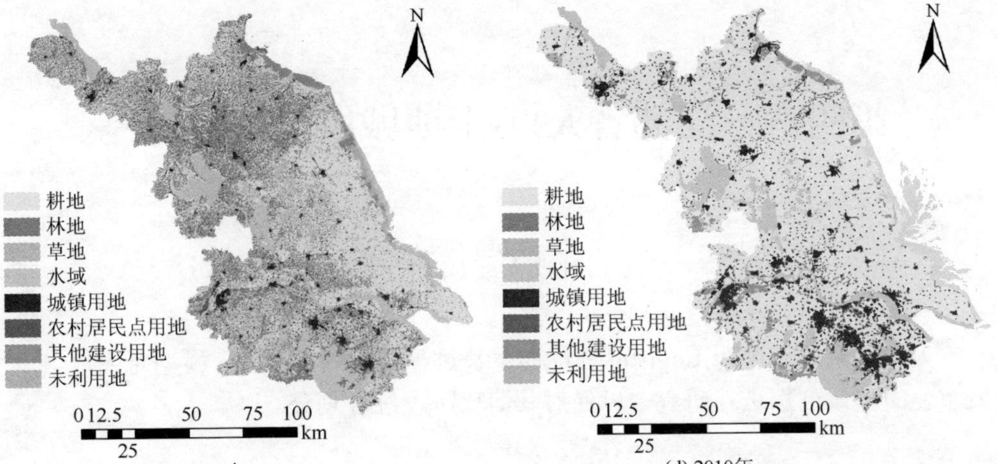

(c) 2005年　　(d) 2010年

图 3-15　1995 年、2000 年、2005 年、2010 年江苏省土地利用格局图

1995 年、2000 年、2005 年格局图来自石诗源（2010），为遥感解译数据。2010 年格局图来自江苏省土地利用现状图（1∶50 万），为土地利用现状图缩编成果，图中农村居民点已被制图综合

3. 城市区域化特征明显，城市群成为城市化发展的主要载体

由于经济发展、工业项目集中布点、大中城市规模不断扩大，沿海沿江的大中城市发展较快且呈现集中化的趋势。仅在上海与南京约 300km 的距离之间，就分布了南京、镇江、常州、无锡、苏州及上海等城市，城市密度和城镇密度远高于苏北。经济发达地区的工业化与城市化过程中，城市化范围从城市区域发展到农村地区，使得城市地域迅速扩展，促进了城镇群的形成，尤以苏锡常地区为典型代表。2010 年，苏锡常地区人口 2143.06 万人，地区生产总值达 18 067.10 亿元，占全省地区生产总值的 43.61%；人均 GDP 为 84 305.15 元，约是全省平均水平的 1.6 倍（表 3-15）。

表 3-15　苏锡常城镇密集区在江苏省的经济比重（2010 年）

地区	总人口/万人	城镇人口/万人	人口密度/(人/km^2)	土地面积/km^2	地区生产总值/亿元	人均 GDP/元
苏州市	1 046.60	732.95	1 233.03	8 488.00	9 228.91	88 179.92
无锡市	637.26	448.19	1 331.06	4 787.61	5 793.30	90 909.52
常州市	459.20	290.10	1 047.30	4 384.60	3 044.89	66 308.58
苏锡常合计	2 143.06	1 471.24	1 213.50	17 660.21	18 067.10	84 305.15
江苏省全省	7 869.34	4 767.63	764.92	102 878.57	41 425.5	52 641.64
苏锡常占全省比重	27.23%	30.86%	158.64%	17.17%	43.16%	160.15%

资料来源：《江苏统计年鉴 2011》。

第四章　江苏省人口-土地城市化耦合过程

第一节　人口-土地城市化演化过程研究

人口城市化表现为 Logistic 曲线的生长过程。借助 Logistic 模型对人口-土地城市化的演化过程进行研究，以便对其演化阶段进行划分。

一、城市化的 Logistic 曲线

1. 城市化水平与 Logistic 曲线

一般认为，Logistic 方程最初是比利时数学家 Verhulst 于 1938 年修正 Malthus 的人口指数增长方程时提出的。Logistic 模型在发展预测中特别重要，大量的自然和人文现象，其生长与变化体现为 Logistic 曲线形式。因此，Logistic 曲线又称为“生长曲线”。当前，联合国采用的城市化水平，即城市人口比重随时间变化的模型就是一种 Logistic 模型（陈彦光，2011）。其推算过程如下（陈彦光和周一星，2005）：

$$Z(t)=\frac{u(t)}{u(t)+r(t)}=\frac{u(t)}{p(t)} \tag{4-1}$$

式（4-1）是对城市化水平，即城市人口占总人口比重的普遍定义。式中，$Z(t)$ 为城市化水平；$p(t)=u(t)+r(t)$ 为由城市人口和农村人口构成的总人口。不难看出，$Z(t)$ 的取值在 0～1。根据城乡人口比的定义，式（4-1）可表示为

$$Z(t)=\frac{X(t)}{X(t)+1} \tag{4-2}$$

这意味着城市化水平与城市、农村人口比为双曲线函数关系。对式（4-2）求导可以得到城市化水平的 Logistic 方程（Karmeshu，1988）

$$\begin{aligned}\frac{\mathrm{d}X(t)}{\mathrm{d}t}&=\frac{\mathrm{d}X(t)}{[X(t)+1]\mathrm{d}t}-\frac{X(t)}{[X(t)+1]^2}\frac{\mathrm{d}X(t)}{\mathrm{d}t}\\&=\frac{kX(t)}{X(t)+1}-\frac{kX(t)^2}{[X(t)+1]^2}=kZ(t)[1-Z(t)]\end{aligned} \tag{4-3}$$

式中，k 为系数。

式（4-3）即为二阶 Bernoulli 形式的微分方程，其解就是 Logistic 模型：

$$Z(t)=\frac{1}{1+\lambda e^{-kt}} \tag{4-4}$$

2. 人口-土地城市化的 Logistic 模型

以 1991～2010 年江苏省城市人口规模和建成区面积表征人口城市化和土地城市化的增长情况（图 4-1），运用 SPSS 16.0 软件对其演化曲线进行拟合，以检验是否满足 Logistic 模型的要求。

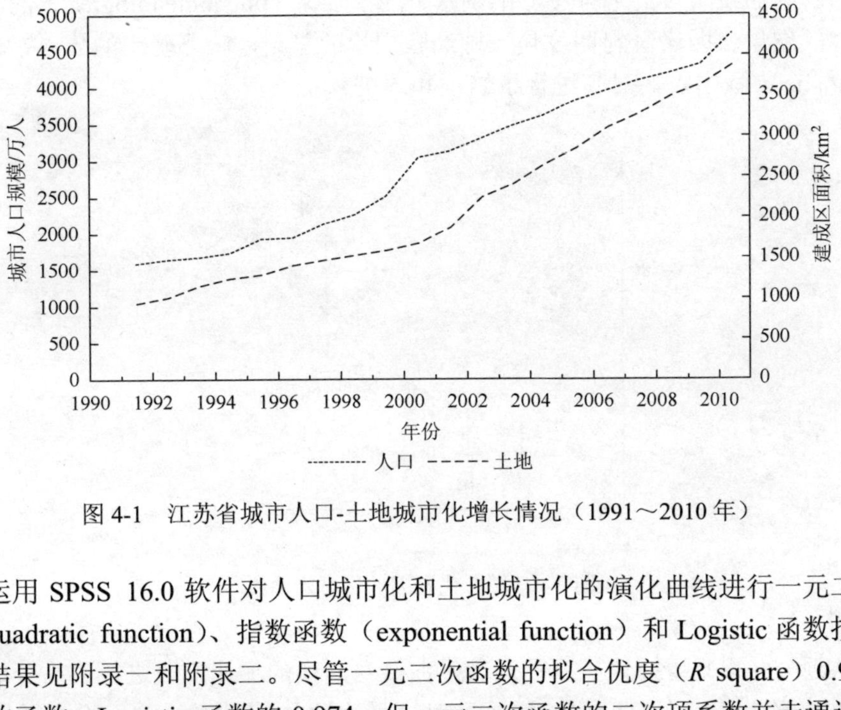

图 4-1 江苏省城市人口-土地城市化增长情况（1991～2010 年）

运用 SPSS 16.0 软件对人口城市化和土地城市化的演化曲线进行一元二次函数（quadratic function）、指数函数（exponential function）和 Logistic 函数拟合，具体结果见附录一和附录二。尽管一元二次函数的拟合优度（*R* square）0.982 高于指数函数、Logistic 函数的 0.974，但一元二次函数的二次项系数并未通过 *t* 检验。对系数的检验结果显示，二次项系数（case sequence**2）的伴随概率（Sig.）为 0.141，大于 0.05 的阈值，不能拒绝其在 5%显著水平下的原假设，从而该项系数并未通过 *t* 检验。与人口城市化类似，尽管一元二次函数的拟合优度高于指数函数和 Logistic 函数（0.992＞0.989），但一元二次函数的一次项系数也未通过 *t* 检验（伴随概率 0.059 大于 0.05 的阈值）。

指数函数和 Logistic 函数得到的人口城市化和土地城市化演化曲线的拟合结果均通过 *F* 检验和 *t* 检验，且检验结果一致。又因为 Logistic 方程与指数函数存在近似关系，前者可以视为后者的精确表达（陈彦光和周一星，2005），因此，可以认为江苏省的人口城市化和土地城市化演化曲线符合 Logistic 模型的要求，即表现为 Logistic 曲线的形式。

二、人口-土地城市化的 Logistic 曲线及其阶段划分

1. 诺瑟姆曲线及其改进

美国城市地理学家诺瑟姆（Ray M. Northam）于 1979 年提出了著名的诺瑟姆曲线，从而揭示了世界城市化发展的共同规律（图 4-2）。陈彦光和周一星（2005）认为诺瑟姆曲线阶段的划分不够准确，是一个唯象（phenomenological）的划分和示意性的结果，即诺瑟姆曲线是一种经验规律的总结，缺乏确定的分界指标，并从 Logistic 方程出发，对其进行了修正和改进。

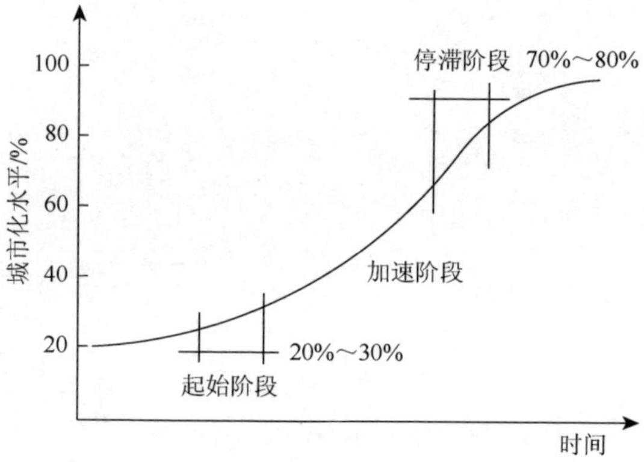

图 4-2　城市化发展的诺瑟姆曲线

从划分结果来看，修正后的诺瑟姆曲线对原先的加速阶段进行了细分，认为城市化速率为城市人口变化的增函数时，城市化过程是加速的，而当城市化速率为城市人口变化的减函数时，城市化过程是减速的。由此，城市化率为 50% 是一个关键时刻，即进入城市多数（urban majority）（Knox and Marston，1998），表明一个国家或地区开始由农业国向工业国过渡的转折点已经出现。因此，将城市化水平低于半数时称为加速阶段（celerity stage），高于半数时称为减速阶段（deceleration stage），整个划分方案如表 4-1 所示。对于 2 个拐点城市化率的计算从外部尺度出发（经济发展的视角）给出了分段结果，得到 19.04%和 80.96%两个特征尺度。

表 4-1　修正后的诺瑟姆曲线及其阶段划分

划分方案	诺瑟姆的划分	修正的划分	
		三分法（城市化率/%）	四分法
城市少数（urban minority） 城市多数（urban majority）	初期阶段 加速阶段 后期阶段	初期阶段（19.04） 加速阶段（50.00） 后期阶段（80.96）	初期阶段 加速阶段 减速阶段 后期阶段

资料来源：陈彦光和周一星，2005。

2. 江苏省人口-土地城市化阶段划分

本节“人口-土地城市化的 Logistic 模型”部分证明了江苏省人口-土地城市化符合 Logistic 模型的要求，根据诺瑟姆曲线的阶段划分情况，全省人口城市化、土地城市化的演化过程也存在类似的阶段划分。阶段划分是针对城市化发展的速度进行的划分，因此可以采用城市化发展的变化率作为阶段划分的依据，城市化曲线的波峰和波谷即代表城市化发展速度的转折变化。如图 4-3 所示，以年均城市人口增长率表征人口城市化增长率的变化情况，整体而言，曲线的 2 个波峰分别出现在 1995 年和 2000 年（10.53%和 18.91%），2000 年以后表现为振荡回落的趋势。

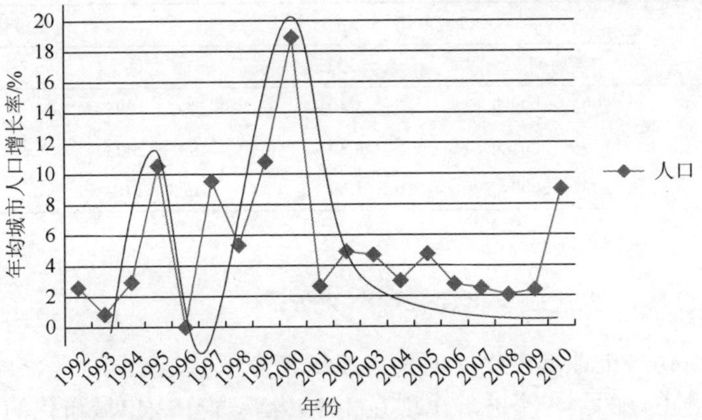

图 4-3　江苏省人口城市化增长率变化情况（1992～2010 年）

图中曲线为表示增长率波动变化的示意线

以年均建成区面积增长率表征的土地城市化增长率变化情况（1992～2010 年）如图 4-4 所示。整体而言，曲线的 2 个波峰分别出现在 1993 年和 2002 年（14.07%和 19.76%），2002 年以后表现为振荡回落的趋势。

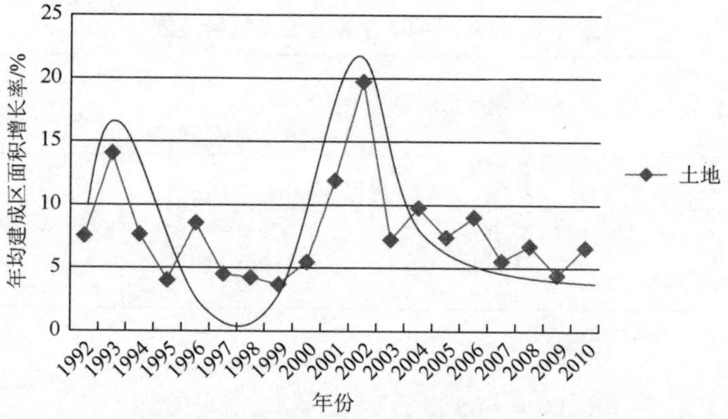

图 4-4　江苏省土地城市化增长率变化情况（1992～2010 年）

图中曲线为表示增长率波动变化的示意线

增长率变化由波峰到波谷经历了一个完整的加速过程，由此可将全省人口城市化和土地城市化各划分为 3 个阶段。人口城市化的年均增长率由 3.40%增加到 8.30%再回落到 3.69%，土地城市化的年均增长率由 6.32%增加到 7.14%再回落到 6.16%，各阶段年均增长率的变化情况符合 Logistic 曲线的演化特征，表现出初期阶段、加速阶段和减速阶段的特征（表 4-2）。

表 4-2　人口-土地城市化 Logistic 阶段及其增长率　　（单位：%）

阶段	人口城市化		土地城市化	
	时间	年均增长率	时间	年均增长率
初期阶段	1992～1996 年	3.40	1992～1995 年	6.32
加速阶段	1996～2001 年	8.30	1995～2003 年	7.14
减速阶段	2001～2009 年	3.69	2003～2010 年	6.16

3. 江苏省人口-土地城市化过程综合分析

人口城市化与土地城市化的增长率曲线较为相似，不同的是波峰出现在不同年份。土地城市化的第一个波峰出现在 1993 年，早于人口城市化的 1995 年；而第二个波峰出现在 2002 年，晚于人口城市化的 2000 年。将 2 条波动曲线进行叠加分析不难发现，全省人口-土地城市化增长率变化曲线大致可以以 1995 年、2000 年和 2002 年为时点划分为 4 个阶段（图 4-5）。

如表 4-3 所示，第一阶段，人口城市化增速加快，而土地城市化增速减弱，整体表现为人口城市化快于土地城市化；第二阶段，土地城市化增速加快，而人口城市化先减后增，整体表现为土地城市化快于人口城市化；第三阶段，土地城

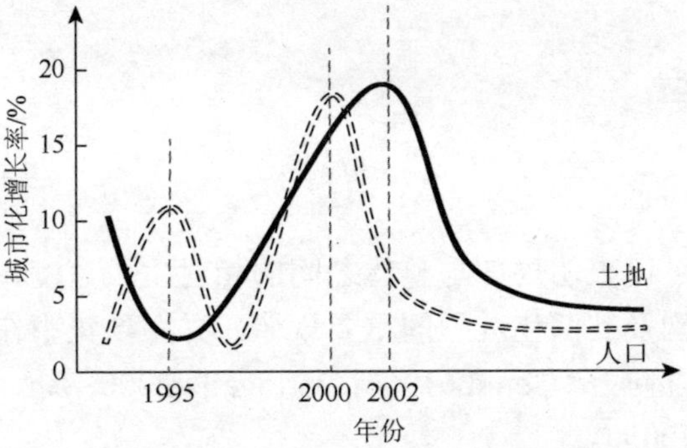

图 4-5　江苏省人口-土地城市化增长率叠加分析

市化的波峰晚于人口城市化出现，即人口城市化增速减弱的同时土地城市化仍保持增速加快，由此导致土地城市化快于人口城市化的程度进一步加强；第四阶段，人口城市化和土地城市化的增速均减弱，土地城市化快于人口城市化的程度有所减弱。

表 4-3　人口-土地城市化过程综合分析

表象	特征
人口城市化较快	人口城市化增长率逐渐增加，土地城市化增长率逐渐减小，人口城市化速度快于土地城市化
土地城市化较快	土地城市化增长率不断增加，人口城市化增长率先减后增，土地城市化速度转而快于人口城市化
土地城市化进一步加快	人口城市化增长率减小，土地城市化增长率仍保持增加，土地城市化速度快于人口城市化的程度进一步加强
人口-土地城市化放缓	人口-土地城市化增长率均下降

可见，理论上人口-土地城市化耦合过程将经历由人口城市化较快向土地城市化较快的转变，在土地城市化较快的过程中，土地城市化快于人口城市化的程度还将经历由强变弱的阶段。

第二节　基于异速生长模型的人口-土地城市化耦合过程分析

从城市地理学的角度来看，人口城市化与土地城市化的耦合发展过程是一个二维-三维交叉的问题（刘继生和陈彦光，2004）。因此，异速生长模型的引入为评价二者在耦合发展过程中的快慢关系提供了依据。本书通过评价不同阶段的人口-土地城市化异速生长系数从而得到人口-土地城市化耦合发展的一般过程。

一、异速生长模型

1. 异速生长定律

异速生长定律可以表明局部与整体之间的相对生长速度，已成为城市地理学中城市系统空间结构及其演化过程的重要规律，并主要集中在城市人口与建成区面积演化关系这一方向上（Gould，1966；Portugali，2000；周一星和陈彦光，2003；刘继生和陈彦光，2005）。

从一般系统论出发，若以 x_i 表示要素 p_i 的某种测度（$i = 1, 2, \cdots, n$），则可用一组微分方程描述要素之间的时空关系：

$$\frac{\mathrm{d}x_i}{\mathrm{d}t} = f_i(x_1, x_2, \cdots, x_n) \quad i = 1, 2, \cdots, n \tag{4-5}$$

借助 Taylor 级数对式（4-5）进行变换并约简，在只考虑两个要素的情况下，可以得到异速生长方程

$$\frac{\mathrm{d}x_i}{\mathrm{d}t} = \alpha_{ij}\frac{x_i}{x_j}\frac{\mathrm{d}x_j}{\mathrm{d}t} \tag{4-6}$$

该积分方程的解为

$$x_i = \beta_j x_j^{\alpha_{ij}} \tag{4-7}$$

式中，$\beta_j = \mathrm{e}^C$ 为比例系数（这里 C 为积分常数）；α_{ij} 为标度指数，即为异速生长系数。

2. 城市人口-面积异速生长模型

在式（4-7）中，令 $x_i = A$ 表示城区面积，$x_j = P$ 表示城区范围中的城市人口，并将参数 α、β 重新标作 b、a，可以得到

$$A = aP^b \tag{4-8}$$

式中，标度指标 b 具有维数性质，经测算，大量的城市或者城市体系的维数处于 2/3～1（张虹鸥等，2006；陈彦光，2008）（表 4-4）。

表 4-4 世界上一些国家的城市人口-面积异速生长模型

国家或地区	时间	模型	相关系数
美国	1950 年	$A = 0.00126P^{0.8600}$	0.927
	1960 年	$A = 0.00151P^{0.8757}$	0.922

续表

国家或地区	时间	模型	相关系数
日本	1960 年	$A=0.00028P^{0.9140}$	0.976
瑞典	1960 年	$A=1.30000P^{0.6640}$	0.883
	1965 年	$A=1.44000P^{0.6500}$	0.889
加拿大	1960 年	$A=0.87\ln P-0.42$	0.987
中国	1953 年	$A=0.000013P^{1.3800}$	—
	2000 年	$A=1.9269P^{0.8115}$	0.881

资料来源：中国 2000 年的模型来自陈彦光（2008），其余模型均来自 Lee（1989）。

3. 异速生长系数判定

目前学界对城市人口-面积异速生长模型标度指数的阈值存在不同见解，刘红萍（2006）、史常亮（2010）等认为 $b=0.9$ 是异速增长类型的界限；赵岑和冯长春（2010）、宫漫（2011）等认为城市用地维数的平均值为 1.7 左右，人口的维数为 2，在理论上得到 b 的临界值为 0.85。

Lee（1989）、刘继生和陈彦光（2005）则认为，对于幂函数分布即城市人口满足 Smeed 模型的情况，可以分为以下 3 种情况讨论（Batty and Longley，1994；陈彦光和许秋红，1999；孙在宏等，2011）。

（1）$b<1$，城市人口与用地之间为负异速生长；

（2）$b=1$，城市人口与用地之间为同速生长；

（3）$b>1$，城市人口与用地之间为正异速生长。

二、江苏省人口-土地城市化异速生长模型构建

1. 异速生长模型与面板数据

刘继生和陈彦光（2005）的研究表明，异速生长分析要求动态的城市人口和城区面积概念，只有以建成区或者城市化地区为基础才能构成动态数据系列。因此，本书采用 1991～2010 年 13 个地级市的城市非农业人口规模和建成区面积作为异速生长模型的基础数据。该模型方程的一般形式可表达为

$$A=aP^b \tag{4-9}$$

该方程提供了异速生长模型的构建方法，但由于 1991～2010 年的非农业人口规模和建成区面积是面板数据（panel data），也称时间序列截面数据（time series and cross section data）或混合数据（pool data），即同时在时间和空间上取得的二维数据，从横截面上看，是由若干个体在一些时刻的截面观测值构成，从剖面上看，

是一个个时间序列（图 4-6）。以非农业人口规模数据为例，固定在某一年份上，是由 13 个人口城市化数字组成的截面数据；固定在某一个地级市上，是由 20 年人口城市化数据组成的一个时间序列，即面板数据是由 13 个个体组成，共有 260 个观测值，用双下标变量表示如下

$$y_{it}(i=1,2,\cdots,N;t=1,2,\cdots,T) \tag{4-10}$$

式中，N 为面板数据中含有个体数目；T 为时间序列的最大长度。

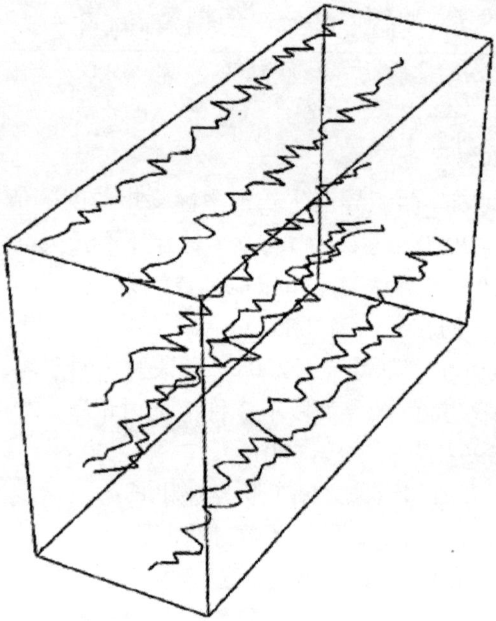

图 4-6　面板数据示意图

资料来源：刘振肖（2010）

因此，从时间维度和序列维度对异速生长模型进行考察时，方程可具体表述为如下形式

$$A(t)=aP(t)^b \tag{4-11}$$

$$A(k)=aP(k)^b \tag{4-12}$$

式中，t 为时间维度；k 为城市位序或者等级（陈彦光，2008）。

2. 江苏省异速生长模型构建

相空间和序空间维数可统称为广义的地理空间维数，分别表征一段时间内和某一个时刻的异速生长系数。城市化进程是一个具有连续性的过程，要反映出人口-土地城市化耦合过程快慢关系的连续变化情况，就需要研究城市化进程各个时

刻的异速生长系数，从而将其组合成一个连续变化的过程。因此，本书以序空间维数作为异速生长系数，通过评价城市化进程各个时刻的城市人口-面积异速生长系数，得到整个城市化进程的异速生长系数变化情况，由此对人口-土地城市化耦合过程的快慢关系进行研究。

由于江苏省内部城市化发展存在明显的区域差异，各个地级市的城市化进程发展水平也各不相同（表 4-5）。《江苏统计年鉴 1992》提供的非农化数据表明，1991 年全省非农化率最高的是南京，为 47.24%，非农化率最低的是淮阴（原淮安），仅为 15.44%。《江苏统计年鉴 2011》提供的城市化数据显示，2010 年苏南地区的城市化率为 70.8%，苏中地区为 56.1%，而苏北地区仅为 51.8%，其中南京的城市化率已经达到 71.1%，位居全省首位，而宿迁的城市化率最低，仅为 48.3%。整体来看，1991～2010 年全省 13 个地级市的城市化水平在 10%～80%增长。因此，在研究过程中既要考虑到城市化水平的连续变化，又要兼顾不同地区的城市化水平差异，从统一划分阶段的角度出发，以 10%为区间，将整个城市化进程划分为 7 个阶段，进而计算每一个阶段内人口-土地城市化耦合过程异速生长系数，最终得到异速生长系数在 7 个阶段的连续变化情况。

表 4-5　江苏省各个地级市的城市化进程发展水平（1991 年）

地级市	总人口/万人	农业人口/万人	非农业人口/万人	非农化率/%
南京	506.44	267.18	239.26	47.24
无锡	421.22	273.17	148.05	35.15
徐州	820.17	675.09	144.48	17.62
常州	326.87	244.07	82.80	25.33
苏州	564.26	422.07	142.19	25.20
南通	778.84	623.17	155.67	19.99
连云港	346.21	284.64	61.57	17.78
淮阴	1004.21	889.14	155.07	15.44
盐城	777.33	656.53	120.80	15.54
扬州	929.26	783.76	145.50	15.66
镇江	259.05	185.93	73.12	28.23

三、江苏省人口-土地城市化耦合过程异速生长系数

1. 序空间模型的样本情况

异速生长模型通常以散点图的形式表现，其中横坐标为非农业人口规模数据，

纵坐标为建成区面积数据，通过对散点图上的数据分布进行幂函数拟合，从而得到标度维数（即异速生长系数）。研究计算异速生长系数的序空间维数，即从每个时刻考察异速生长系数的变化情况。1991～2010 年全省 13 个地级市共计 260 个样本，依据每个样本的城市化率将其落入 10%～80%的 7 个阶段内。由于不同阶段的样本包括该城市化水平阶段各个地级市的人口-土地城市化数据，因此，难免出现部分地级市某几个年份的数据难以反映该阶段异速生长系数的真实情况，即不服从标度定律，需要进行修正。以 20%～30%阶段为例，样本修正前后的变化情况如图 4-7 所示。

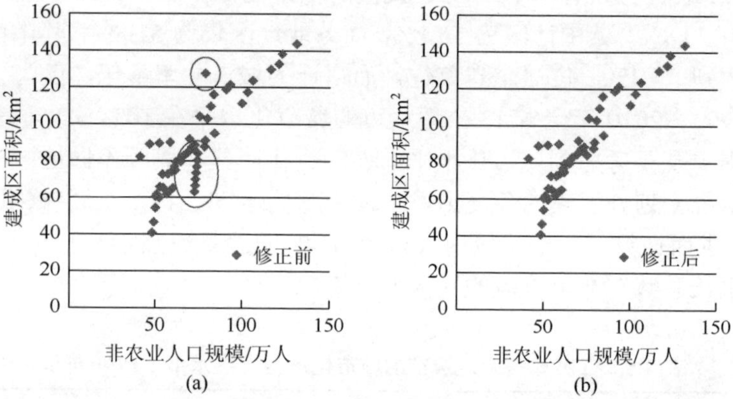

图 4-7　异速生长系数样本修正情况（以 20%～30%阶段为例）

经过修正后，各个阶段的研究样本变化情况如图 4-8 所示。修正前 7 个阶段

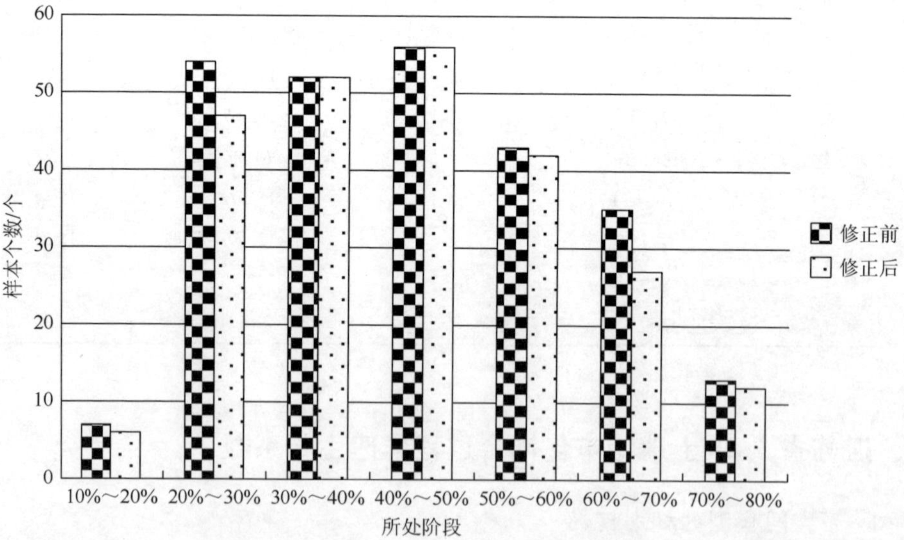

图 4-8　修正前后不同阶段样本变化情况

的样本总数共计 260 个，各个阶段分别为 7 个、54 个、52 个、56 个、43 个、35 个和 13 个；修正后样本总数共计 242 个，各个阶段分别为 6 个、47 个、52 个、56 个、42 个、27 个和 12 个。其中，30%～40%和 40%～50%两个阶段的样本无需进行修正。

2. 异速生长系数计算及其检验

7 个阶段的人口-土地城市化异速生长模型的拟合情况如图 4-9 所示。其中横轴代表非农业人口规模，纵轴代表建成区面积，散点图的拟合方程为幂函数形式，幂函数的幂指数即为异速生长系数。

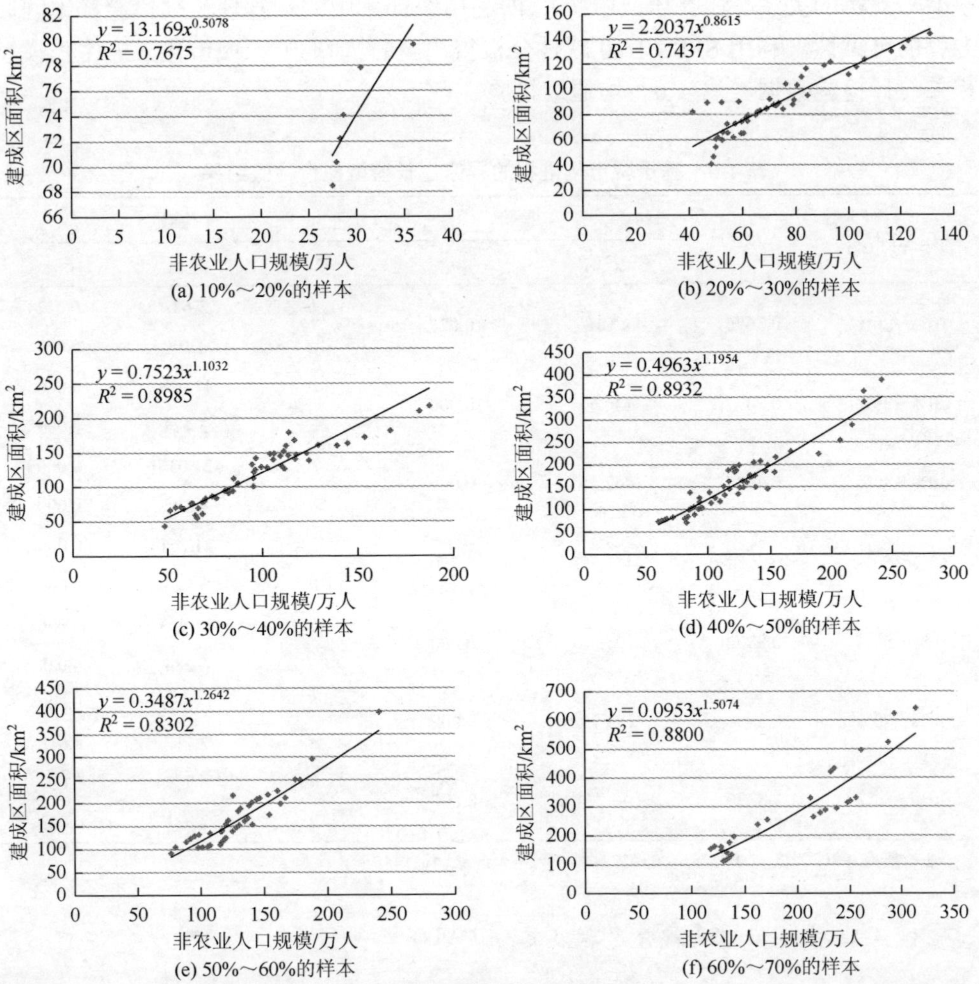

(a) 10%～20%的样本　(b) 20%～30%的样本

(c) 30%～40%的样本　(d) 40%～50%的样本

(e) 50%～60%的样本　(f) 60%～70%的样本

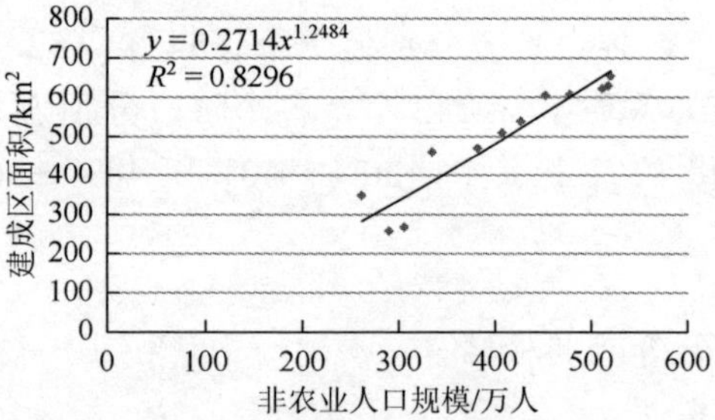

(g) 70%～80%的样本

图 4-9　7 个阶段的人口-土地城市化异速生长模型的拟合情况

在利用模型对社会系统状态进行定量描述时，必须要考察数学应用的限度和模型与现实的关系（江秀乐，1996），即利用统计学中的抽样理论来检验样本回归方程的可靠性。利用 SPSS 16.0 软件分析得出全省人口-土地城市化异速生长模型相关统计检验数据（表 4-6）均通过检验。

表 4-6　基于城市化进程的异速生长模型拟合检验结果

城市化阶段	R^2	F 检验		t 检验		
		F 值	（Sig.）	系数	F 值	（Sig.）
10%～20%	0.7675	13.187	0.022	b	3.631	0.022
				a	3.109	0.003
20%～30%	0.7437	130.607	0.000	b	11.428	0.000
				a	3.124	0.003
30%～40%	0.8985	442.553	0.000	b	21.037	0.000
				a	4.195	0.000
40%～50%	0.8932	451.592	0.000	b	21.251	0.000
				a	3.725	0.000
50%～60%	0.8302	195.527	0.000	b	13.983	0.000
				a	2.284	0.028
60%～70%	0.8800	183.252	0.000	b	13.537	0.000
				a	2.717	0.018
70%～80%	0.8296	48.704	0.000	b	6.979	0.000
				a	2.934	0.023

注：概率（Sig.）低于 0.05 表示在 5%的水平下显著，从而通过检验，下同。

3. 人口-土地城市化耦合过程及其阶段划分

根据 7 个阶段的异速生长系数得到的人口-土地城市化耦合发展过程曲线如

图 4-10 所示，与人口-土地城市化过程综合分析得到的结果一致，整体来看，异速生长系数的变化可以分为 4 个阶段。

第一阶段，当城市化率低于 40%时，人口城市化快于土地城市化，表现为负异速生长，但异速生长系数增长较快。

第二阶段，当城市化率接近 40%时，异速生长系数突破 1，异速生长关系由负转正；当城市化率在 40%～60%时，土地城市化快于人口城市化，但异速生长系数提高速率减缓。

第三阶段，当城市化率发展到 65%～75%时，异速生长系数又进入一轮提高期，并达到峰值。

第四阶段，当城市化率超过 75%时，异速生长系数呈持续回落趋势，但仍维持在正异速生长关系。

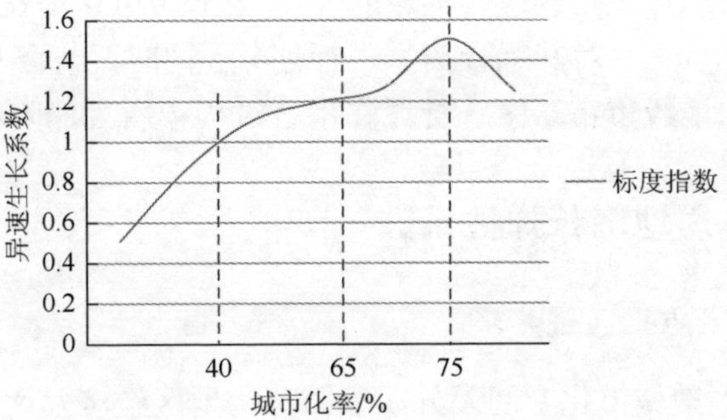

图 4-10　江苏省人口-土地城市化异速生长系数变化

综上，本部分从人口-土地城市化增长率的变化对异速生长系数的变化进行解释（赵岑和冯长春，2010）。第一阶段，土地城市化增长率的波峰早于人口城市化出现，形成人口城市化增长率上升而土地城市化增长率下降的局面，导致人口城市化快于土地城市化的负异速生长关系出现；第二阶段，土地城市化增长率由波谷到波峰快速增长，而人口城市化从波峰到波峰经历了先减后增的过程，由此形成异速生长关系由负转正，但异速生长系数的增长幅度逐渐趋缓；第三阶段，土地城市化增长率的波峰晚于人口城市化出现，因此当人口城市化增长率下降的同时，土地城市化增长率仍保持增长的态势，导致土地城市化快于人口城市化的程度加深，形成了新一轮的异速生长系数抬升的局面；第四阶段，人口-土地城市化增长率均进入减速阶段，导致异速生长系数从高峰有所回落。可见，异速生长系数的变化过程与人口-土地城市化增长率是保持一致的，这不仅验证了对人口-土地城市化过程综合分析四阶段的推论（图 4-11），也从人口-土地城市化增长率变化的角度解释了人口-土地城市化异速生长系数变化的原因。

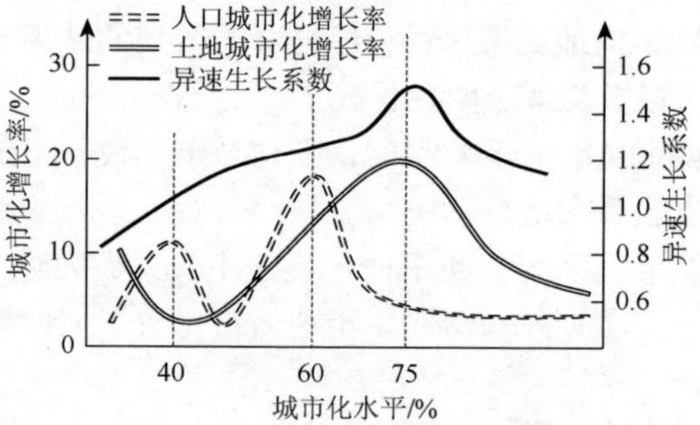

图 4-11　江苏省人口-土地城市化异速生长系数与城市化增长率变化

第三节　江苏省人口-土地城市化耦合过程的区域差异

通过研究不同地级市市辖区、县域的人口-土地城市化增长指数、城市用地增长弹性系数的变化特征，对其耦合类型进行划分。同时，结合人口-土地城市化的一般过程，对不同地级市市辖区、县域在耦合过程中所处的阶段进行了归纳。

一、江苏省城市用地增长弹性系数

1. 人口-土地城市化区域差异

江苏省人口-土地城市化空间差异明显。苏南地区经济发达，人口城市化与土地城市化水平较高，2008 年人口城市化与土地城市化水平分别达到 67.7%和 61.25%，城市分布密集，逐步形成了苏南城市群格局。苏北地区经济欠发达，人口城市化与土地城市化水平较低（图 4-12），2008 年人口城市化与土地城市化水平分

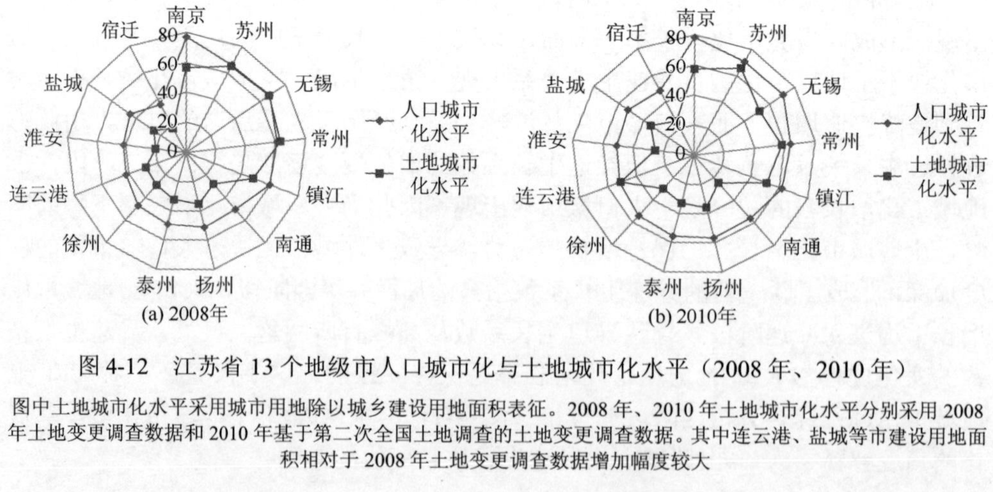

图 4-12　江苏省 13 个地级市人口城市化与土地城市化水平（2008 年、2010 年）

图中土地城市化水平采用城市用地除以城乡建设用地面积表征。2008 年、2010 年土地城市化水平分别采用 2008 年土地变更调查数据和 2010 年基于第二次全国土地调查的土地变更调查数据。其中连云港、盐城等市建设用地面积相对于 2008 年土地变更调查数据增加幅度较大

别达到 43.10%和 24.56%，低于全省平均水平，城市建设发展态势较弱，城市分布较为稀疏，呈单极发展状态。苏中地区发展介于苏南地区和苏北地区之间，2008 年人口城市化与土地城市化水平分别达到 50.20%和 30.98%，低于全省平均水平，城市多轴向发展。

2. 城市用地增长弹性系数

城市用地增长弹性系数是国内常用的一项衡量城市用地扩展及变化趋势情况的指标（袁丽丽，2005；林燕华和毛良祥，2008）。城市用地增长弹性系数是城市用地增长率与城市人口增长率的比值，公式如下：

$$K = [\mathrm{d}A(t) / A(t)] / [\mathrm{d}P(t) / P(t)] \tag{4-13}$$

式中，K 为城市用地增长弹性系数；A 为城市用地面积；P 为城市人口。一般认为，城市用地增长弹性系数为 1.12 时较为合理，当前我国城市用地增长弹性系数已经超过公认的 1.12 的合理阈值。

3. 江苏省各地级市城市用地增长弹性系数

从全省及 13 个地级市 1991～2010 年的城市用地增长弹性系数来看(表 4-7)，全省城市用地增长弹性系数为 1.37，高于 1.12 的阈值，说明整体而言全省土地城市化快于人口城市化是一个不争的事实，这与本章第二节通过异速生长系数得到的全省人口-土地城市化耦合过程结论一致。从 13 个地级市来看，弹性系数最高的是苏州，高达 2.11，苏州不仅人口城市化增长指数（3.76）位居苏南地区首位，而且其土地城市化增长指数（7.93）位居全省各地级市之首；弹性系数最低的是宿迁，仅为 0.78，且宿迁的土地城市化增长指数（4.91）仅位列苏州之后，但其人口城市化增长指数（6.30）位列全省之首。

表 4-7　江苏省全省及 13 个地级市 1991～2010 年城市用地增长弹性系数

地区	非农业人口规模/万人		建成区面积/km^2		城市用地增长弹性系数		
	1991 年	2010 年	1991 年	2010 年	$\frac{\mathrm{d}P(t)}{P(t)}$	$\frac{\mathrm{d}A(t)}{A(t)}$	K
江苏省	1011.57	3047.81	943.32	3889.55	3.01	4.12	1.37
南京	227.10	520.84	162.30	654.64	2.29	4.03	1.76
无锡	110.00	316.37	106.40	348.50	2.88	3.28	1.14
徐州	99.70	293.37	107.52	397.65	2.94	3.70	1.26
常州	65.80	168.31	53.00	197.45	2.56	3.73	1.46
苏州	103.30	388.17	85.90	680.78	3.76	7.93	2.11
南通	70.47	199.32	52.80	211.35	2.83	4.00	1.42
连云港	50.20	148.54	66.70	220.20	2.96	3.30	1.12

续表

地区	非农业人口规模/万人		建成区面积/km²		城市用地增长弹性系数		
	1991 年	2010 年	1991 年	2010 年	$\frac{dP(t)}{P(t)}$	$\frac{dA(t)}{A(t)}$	K
淮安	52.50	194.16	49.50	199.56	3.70	4.03	1.09
盐城	54.90	208.81	67.40	257.18	3.80	3.82	1.00
扬州	62.30	169.86	65.90	209.30	2.73	3.18	1.16
镇江	51.00	147.62	44.90	162.96	2.89	3.63	1.25
泰州	41.40	148.21	42.80	162.58	3.58	3.80	1.06
宿迁	22.90	144.23	38.20	187.40	6.30	4.91	0.78

虽然苏州和宿迁的人口城市化和土地城市化增长指数较高，但其城市用地增长弹性系数却出现较大差异，这与苏州和宿迁两市的城市化基础不一样、城市化发展处于不同阶段密切相关。苏州作为全省经济发展水平最高的地级市，经济发展对城市建设用地扩张的驱动相当显著；而宿迁 1991 年城市化率低于 20%，2010 年城市化率仍低于 50%，根据陈彦光和周一星（2005）对诺瑟姆曲线的修正，1991～2010 年全市正处于人口城市化快速增长时期，以大量农业人口转变为非农业人口的本地城市化是这一时期宿迁城市化进程的重要特征。可见，不同地区之间城市化发展的差异是影响城市用地增长弹性系数的重要因素，而作为地级市而言，市辖区、县级市、县之间城市化进程也各不相同，需要对辖区内部的城市用地增长弹性系数进行研究，以剖析各个地级市的区域差异。

二、县级尺度的江苏省人口-土地城市化耦合过程分析

1. 各地级市内部城市用地增长弹性系数

研究采取的县级尺度是将全省县级行政单元统一到 2010 年的 63 个县级评价单元，其中既包括 13 个地级市市辖区，还包括 26 个县级市和 24 个县。从 13 个地级市市辖区内部研究弹性系数，首先将 13 个地级市市辖区内部行政单元结构统一划分为地级市市辖区和县域 2 个类型，具体如表 4-8 所示。

表 4-8　江苏省 63 个县级评价单元情况（2010 年）

地级市	市辖区	县域		个数
		县级市	县	
南京	南京市	—	溧水县、高淳县	3
无锡	无锡市	江阴市、宜兴市	—	3

续表

地级市	市辖区	县域		个数
		县级市	县	
徐州	徐州市	新沂市、邳州市	丰县、沛县、睢宁县	6
常州	常州市	溧阳市、金坛市	—	3
苏州	苏州市	常熟市、张家港市、昆山市、吴江市、太仓市	—	6
南通	南通市	启东市、如皋市、海门市	海安县、如东县	6
连云港	连云港市	—	赣榆县、东海县、灌云县、灌南县	5
淮安	淮安市	—	涟水县、洪泽县、盱眙县、金湖县	5
盐城	盐城市	东台市、大丰市	响水县、滨海县、阜宁县、射阳县、建湖县	8
扬州	扬州市	仪征市、高邮市、江都市	宝应县	5
镇江	镇江市	丹阳市、扬中市、句容市	—	4
泰州	泰州市	兴化市、靖江市、泰兴市、姜堰市	—	5
宿迁	宿迁市	—	沭阳县、泗阳县、泗洪县	4

对1991～2000年和2001～2010年13个地级市市辖区、县域的人口城市化增长指数、土地城市化增长指数、城市用地增长弹性系数进行计算，总体可以得到地级市市辖区弹性系数上升、县域弹性系数下降，以及地级市市辖区弹性系数上升、县域弹性系数也上升2个类型（表4-9）。

表4-9　江苏省13个地级市城市用地增长弹性系数区域差异

类型	地级市		1991～2000年			2001～2010年		
			$\frac{dP(t)}{P(t)}$	$\frac{dA(t)}{A(t)}$	K	$\frac{dP(t)}{P(t)}$	$\frac{dA(t)}{A(t)}$	K
地级市市辖区弹性系数上升，县域弹性系数下降	南京	市辖区	1.56	1.86	1.19	1.43	2.25	1.57
		县域	2.12	2.14	1.01	2.56	2.16	0.84
	徐州	市辖区	1.46	1.47	1.00	1.51	2.52	1.67
		县域	1.71	1.75	1.02	2.18	1.81	0.83
	连云港	市辖区	1.27	1.18	0.93	1.15	1.64	1.43
		县域	1.59	1.65	1.04	1.13	1.18	1.04
	淮安	市辖区	1.51	1.37	0.91	1.32	2.05	1.55
		县域	1.41	1.51	1.07	1.43	1.52	1.07
	盐城	市辖区	1.29	1.24	0.96	1.17	1.37	1.16
		县域	2.10	1.73	0.83	1.30	1.06	0.82

续表

类型	地级市		1991～2000年			2001～2010年		
			$\frac{dP(t)}{P(t)}$	$\frac{dA(t)}{A(t)}$	K	$\frac{dP(t)}{P(t)}$	$\frac{dA(t)}{A(t)}$	K
地级市市辖区弹性系数上升，县域弹性系数下降	宿迁	市辖区	1.19	1.31	1.10	1.14	1.50	1.32
		县域	1.55	1.78	1.15	1.19	1.24	1.05
地级市市辖区、县域弹性系数均上升	无锡	市辖区	1.13	1.63	1.44	1.12	2.17	1.94
		县域	1.23	1.21	0.98	1.41	1.82	1.29
	常州	市辖区	1.08	1.86	1.71	1.07	2.10	1.96
		县域	1.28	1.37	1.07	1.35	1.80	1.33
	苏州	市辖区	1.16	1.76	1.52	1.14	2.59	2.27
		县域	1.27	1.32	1.04	1.51	1.81	1.20
	南通	市辖区	1.05	1.19	1.13	1.17	1.50	1.29
		县域	1.34	1.43	1.07	1.12	1.33	1.18
	扬州	市辖区	1.16	1.20	1.03	1.16	1.38	1.19
		县域	1.34	1.48	1.11	1.29	1.44	1.12
	镇江	市辖区	1.06	1.13	1.06	1.29	1.48	1.15
		县域	1.38	1.33	0.96	1.23	1.19	0.97
	泰州	市辖区	1.16	1.25	1.08	1.13	1.30	1.15
		县域	1.79	1.77	0.99	1.11	1.11	1.00

2. 各地级市弹性系数类型及其特征

通过研究地级市市辖区、县域的城市用地增长弹性系数变化和人口-土地城市化增长指数变化特征，可以将全省 13 个地级市的人口-土地城市化耦合过程类型分为中心型、集聚型、均衡型和过渡型四大类。中心型城市表现出明显的“强中心-弱边缘”过程，地级市市辖区弹性系数大于 1.12 后的快速增长与县域弹性系数低于 1.12 后的不断下降显示出截然相反的两个发展趋向，反映出南京、徐州两市区域中心度过高；集聚型城市也表现为地级市市辖区弹性系数跨过 1.12 增加，但其县域弹性系数变动并不明显，反映出该类型城市以地级市市辖区发展为主，县域发展较为缓慢；均衡型城市表现为地级市市辖区、县域的弹性系数均跨过 1.12 增长，其中地级市市辖区始终高于 1.12 且增长更快；过渡型城市表现为地级市市辖区弹性系数跨过 1.12 增长，但其县域弹性系数增长幅度不大（表 4-10）。

弹性系数是人口-土地城市化耦合过程演化结果的反映，通过研究不同弹性系数类型城市的人口-土地城市化增长指数，即计算城市用地增长弹性系数的非农业人口增长率和城市用地增长率，并将其与城市化进程相结合，可以形成对不同弹性系数类型城市在人口-土地城市化耦合过程中演化阶段的认识。

表 4-10　江苏省城市用地增长弹性系数类型

类型		地级市	弹性系数特征		增长指数特征	
			市辖区	县域	市辖区	县域
地级市市辖区弹性系数上升，县域弹性系数下降	中心型	南京 徐州	由接近 1.12 到远大于 1.12	增长后仍低于 1.12	土地增长率提高	人口、土地增长率提高
	集聚型	连云港 淮安 盐城 宿迁	由低于 1.12 到高于 1.12	基本低于 1.12 且变动幅度不大	人口增长率下降，土地增长率提高	
地级市市辖区、县域弹性系数均上升	均衡型	无锡 常州 苏州	在远大于 1.12 基础上持续增加	由低于 1.12 到超过 1.12	人口增长率下降，土地增长率提高	人口、土地增长率提高
	过渡型	南通 扬州 镇江 泰州	由低于 1.12 到超过 1.12	增长幅度不大	人口、土地增长率提高	人口、土地增长率既有提高又有下降

3. 基于区域差异的人口-土地城市化耦合过程研究

不同弹性系数类型的人口-土地城市化增长指数反映出城市在人口-土地城市化耦合过程中的演化阶段。根据异速生长系数得到的人口-土地城市化耦合过程在城市化 40%～60%阶段表现为人口城市化增长指数由波峰到波峰的先降后升，土地城市化增长指数由波谷到波峰的不断上升过程，结合集聚型、过渡型、均衡型的县域及中心型的徐州市的人口-土地城市化增长指数来看，该阶段可明显再分为两个阶段，一个是人口城市化增长指数下降而土地城市化增长指数上升，另一个是人口城市化和土地城市化增长指数均上升。因此，将该阶段再划分为 2 个阶段，城市化水平节点大致在 50%左右（图 4-13）。

结合不同城市的弹性系数类型与其人口-土地城市化增长指数所处的人口-土地城市化耦合过程阶段，根据不同地区的经济社会发展现状有所调整，可整理得到基于区域差异的人口-土地城市化耦合过程及其阶段划分。从城市化进程来看，南京的市辖区和均衡型的市辖区均表现为人口城市化增长率下降，而土地城市化增长率提高，因此位于 60%～75%的耦合过程阶段；徐州的市辖区、均衡型的县域和过渡型的市辖区表现为人口-土地城市化率提高，均位于 50%～60%的耦合过程阶段，当前大多数城市的人口-土地城市化耦合过程均集中在此阶段；集聚型的

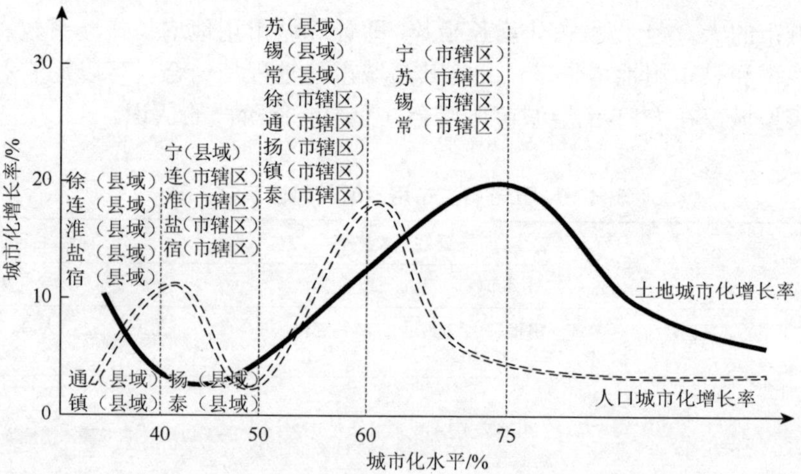

图 4-13　不同城市弹性系数类型对应的耦合过程阶段

市辖区和南京的县域表现为人口城市化增长率下降而土地城市化增长率提高，位于 40%～50%的阶段；集聚型的县域和徐州的县域表现为人口城市化率上升而土地城市化率下降，位于 40%以下的耦合过程阶段。过渡型的县域人口-土地城市化变化率并不统一，整体位于 50%以下的人口-土地城市化耦合过程阶段。

整体而言，人口-土地城市化耦合过程在以城市化水平表征的区域排序大致为：苏北地区的县域、苏北地区的市辖区、苏南地区的县域和苏中地区的市辖区、苏南地区的市辖区。

第五章　江苏省人口-土地城市化耦合机制

第一节　人口-土地城市化耦合作用关系研究

人口-土地城市化之间存在明显的相互作用关系，由于传统的回归分析存在自身方法上的缺陷，并不能对时间序列上的经济数据进行较好的相关性分析，本章引入自回归（autoregressive，AR）模型对人口-土地城市化耦合发展的相互作用关系进行评价。AR 模型及其修正模型的测算结果揭示了全省 2000 年前后十年人口城市化与土地城市化相互作用程度的变化情况，本节对此进行了解析。

一、人口-土地城市化相互作用关系

人口城市化与土地城市化之间存在前因后果的逻辑关系，城市与农村、发达地区与欠发达地区之间明显的区域差异造成人口由农村到城市、由小城市到大城市的转移，而城市土地资源有限，必然会引起以外延扩展为主要形式的城市建设占用。土地城市化使得农地资源从农业部门向非农部门转移、从农村形态向城市形态转变，是土地资源重新配置与使用的过程。土地城市化使得农民由农业人口转为非农业人口，从业方式由第一产业向第二、三产业转变，促进了人口城市化发展的进程和城市化水平的提高（图 5-1）。

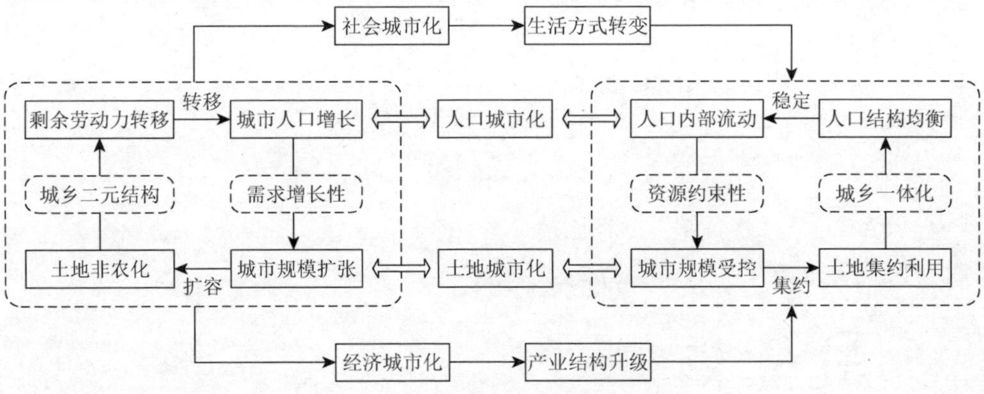

图 5-1　人口-土地城市化相互作用关系

二、基于方差贡献率的作用关系检验

1. VAR 模型与方差分解技术

传统的作用关系研究多采用回归分析和相关分析，但由于多数宏观经济数据在时间序列上并不稳定（Nelson and Plosser，1982），因此，在未对变量进行平稳性检验的情况下，直接对其进行回归分析和相关分析并不能揭示变量之间的真实关系。此外，城市化系统是一个庞大的复杂系统，其子系统受到多种因素的综合影响，从时间尺度看，各子系统之间的相互影响可能存在长期的均衡关系，也可能存在短期波动，而传统方法不能很好地分析这些动态因果关系。而应用计量经济学中的协整理论能够避免此类问题，该理论主要用于经济事件序列的分析，由于其能寻找两个或两个以上非平稳变量间的均衡关系，常被用于分析社会经济因素与其他因素间的关系（陶应发和郑涛，2009；黄献松，2009）。

另外，各子系统之间存在双向影响，忽略二者之间的反向作用，会导致变量的内生性偏差（endogeneity bias）问题，因为各子系统本身也是由城市化与其他因素所共同决定的内生变量。要处理变量内生性带来的估计偏差，可以通过作为结构式方程的简约形式，用向量自回归（vector autoregression，VAR）模型来分析（尚涛等，2007）。其数学表达式为

$$y_t = A_1 y_{t-1} + \cdots + A_p y_{t-p} + Bx_t + \varepsilon_t \tag{5-1}$$

式中，y_t 为 k 维内生变量向量；x_t 为 d 维外生变量向量；p 为滞后阶数，$t = 1, 2, \cdots, T$，T 为样本个数。

方差分解是通过分析每一个结构冲击对内生变量变化（通常用方差来度量）的贡献度。近似的方差贡献率（RVC）可表示为

$$\mathrm{RVC}_{j\to i}(s) = \frac{\sum_{q=0}^{s-1}(c_{ij}^{(q)})^2\sigma_{jj}}{\sum_{j=1}^{k}\left\{\sum_{q=0}^{s-1}(c_{ij}^{(q)})^2\sigma_{jj}\right\}} \tag{5-2}$$

式中，$\mathrm{RVC}_{j\to i}(s)$ 具有如下的性质：

（1）$0 \leqslant \mathrm{RVC}_{j\to i}(s) \leqslant 1, i, j = 1, 2, \cdots, k$；

（2）$\sum_{j=1}^{k}\mathrm{RVC}_{j\to i}(s) = 1, i = 1, 2, \cdots, k$。

$\mathrm{RVC}_{j\to i}(s)$ 大时，意味着第 j 个变量对第 i 个变量的影响大，相反地，

$RVC_{j \to i}(s)$ 小时，可以认为第 j 个变量对第 i 个变量的影响小。

2. 协整检验与方差贡献率

协整理论用于检验变量之间是否长期存在均衡关系，是进行方差分解的先决条件。本节通过运用计量经济学软件 EViews 5.0 中的约翰森（Johansen）方法对全省 1991～2000 年和 2001～2010 年 2 个阶段的人口-土地城市化数据进行协整检验。本书选取全省非农业人口规模和建成区面积作为基础数据，为消除可能存在的异方差，在进行协整检验前对基础数据取对数，以便降低各个变量之间的共线性。如表 5-1 所示，1991～2000 年和 2001～2010 年 2 个阶段的 ln（非农业人口规模）与 ln（建成区面积）的统计量值（trace 和 λ）的伴随概率均高于其在 5%显著水平临界值，从而通过协整检验。

表 5-1　江苏省人口-土地城市化指标协整检验结果

时间	没有协整关系的原假设	单位根	统计量		5%显著水平临界值	伴随概率
			trace	λ		
1991～2000 年	None*	0.9420	25.393 1	—	12.320 9	0.000 2
			—	22.783 0	11.224 8	0.000 3
2001～2010 年		0.8508	19.199 0	—	12.320 9	0.003 0
			—	15.218 8	11.224 8	0.009 5

协整检验通过后，继续采用 EViews 5.0 软件计算人口城市化与土地城市化相互作用的方差贡献率。1991～2000 年和 2001～2010 年 2 个阶段人口城市化对土地城市化的方差贡献率如图 5-2 所示，1991～2000 年和 2001～2010 年 2 个阶段土地

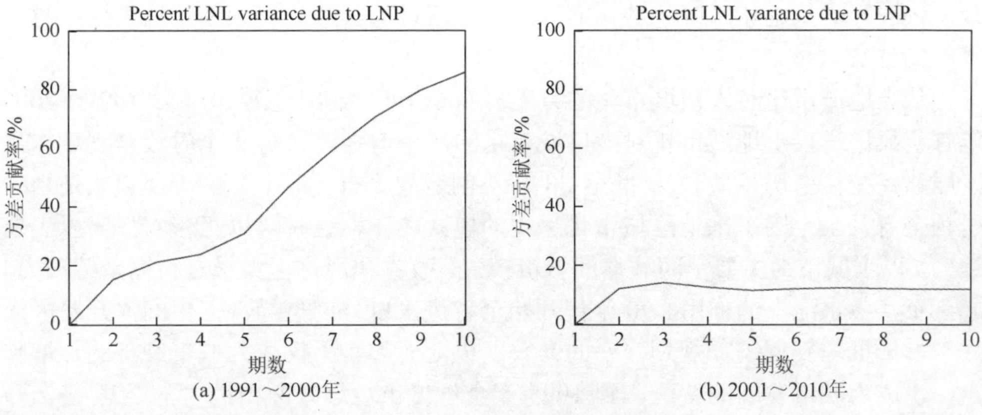

图 5-2　1991～2000 年和 2001～2010 年 2 个阶段人口城市化对土地城市化的方差贡献率

城市化对人口城市化的方差贡献率如图 5-3 所示。横轴表示研究对象相互作用在时间上的期数，纵轴表示方差贡献率的百分比（其中，LNP 代表人口城市化，LNL 代表土地城市化）。

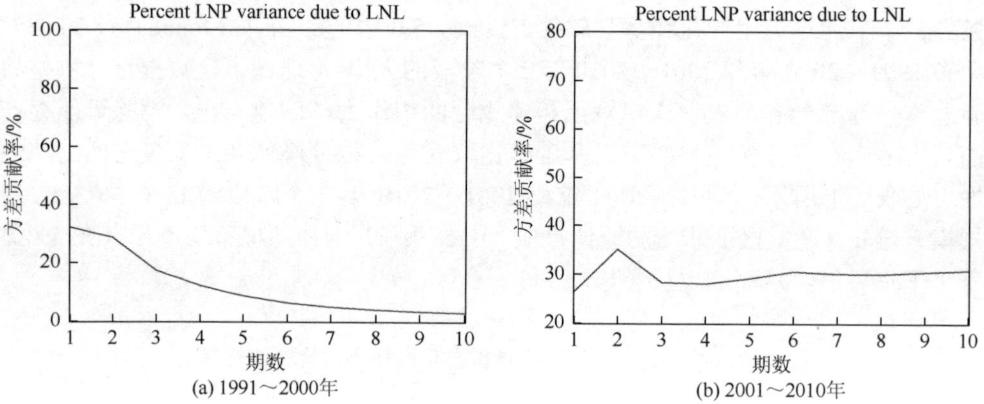

图 5-3 1991～2000 年和 2001～2010 年 2 个阶段土地城市化对人口城市化的方差贡献率

从人口城市化对土地城市化的贡献率来看，1991～2000 年的曲线轨迹从 0 开始，方差贡献率不断攀升，最后止于 80%左右；而 2001～2010 年的曲线轨迹从第 2 期开始就逐渐趋缓，最后仅止于不足 20%的水平。2 个时段的方差贡献率显示，人口城市化对土地城市化的作用程度明显减弱。这表明，1991～2000 年人口城市化是土地城市化的主要影响因素，符合“城市人口的增加是城市土地扩展的直接动因”（谈明洪等，2003）的论点。而 2001～2010 年人口城市化对土地城市化的驱动作用明显减弱，则与经济社会的快速发展导致城市化影响因素愈发复杂密切相关，更有国内学者从经济发展的角度明确指出，“城市人口增加对城市建设用地扩张的影响呈逐年下降趋势，而固定资产投资的影响力度则逐年增大”（赵可等，2011）。

从土地城市化对人口城市化的方差贡献率来看，2001～2010 年较 1991～2000 年有明显增长，土地城市化对人口城市化的作用增强，这与 2 个时段全省城市化发展路径变化密切相关。20 世纪 80 年代创造的“自下而上”的苏南模式是当时引领全省乃至全国东部地区城市化进程的模式之一，这种“以工带农”“以工建镇”，以小城市为主要空间载体的城市模式，吸收和消化了大量农村剩余劳动力，起到了“蓄水池”的作用。90 年代开始全省进入以外向型经济催生的“开发区模式”，一批与新城统一规划建设的开发区拔地而起，不仅成为城市经济的新增长点，也成为城市发展的新区。到 1995 年全省城市规划区面积扩大了 2.26 倍，开发区建设成为城市化的主要空间载体，1999 年全省城市化率达到 34.94%，首次超过全国。此后，全省于 2001 年开始推进行政区划调整，基本解决了“市县同城”问题（朱杰，2009），由此进入以大城市与城市密集带为主导的快速城市化阶段。城市发展空间得到极大扩展，城市对区域的直接影响明显增强，城市化发展水平和速度进一步提升，到 2010 年全省城市化率已经突破 60%，进入城市化发展的稳定阶段。

三、基于 AR 模型的作用关系评价

1. 人口-土地城市化相互作用程度分析

在协整检验揭示人口城市化与土地城市化之间存在长期均衡关系的基础上，本节选择基于 AR 模型的线性回归法对样本数据进行 LS 估计，该方法是在线性回归的基础上增加了对扰动项的自相关检验，从而使回归更具可信度。模型的一般形式为

$$\ln L = \beta_0 + \beta_1 \ln P + u \tag{5-3}$$

式中，β_0 为常数项；β_1 为解释变量 $\ln P$ 的回归系数估计值；u 为扰动项。

1991～2000 年和 2001～2010 年 2 个时期的回归方程分别如下所示（括号中的数字表示参数估计值对应的 t 统计量）

$$\ln L = \underset{(0.6871)}{-3.4983} + \underset{(0.0966)}{1.5021} \ln P$$

$$R^2 = 0.9679 \quad \text{D.W} = 0.6616 \quad \text{s.e} = 0.0365 \quad F = 241.5750 \quad T = 10$$

$$\ln L = \underset{(0.4821)}{-0.0127} + \underset{(0.0622)}{1.0294} \ln P$$

$$R^2 = 0.9716 \quad \text{D.W} = 1.5702 \quad \text{s.e} = 0.0416 \quad F = 273.9577 \quad T = 10$$

回归结果的 R^2 说明模型的拟合度很好，但 D.W 值均小于 2，需要进行误差扰动项的自相关检验。如表 5-2 所示，序列相关的 LM 自相关检验在 5%的显著性水平下接受序列不存在一阶和二阶自相关的假设（接受概率大于 0.05），White 异方差检验在 5%的显著性水平下接受序列不存在不带交叉项和带交叉项的假设（接受概率大于 0.05）。因此，2 个方程均通过自相关检验和异方差检验。从回归系数来看，人口城市化每提高 1%，1991～2000 年土地城市化将增加 1.5021 个百分点，2001～2010 年土地城市化则增加 1.0294 个百分点，后十年较前十年人口城市化对土地城市化的作用程度有所减弱，这与方差贡献率计算结果一致。

表 5-2　AR 模型检验结果

检验项目		接受概率	
		1991～2000 年	2001～2010 年
LM 自相关检验	一阶	0.1166	0.9628
	二阶	0.1951	0.9199
White 异方差检验	不带交叉项	0.0645	0.2045
	带交叉项	0.0645	0.2045

土地城市化快于人口城市化意味着土地城市化对人口城市化的影响存在一定滞后效应，因此在构建土地城市化对人口城市化的作用模型时，还应考虑被解释变量除了受到当期解释变量的影响外，还会受到上一期解释变量的影响。为此，本书对回归方程进行修正，即加入含有滞后期的参数项，修改后模型的一般形式如下所示：

$$\ln P_t = \beta_0 + \beta_1 \ln L_t + \beta_2 \ln L_{t-1} + u_t \tag{5-4}$$

式中，$\ln L_{t-1}$ 为含有滞后期的解释变量。

1991～2000 年和 2001～2010 年 2 个时段的回归方程分别如下所示

$$\ln P_t = \underset{(0.4746)}{2.3795} + \underset{(0.3822)}{0.4390} \ln L_t + \underset{(0.3410)}{0.2212} \ln L_{t-1}$$

$$R^2 = 0.9670 \quad \text{D.W} = 0.6560 \quad \text{s.e} = 0.0228 \quad F = 87.9217 \quad T = 9$$

$$\ln P_t = \underset{(0.7279)}{-0.3849} + \underset{(0.4800)}{0.9097} \ln L_t + \underset{(0.4131)}{0.1115} \ln L_{t-1}$$

$$R^2 = 0.9795 \quad \text{D.W} = 1.6310 \quad \text{s.e} = 0.0328 \quad F = 143.6241 \quad T = 9$$

AR 修正模型检验结果见表 5-3，2 个方程均通过自相关检验和异方差检验。从回归系数来看，土地城市化每提高 1%，1991～2000 年人口城市化将增加 0.4390 + 0.3410 个百分点（0.4390 为解释变量的回归系数，0.3410 为含有滞后期解释变量的回归系数标准差，下同），2001～2010 年人口城市化则增加 0.9097 + 0.4131 个百分点，后十年较前十年土地城市化对人口城市化的作用程度明显增强，这也与方差贡献率的分析结果一致。

表 5-3　AR 修正模型检验结果

检验项目		接受概率	
		1991～2000 年	2001～2010 年
LM 自相关检验	一阶	0.7682	0.0604
	二阶	0.4520	0.1194
White 异方差检验	不带交叉项	0.5274	0.0923
	带交叉项	0.5245	0.0799

2. 人口城市化对土地城市化的作用关系解析

方差贡献率的分析结果表明，较之于前十年（1991～2000 年），后十年（2001～2010 年）人口城市化对土地城市化的驱动作用明显减弱。AR 模型的分析结果则进一步量化了这一结论，人口城市化每提高 1%，1991～2000 年土地城市化增加 1.5021 个百分点，而 2001～2010 年仅增加 1.0294 个百分点。针对人口城市化对土地城市化作用程度减弱，研究主要围绕城市化阶段、城市化模式和城市化背景 3 个方面进行解析（表 5-4）。

表 5-4　人口城市化对土地城市化作用关系变化解析

角度	1991～2000 年	2001～2010 年
城市化阶段	人口增长作为土地扩张的主要因素，人口城市化进入加速阶段后有力地推动了土地城市化	人口城市化进入减速期
城市化模式	苏南模式推动了乡镇企业的快速发展，从而促进了小城市的发展壮大	城市化战略的实施促进了包括土地在内的生产要素的有效集聚
城市化背景	外向型经济的发展及开发区热有力推动城市化地区成为经济社会发展的主要空间载体	土地调控和节约集约用地制度一定程度上抑制了土地城市化

城市化阶段。作为城市土地扩张的直接影响因素，人口城市化水平的迅速提高对土地城市化具有显著的驱动作用。1991～2000 年全省城市化水平由 23.20%提高到 41.50%，对应陈彦光和周一星（2005）改进的诺瑟姆曲线，这一时期处于城市化发展的加速期；2001～2010 年全省城市化水平由 42.60%提高到 60.58%，尤其是 2005 年全省城市人口首次超过农村人口，达到总人口 50%以上，进入城市化发展的减速期。前十年城市人口规模由 1587.74 万人增加到 3040.81 万人，增加了 0.92 倍，后十年城市人口规模由 3134.73 万人增加到 4767.63 万人，仅增加了 0.52 倍。

城市化模式。全省早期的城市化重点是依托乡镇企业发展而进行的小城市建设，实行的是一种分散型城市化道路。这种“以工带农”“以工建镇”，以小城市为主要空间载体的城市化模式，吸收和消化了大量农村剩余劳动力，推动了全省“自下而上”的城市化进程，使以建制镇为代表的小城市迅速发展壮大起来，全省建制镇数量由 1978 年的 114 个增加到 1999 年底的 1167 个，城市非农业人口由 230 万增加到 834 万。同时，乡镇企业产业布局较为分散，乡镇工业遍地开花，形成了“村村点火，户户冒烟”的局面，多年来苏南地区的土地资源消耗一直处于高峰状态，人地矛盾十分尖锐。

2000 年前后，全省先后开展新一轮行政区划调整，撤乡并镇工作取得了重大进展，乡镇数由 1999 年的 1890 个减少到 2010 年的 975 个，乡镇撤并率达 50%以上。全省乡镇行政区划调整工作优化调整了在计划经济体制下形成的规模普遍较小、建设分散、缺乏规模效益的乡镇行政区划格局，为促进全省经济社会的发展奠定了基础。2000 年 7 月的全省城市化工作会议把推进城市化作为推动全省经济社会发展的五大战略之一，全省城市化由此进入以大城市与城市密集带为主导的快速城市化阶段。

城市化背景。1992 年邓小平南方谈话，各地兴起“开发区热”“房地产热”，一批与新城区统一规划建设的开发区迅速发展，开发区建设与外向型经济发展成为城市化的主要空间载体和推动力。2004 年初，针对经济运行中出现的新情况和新问题，党中央、国务院明确提出要发挥宏观调控作用，把国土资源部门作为宏观管理部门，强调要积极运用土地政策参与宏观调控，管住管好“地根”，严把土地“闸门”。2009 年以来，为抑制房价过快上涨，国务院频繁出台调控政策，取得了一定的成效。同时，人多地少、耕地资源稀缺，工业化、城市化快速发展，是客观国情。切实保护耕地，大力促进节约集约用地，建立最严格的节约用地制度，实施节约优先战略，是全面贯彻落实科学发展观的具体要求。土地调控和节约集约用地制度的实施在一定程度上抑制了过快的土地城市化进程。

3. *土地城市化对人口城市化的作用关系解析*

方差贡献率的分析结果表明，较之于前十年，后十年土地城市化对人口城市化的驱动作用明显增强。AR 修正模型的分析结果则进一步量化了这一结论，土地城市化每提高 1%，1991～2000 年人口城市化将增加 0.4390 + 0.3410 个百分点，而 2001～2010 年则增加 0.9097 + 0.4131 个百分点。针对土地城市化对人口城市化作用程度增强，本节主要围绕集聚效应、转移效应和滞后效应 3 个方面进行解析（表 5-5）。

表 5-5　土地城市化对人口城市化作用关系变化解析

角度	1991～2000 年	2001～2010 年
集聚效应	“扁平化”发展	“纵向化”抬升
转移效应	城市人口增长以本地城市化为主	欠发达地区非农业人口向发达地区转移加快
滞后效应	就地城市化、本地城市化模式使得人口-土地城市化增长率基本保持同步	“先建城，后进人”的城市建设模式使得人口城市化进程滞后于土地城市化

集聚效应。一方面，随着中心城区基础设施的不断完善、就业居住环境的不

断提升，城市建设区核心地区土地承载力进一步增强，在有限的旧城改造框架内人口集聚程度进一步提高，城市建设由原先的“扁平化”发展转向“纵向化”抬升，符合城市越大，越应该向高层发展这一发达国家城市生长的普遍法则。另一方面，城市密集带的发展格局也使得经济发达地区的人口集聚能力进一步增强。从城市规模分布研究提供的城市体系结构容量指标来看（马晓东和沈正平，2007），1991～2010 年全省首位城市的理论人口规模（即结构容量）有所增长，但随着中心城区集聚效应的不断增强，其实际人口规模增长速度更快，二者之间的比值由1991 年的 2.50 下降到 2010 年的 1.26，城市容纳能力接近饱和（图 5-4）。

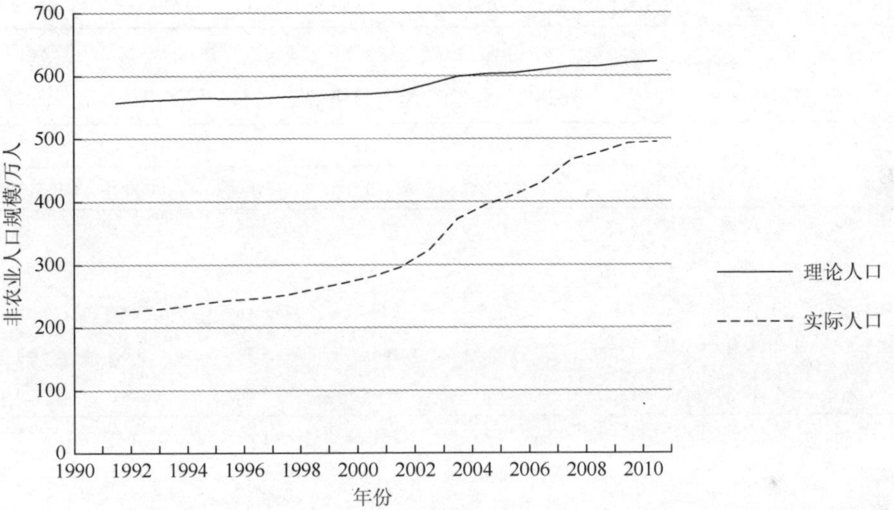

图 5-4　江苏省首位城市理论人口与实际人口变化情况（1991～2010 年）

转移效应。经济的快速发展加大了全省劳动力的需求。2000 年以来全省就业水平持续保持在高位，就业人口占总人口比重均在 60%以上。到 2010 年，全省就业总量达到 4754.68 万人，比 2000 年增加了 336.54 万人，增长了 7.6%。2000～2010 年，第一产业就业人口减少了 830.67 万人，而第二、三产业就业人口增加了 1167.21 万人，远远超出了第一产业减少的就业人口。第一产业劳动生产率的提高释放了大量的劳动力，促进了省内外劳动力的转移（马永春，2013）。江苏省作为全国经济较为发达的地区，流入人口呈净增长趋势，人口普查数据表明，全省流入人口规模占当年常住人口规模比重不断提高①（表 5-6）。由于省内明显的区域

① 1990 年流动人口数据来源于《江苏统计年鉴 1993》中第四次全国人口普查资料，2000 年和 2010 年流动人口数据分别来源于《江苏省 2000 年人口普查资料》和《江苏省 2010 年人口普查资料》对“五普”和“六普”数据的统计汇总。

差异，人口转移主要以流入苏南地区为主，该区域流入人口占常住人口比重增长情况位居全省首位（表 5-7）。

表 5-6 江苏省流入人口变化情况

年份	流入人口小计		来自省内		来自省外	
	规模/万人	占常住人口比重/%	规模/万人	占流动人口比重/%	规模/万人	占流动人口比重/%
1990 年	197.97	2.93	118.86	60.04	79.11	39.96
2000 年	909.98	12.46	658.39	72.35	251.59	27.65
2010 年	1822.68	24.95	1084.76	59.51	737.93	40.49

表 5-7 全省流入人口情况

地区	城市	流入人口/万人			占常住人口比重/%		
		1990 年	2000 年	2010 年	1990 年	2000 年	2010 年
苏南	南京	34.89	139.82	274.27	6.85	22.75	44.77
	苏州	19.86	151.3	493.10	3.49	22.21	72.60
	无锡	26.10	118.91	247.49	6.16	23.31	48.65
	常州	17.69	89.46	166.98	5.37	23.62	44.22
	镇江	13.25	62.81	83.87	5.06	22.01	29.48
苏中	南通	13.34	27.35	101.72	1.69	3.63	13.54
	扬州	20.06	69.16	74.22	2.14	15.02	16.18
	泰州		31.45	65.36		6.55	13.66
苏北	徐州	19.85	58.97	86.87	2.42	6.60	9.75
	连云港	7.02	55.17	52.90	2.03	12.03	11.58
	盐城	11.85	36.51	73.37	1.51	4.58	9.23
	淮安	14.08	50.84	62.95	1.40	10.06	12.49
	宿迁		18.23	39.60		3.59	7.82

滞后效应。从人口城市化与土地城市化历年增长率的变化情况来看（图 5-5），前十年二者的变化趋势较为同步，后十年土地城市化对人口城市化具有显著的滞后效应。从波峰到波谷的变化来看，2002 年土地城市化增长率从峰值回落，到 2005 年又重新上升，而人口城市化增长率则于 2001 年从峰值回落，到 2005 年后继续下降至 2008 年的谷底后才有所抬升。从波动趋势的变化情况来看，人口城市化增长率 2007 年以后的波动趋势与土地城市化 2004 年以后的波动趋势较为一致。这都说明，较之于土地城市化，后十年的人口城市化发生了明显的滞后效应。

人口城市化的滞后效应是当前城市化发展模式的直接反映。由新区、新城建设拉开城市发展框架的外延扩张模式，遵循的是“先建城，后进人”的城市化模式，与以往苏南模式时期农业人口在小城市从事非农产业从而实现就地城市化、户籍开放后非农业人口由农村进入城市从而实现本地城市化不同。

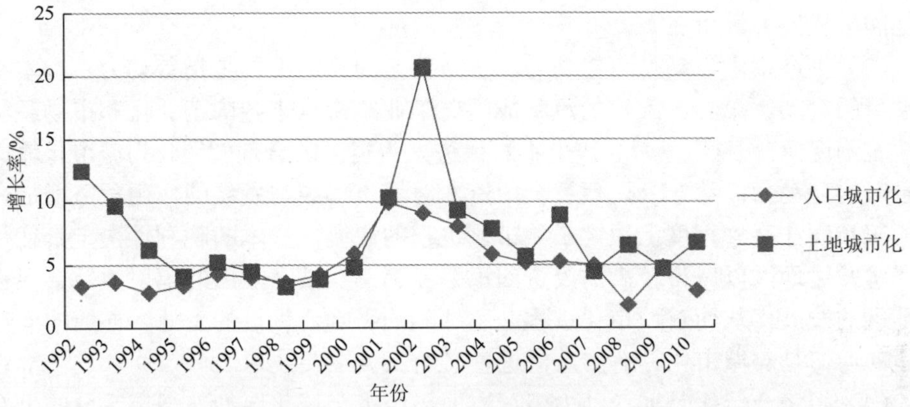

图 5-5　人口城市化与土地城市化历年增长率的变化情况（1992～2010 年）

第二节　人口-土地城市化耦合发展驱动力

人口-土地城市化耦合发展进程及其相互作用关系是不同驱动力综合影响的结果。由于全省不同地区人口-土地城市化耦合发展的明显差异，表现为不同经济发展水平下的驱动作用。由此，研究基于社会力、市场力、政府力三大驱动因素，对不同经济发展水平地区的人口-土地城市化耦合发展驱动力进行了分析。

一、城市化发展的一般驱动力

城市化动力机制是指在城市化进程中推动城市化的发生与发展所必须的作用力的产生机制，以及维持和改善这种作用机制的各种经济关系、组织制度等所构成的各种不同作用力要素的系统综合（汪冬梅，2003）。国内外理论界一般认为来自市场的驱动作用主要包括产业结构转换、聚集经济效应、生产要素流动及经济全球化等（景春梅，2010）。

1. 来自市场的驱动作用

（1）产业结构转换是核心动力。产业结构是指组成国民经济的各产业在资源及产出上的比例关系及其地位。三大产业对城市化的推动作用主要表现在：农业发展是城市化的初始动力，工业化是城市化的根本动力，第三产业是城市化的后续动力（顾朝林，1999；叶裕民，2002；何念如，2006）。

（2）聚集经济效应是内生动力。聚集经济效应指因企业和居民在城市空间集中而带来的经济利益或成本节约。城市之所以成为区域聚集中心，根本原因在于城市具有农村难以比拟的聚集经济效益，这正是城市能够成为投资生产生活的主要空间形式的关键所在。

（3）生产要素流动是直接动力。生产要素的流动主要是指劳动力、资本和技术创新的流动。第一，人口的流动成为自工业革命以来各国工业化和市场经济发展的普遍现象，“推-拉力”作用不断促进人力资源的合理配置，为城市化输送源源不断的劳动力；第二，现代社会中资本对城市形成与发展的作用日益增加，资本的充裕度在某种程度上决定了城市化进程的快慢，资本的趋利性决定其往往流向经济发达地区以获得较高的投资回报率；第三，技术溢出的辐射效益会促进周边地区的发展，从而对城市化进程产生深刻的影响，先进的工业、便捷的运输和发达的通信是对城市化具有实质促进意义的三类主要技术。

（4）经济全球化是加速动力。一方面，经济全球化会加速城市区域的重新整合和分化。经济全球化的本质在于以区域为基础，谋求区域内生产要素、资源和商品自由流动的有效性，提高资源配置的效率，实现公平效益的最佳组合。另一方面，经济全球化会加速城市功能和结构的提升。在经济全球化过程中发育成熟的中心城市都具有先进的信息化支撑平台，因此，中心城市的资源集聚能力大幅提高，其内部结构将得到优化和升级，不仅带动整个区域经济的发展，还使得自身成为区域内的增长极。

2. 来自政府的驱动作用

除了市场这只“看不见的手”，城市化的发展实际上还是各种生产要素在市场机制和政府行为的共同作用下的流动和整合的过程。因此，政府这只“看得见的手”，作为另一种资源配置的手段，同样影响产业结构转换，劳动力、资本、技术等生产要素的流动及城市聚集效应的发挥，直接或间接地推动城市化的进程。

政府及其制度创新作用表现在政府通过制定公共政策的方式提供与城市化相关的制度供给，包括户籍、土地、就业、社保等制度，产业发展、城市建设投融资等政策，通过配置和引导资源要素的方式直接影响城市化的进程。其中，行政区划因素主要体现在行政区划调整和行政中心的辐射效应方面。行政区划调整不仅导致城市区域面积的改变，还会导致城市行政级别的变化。行政中心在人口规模、经济规模和社会服务功能等方面具有的优惠政策和发展优势，诱使许多地区通过提高行政区划级别来改变城市等级层次，从而成为地方政府加快城市化进程的手段。同时，城市规划修编、开发区设置、县改市、县改区等方式盲目拉大城市建设框架，扩大城市占地规模，却未能及时有效引导农村剩余劳动力向城市的转移，使得大多数地区出现土地城市化速度远大于人口城市化的虚假城市化现象。

二、人口-土地城市化耦合发展驱动力分析

人口-土地城市化耦合系统实际上是对人口-土地城市化耦合发展过程中的内容特征、动力机制和演进过程的抽象概括。从实现过程来看，不同地区人口-土地城市化耦合发展总的趋势和方向均为由传统农业向现代城市转化（盛广耀，2008）。因此，对人口-土地城市化耦合发展驱动力的研究，其实质是探究耦合发展过程中的共性与个性特征，即在个性的特点中发现共同的演进规律，从共性的方向中辨析地域发展的个性特点。本节在对人口-土地城市化耦合系统内部各要素相互作用关系进行提炼的基础上，将驱动力归纳为社会力、市场力和政府力 3 个方面。

1. 社会力的内生作用

人口-土地城市化的进程表明，“推-拉力”的集聚效应决定了生产要素的转移方向和强度，通过持续不断地流入，形成不断巩固转入地区集聚优势的循环累积过程。由此，初始资源禀赋对称的两个或多个区域之间会出现经济活动的空间差异，并最终形成核心区和边缘区、城市区域和乡村区域、发达地区和欠发达地区等。形成区域发展差异的核心机制，就是强调循环累积作用下可流动要素的聚集和分散（或转入和转出）导致的生产要素总量、规模的变化。由于这种可流动要素的转移是在循环累积因果机制作用下完成的，当外生力量消失以后，这种不断巩固转入地区集聚优势的循环累积过程仍将继续，这就意味着区域发展差距的形成是内生过程（安虎森和高正伍，2010）。对区域块状特征的这种理解，强调了形成区域发展差距的内生过程及促使形成这种过程的内生机制。

以劳动力转移与人口迁移为例，上述过程一般遵循有序的空间梯度转移规律，即人口城市化的空间模式包括就地城市化、本地城市化和大尺度异地城市化（刘殿成，2001；俞万源，2007）。苏南地区作为全省的人口净流入区，大量外来非农劳动力的涌入增加了苏南地区非农业人口以外的城市人口数量，由此造成了当地城市化率高于非农化率的局面。而从苏中、苏北地区大量流出的劳动力降低了区域的常住人口数量，而根据户籍统计的非农业人口并未减少，由此造成非农化率高于城市化率的局面。因此，从人口流动的角度来分析苏南、苏中、苏北地区城市化率增长的区域差异，可以将苏南地区总结为分子增加型，苏中、苏北地区总结为分母减少型（图 5-6 和表 5-8）。

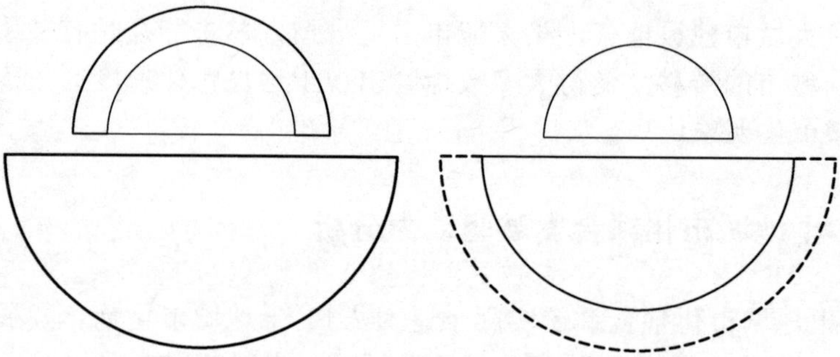

图 5-6　城市化水平增长模式

表 5-8　江苏省三大区域城市化模式　　（单位：万人）

地区	城市	分子变化情况			分母变化情况		
		城市人口	非农业人口	城市人口变化	常住人口	户籍人口	常住人口变化
苏南	南京	623.82	496.45	127.37	800.47	632.42	168.05
	苏州	732.95	450.19	282.76	1 046.60	637.66	408.94
	无锡	448.19	331.26	116.93	637.26	466.56	170.70
	常州	290.10	230.55	59.55	459.20	360.80	98.40
	镇江	192.99	167.84	25.15	311.34	270.71	40.63
苏中	南通	406.44	427.24	−20.80	728.28	762.92	−34.64
	扬州	253.09	260.32	−7.23	445.98	459.12	−13.14
	泰州	257.01	281.09	−24.08	461.86	504.65	−42.79
苏北	徐州	456.15	524.39	−68.24	858.05	972.89	−114.84
	连云港	227.39	257.82	−30.43	439.39	497.73	−58.34
	淮安	243.87	273.68	−29.81	479.99	538.74	−58.75
	盐城	377.28	428.46	−51.18	726.02	816.12	−90.10
	宿迁	227.88	263.85	−35.97	471.56	546.28	−74.72

2. 市场力的推动作用

产业转换与发展必然引起劳动力、资本、技术等生产要素的空间转移和重新整合，由此会造成生产力地域空间布局的变化，而这种空间的转移和变化主要在农村与城市之间进行。现代社会中资本对城市形成与发展的作用正日益增加，资本的充裕度在某种程度上决定了城市化进程的快慢，资本的趋利性决定其往往流向经济发达地区以获得较高的投资回报率；另外，技术溢出的辐射效益会促进周边地区的发展，从而对城市化进程产生深刻的影响，先进的工业、便捷的运输和发达的通信是对城市化具有实质促进意义的三类主要技术。

研究表明，产业调整是工业化阶段城市土地利用类型转换最主要的因素。梯度推移方式作为区域非均衡发展的必然选择，在产业优化布局上一般都是从处于高梯度的城市核心区或是大的开发区向周边低梯度地区推移发展(盖星石，2008)。这种布局方式的优点是便于利用和延伸基础设施，降低交通运输和信息交流成本，有利于人力资源的延伸利用，便于资源整合等。目前，“退二进三”已经成为发达地区城市规模扩张和蔓延的主要发展方向，随着城市发展策略及总体规划的不断调整，区域内部当初定位的“开发区”“工业集中区”已经向“中心城区”转变。因此，在一定时期和条件下，城市的连续蔓延是自身发展的要求，但从长远看，又将成为城市空间可持续发展的羁绊。

选取二、三产从业人员比重（$X1$）、二、三产比重（$X2$）、人均地区生产总值（$X3$）、固定资产投资（$X4$）、交通客运量（$X5$）、人均道路面积（$X6$）、城市建设用地开发程度（$X7$）和城市居民人均可支配收入（$X8$）作为评价市场力在产业结构转换、要素集聚与流动、基础设施建设等方面的指标①，运用主成分分析法对全省和苏州的样本进行评价（表 5-9～表 5-11）。结果显示，市场力的共性特征表现为代表城市发展水平的城市建设用地开发程度（$X7$）和城市居民人均可支配收入（$X8$），城市与农村在经济发展上的巨大差异无疑是导致建设用地扩张和吸引外来人口流入的最主要原因；就全省而言，代表交通建设的交通客运量（$X5$）和人均道路面积（$X6$）影响较大，反映近年来全省交通基础设施建设对城市化发展的巨大促进作用；就苏州而言，代表经济水平的人均地区生产总值（$X3$）和固定资产投资（$X4$）影响较大，反映苏州作为全省经济发达地区在固定资产投资不断增加和人均生产水平不断提高的基础上，全市城市化发展快速推进。

表 5-9 KMO 值和 Bartlett's 球状检验

地区	KMO 值	统计量	自由度	概率
江苏省全省	0.876	514.075	28	0.000
苏州	0.769	417.713	28	0.000

注：江苏省全省和苏州的 KMO 值均高于 0.7，说明因子分析的效果很好；Bartlett's 球状检验的概率均小于 0.001，否认原假设，可以进行因子分析。

① 研究选取 1991～2010 年江苏省全省和苏州的经济社会发展数据作为评价指标，数据来源于《江苏统计年鉴》（1991～2011 年）和《数据见证辉煌——江苏 60 年》。

表 5-10 特征值及主成分贡献率

主成分	江苏省全省			苏州		
	特征值	贡献率/%	累积贡献率/%	特征值	贡献率/%	累积贡献率/%
1	7.702	96.276	96.276	7.594	94.927	94.927
2	0.239	2.987	99.263	0.260	3.252	98.178
3	0.025	0.318	99.581	0.065	0.814	98.992
4	0.021	0.260	99.841	0.039	0.493	99.486
5	0.008	0.096	99.937	0.024	0.306	99.792
6	0.004	0.053	99.990	0.010	0.130	99.922
7	0.001	0.007	99.997	0.006	0.075	99.997
8	0.000	0.003	100.000	0.000	0.003	100.000

注：江苏省全省和苏州公共因子的最高主成分贡献率已经达到 90%以上（江苏省全省为 96.276%，苏州为 94.927%），说明转换后的因子结构已经保留了较多的原始信息。根据提取特征值大于 1 的因子作为主因子的原则，选择第一主成分作为主因子。

表 5-11 主成分载荷矩阵

序号	江苏省全省		苏州	
	指标	第一主成分	指标	第一主成分
1	*X*8	0.994	*X*7	0.994
2	*X*7	0.993	*X*8	0.990
3	*X*5	0.992	*X*4	0.985
4	*X*6	0.992	*X*3	0.984
5	*X*1	0.988	*X*1	0.983
6	*X*3	0.985	*X*5	0.983
7	*X*4	0.961	*X*6	0.982
8	*X*2	0.943	*X*2	0.889

3. 政府力的催化作用

无论是计划经济时代实行的户籍制度对人口城市化的抑制作用，还是改革开放以来各类行政区划调整（如县改市、市管县、撤县建区、撤乡并镇等）和高新区、工业园区的设立对土地城市化的促进作用，实质上都是政府通过调整政策、制定战略、编制规划等行政措施最大程度生成、催化与提升市场力量的表现。

具体来看，政府的行政作用主要表现在通过制定公共政策的方式提供与城市化相关的制度供给，包括户籍、土地、就业、社保等制度，产业发展、城市建设投融资等政策，通过配置和引导资源要素的方式直接影响人口-土地城市化的进程。行政区划因素主要体现在行政区划调整和行政中心的辐射效应方面。行政区划调整不仅导致城市区域面积的改变，还会导致城市行政级别的变化。行政中心在人口规模、经济规模和社会服务功能等方面具有的优惠政策和发展优势，诱使许多地区通过提高行政区划级别来改变城市等级层次，增强资源配置的权限。另外，由于政府在控制土地一级市场方面处于垄断地位，地方政府在土地征收和出让过程中获取的巨大收益会导致地方财政对土地财政的依赖，地方政府在城市空间上的扩张动机与提供就业和社会福利方面的收缩动机相叠加，导致了我国土地城市化与人口城市化的发展不均衡。

土地利用总体规划指标是政府力的集中体现，从新增建设占用耕地和补充耕地任务 2 项约束性指标来看（表 5-12），苏南地区新增建设占用耕地面积明显高于补充耕地任务，而苏北地区则相反，反映出政府力从区域规划的角度对不同区域城市化发展的驱动作用。

表 5-12　江苏省新增建设占用耕地及补充耕地任务（2006～2020 年）

地区		新增建设占用耕地		补充耕地任务		差值	
		规模/hm²	比重/%	规模/hm²	比重/%	规模/hm²	比重/%
江苏省		167 878.50	100.00	167 878.50	100.00	0.00	0.00
苏南	南京	14 260.90	8.49	5312.70	3.16	–8948.20	–5.33
	苏州	19 617.00	11.69	6586.80	3.92	–13 030.20	–7.77
	无锡	13 125.10	7.82	5789.20	3.45	–7335.90	–4.37
	常州	10 793.50	6.43	3826.30	2.28	–6967.20	–4.15
	镇江	7995.40	4.76	2078.90	1.24	–5916.50	–3.52
苏中	南通	12 830.00	7.64	12 830.00	7.64	0.00	0.00
	扬州	12 511.10	7.45	12 511.10	7.45	0.00	0.00
	泰州	13 778.10	8.21	13 778.10	8.21	0.00	0.00
苏北	徐州	13 231.00	7.88	14 775.40	8.80	1544.40	0.92
	连云港	11 391.90	6.79	12 226.40	7.28	834.50	0.49
	淮安	12 451.80	7.42	14 444.60	8.60	1992.80	1.18
	盐城	13 611.20	8.11	47 881.80	28.52	34270.60	20.41
	宿迁	12 281.50	7.32	15 837.20	9.43	3555.70	2.11

资料来源：《江苏省土地利用总体规划（2006—2020 年）》。

三、不同经济发展水平地区的驱动力差异

1. 基于钱纳里多国模型的经济发展水平划分

城市化本身是经济发展的要求和产物，现代经济发展呈现出高度的城市化特征，是城市发展和经济发展相互促动的结果（张良悦，2009）。从不同地区经济增长和城市化的发展来看，通常经济发展水平高的地区，其城市化水平也较高；经济发展水平相对落后的地区，其城市化水平一般较低。因此，本节将人口-土地城市化耦合发展的区域差异归结为区域在经济发展水平上的差异，通过对其所处不同经济发展阶段的划分，以实现划分区域差异的目的。当前，对城市化与经济发展水平关系的研究，应用最为广泛的就是钱纳里（H. Chenery）在 1975 年出版的《发展的型式：1950—1970》和 1986 年出版的《工业化和经济增长的比较研究》。

钱纳里把经济增长理解为经济结构的全面转变，并借助多国模型提出了标准模式，即根据人均国内生产总值水平，将不发达经济到成熟的工业经济整个变化过程分为三个阶段六个时期，第一阶段是初级产品生产阶段，第二阶段是工业化阶段，第三阶段为发达经济阶段（表 5-13）（Chenery，1981）。

表 5-13　钱纳里工业发展阶段

人均 GDP/美元	经济发展阶段	
530～1 200	初级产品生产阶段（Ⅰ）	
1 200～2 400	工业化阶段（Ⅱ）	初级（Ⅱ-1）
2 400～4 800		中级（Ⅱ-2）
4 800～9 000		高级（Ⅱ-3）
9 000～16 600	发达经济阶段（Ⅲ）	初级（Ⅲ-1）
16 600～25 000		高级（Ⅲ-2）

本节通过按当年价统计的 1991～2010 年人均 GDP（人民币）折算为以 1998 年美元为标准的人均 GDP（美元）[①]，从而划分各地级市的经济发展阶段。公式为

$$y' = y / K_{\mathrm{CPI\ (1998)}} / e_{1998} \tag{5-5}$$

式中，y'为以 1998 年美元为标准的人均 GDP（美元）；y为按当年价统计的人均 GDP（人民币）；$K_{\mathrm{CPI\ (1998)}}$为国内历年 CPI 与 1998 年 CPI 的比值；e_{1998}为 1998 年美元兑换人民币的平均价（1 美元兑换 8.2791 元人民币）。

① 根据中国银行外汇牌价 1998 年美元兑人民币汇率中间价计算。

通过对全省 13 个地级市在 1991～2010 年的经济发展阶段进行划分，各个地级市进入不同产业阶段的年份见表 5-14。2010 年，无锡和苏州两市已经进入发达经济初级阶段（人均 GDP 分别为 12 259 美元和 14 324 美元①），特别是苏州，作为全省经济发展的领头羊，即将迈入发达经济高级阶段。南京、常州、镇江三市处于工业化高级阶段（人均 GDP 分别为 8019 美元、8335 美元和 7253 美元），其中南京和常州两市均迈过 8000 美元大关，即将进入发达经济初级阶段。扬州、南通、泰州、徐州、盐城和淮安处于工业化中级阶段（人均 GDP 分别为 4791 美元、4481 美元、4007 美元、3006 美元、2826 美元和 2552 美元），扬州几乎已经进入高级阶段。连云港和宿迁两市仍处于工业化初级阶段（人均 GDP 分别为 2382 美元和 1931 美元），连云港已经接近工业化中级阶段的标准。

表 5-14　江苏省 13 个地级市的产业发展阶段（1991～2010 年）

地级市	初级产品阶段（Ⅰ）	工业化阶段			发达经济阶段
		初级（Ⅱ-1）	中级（Ⅱ-2）	高级（Ⅱ-3）	初级（Ⅲ-1）
南京		1993	2000	2006	
无锡		1992	1996	2003	2007
常州		1993	2002	2006	
苏州		1992	1998	2003	2007
镇江		1993	2002	2007	
南通	1992	2001	2006		
扬州	1991	2000	2006		
泰州	1993	2002	2007		
徐州	1994	2004	2009		
连云港	1997	2006			
淮安	1998	2005	2010		
盐城	1995	2005	2009		
宿迁	2002	2008			

2. 不同经济发展水平地区的驱动力

由于经济数据有限，研究仅运用钱纳里多国模型对 13 个地级市的经济发展阶段进行了划分，实际上，由于各个地级市市辖区和县域人口-土地城市化发展存在差异，其动力机制不可一概而论。结合县级尺度江苏省人口-土地城市化耦合过程

① 2010 年人均 GDP 以 1998 年美元为标准核算，下同。

分析的结果，大致在县级尺度对全省不同地区的经济发展阶段进行了划分。其中，位于发达经济初级阶段的是苏南地区的地级市，位于工业化高级阶段的是苏南地区的县域和苏中地区的地级市，位于工业化中级阶段的是苏中地区的县域和苏北地区的地级市，位于工业化初级阶段的是苏北地区的县域。不同经济发展阶段地区的人口-土地城市化耦合发展动力机制在社会力、市场力和政府力方面的表现见表 5-15。

表 5-15 不同经济发展水平地区驱动力差异

经济发展阶段	社会力	市场力	政府力
工业化初级阶段	农村剩余劳动力转移城乡差距显著	资源开发优势 农业产业化	基础设施建设 扶贫开发
工业化中级阶段	二元结构明显 半城市化	劳动密集型产业 承接产业转移	新城新区建设 “退二进三”
工业化高级阶段	“三集中” 涓滴效应	优化产业结构 新型工业化	区域发展战略 新型城镇化
发达经济阶段	软实力提升 城市群发展	经济全球化 现代产业体系	先行先试制度创新 城乡一体化

第三节　江苏省典型城市的人口-土地城市化耦合发展研究

江苏省是全国经济起步较早的省份之一，目前已经发展成为东部沿海较为发达的省份。但由于自然条件、历史沿革、地理区位、开放外埠时期等因素的不同，省内南北地区资源与生产能力、经济要素呈现明显的南北梯度差异。省内区域发展的非均衡性为进一步分析人口-土地城市化耦合发展的模式和机制提供了较好的条件，由此结合江苏省人口-土地城市化耦合过程阶段划分，分别选择经济发展水平由低到高的宿迁、南通、常州和苏州四个城市对其人口-土地城市化耦合发展进行深度剖析。

一、工业化初级阶段：宿迁

1. 政策扶持引导人口流动

宿迁是 1996 年经国务院批准设立的地级市，下辖县区包括沭阳县、泗阳县、泗洪县、宿豫区、宿城区、宿迁经济技术开发区、宿迁软件园、洋河新区、苏州宿迁工业园区和湖滨新区（截至 2014 年）。宿迁在苏北所处的区位条件并不突出，既不能像盐城、连云港凭借沿海优势，受惠于江苏省沿海开发战略，又不具备徐州和淮安得天独厚的交通枢纽优势。由于建市较晚，历史基础薄弱、改革开放滞后、基础设施不完善，宿迁属于典型的“沿海发达地带的不发达地区”（郭凯峰等，2008；杨恒，2012）。“十一五”期间，在全省加大对苏北地区政策扶持力度的宏观背景下，宿迁被列为全省唯一的“经济社会发展综合改革试点市”，允许其在不违背国家政策和法规的前提下，采取更加灵活的政策措施、管理制度和改革措施推动地区经济发展。在扩大内需政策带动下，2006 年全市固定资产投资达到 185.86 亿元，其中，国有投资和集体投资仍占绝对主体。

一直以来，宿迁的劳动力资源就较为充足。但超过 80%的劳动力聚集在农村，不仅造成全市城市化进程落后于工业化，还对经济社会的稳定发展形成压力，亟须通过非农劳动力的产业转移来实现生产要素的优化配置。2001 年初，江苏省出台了《中共江苏省委 江苏省人民政府关于进一步加快苏北地区发展的意见》（苏发[2001]12 号），以长江为界全面推动苏南苏北劳务合作交流。宿迁和苏州两市也于同年 6 月签订劳务合作协议书，达成有效推进宿迁农村劳动力向经济发达的苏州转移的合作意向。劳务合作协议书明确了宿迁作为苏州的劳务输出基地，苏州在引进外地劳动力时优先推荐使用来自宿迁的农村劳动力的合作内容。政府的大力推动使得宿迁劳动力对外输出规模逐年扩大，2005 年全市农村劳动力异地转移人数总计 109 万人，比 2000 年年末增加了 64 万人，平均每年新增转移 12 万人以上，达到异地转移人数历史最高值。宿迁这种以劳务输出为主的异地工业化方式使得劳务收入成为农民增收致富的重要支柱，全市劳务收入占农民人均纯收入的比重由 2000 年的 35%提升到 2005 年的 56%。

2005 年前后，东部沿海发达地区向内陆产业转移的步伐进一步加快，南北挂钩的不断推进使得苏南地区部分劳动密集型产业相继向苏北发生梯度转移。与绝大多数进入工业化阶段的欠发达地区一样，承接产业转移和发展劳动密集型产业成为宿迁产业发展的重点，本地工业化逐渐取代异地工业化成为带动全市工业化、城市化、农业产业化进程加快的新动力。2006 年以来，全市先后建立了湖滨新区、苏州宿迁工业园和洋河新城，由此推动了建成区规模的扩张和劳动力需求的增加。全市也针对开发区的招工，多次出台促进劳动力就地转化的文件。政府的推动、政策的支持极大地增强了城市的聚集能力，加速了城市化的进程，外出务工人员返乡就业创业和“本地城市化”的局面初步形成。经过发展，2007 年年底全市农村劳动力转移方式实现突破，首次出现内转大于外输。到 2009 年全市农村劳动力新增内转人数达到新增外输的 4.4 倍，实现农村转移 10.25 万人，其中本地转移 8.34 万人，异地输出 1.91 万人，连续三年实现劳动力内转大于外输。

2. 区域合作激发自身资源优势

苏北地区无论是土地面积还是人口总量，均占全省的一半，但是从经济社会发展的现状看，苏北不仅在经济总量和均量上占全省的比重越来越小，部分指标甚至不到全省平均水平，与苏南地区的差距不断扩大。因此，在 2005 年加快苏北振兴推进区域共同发展的会议上，时任省委书记李源潮同志指出，“加快苏北振兴，决定性因素还在于激发内生动力”。可见，欠发达地区在选择经济发展战略时，应该更加关注内生比较优势的战略意义（李锦宏，2008）。发达地区在技术和生产能力上较欠发达地区优势明显，而欠发达地区在资源禀赋上具有比较优势，但依托资源禀赋的发展走的是不可持续之路。资源、环境具有不可逆性，加上农村剩余劳动力的不断向外输入，发达地区与欠发达地区之间的差异只会被不断拉大。外来力量如果不能够使落后地区具有发展的自生（内生）能力，欠发达地区只能永远处于落后的地位。由此，2006 年江苏省第十一次中国共产党全国代表大会明确提出“全省达小康，关键在苏北，重点在宿迁”，苏州和宿迁作为全省经济发展的两个极端，需要通过南北合作和产业调整升级，帮助宿迁实现更大突破。两市合作共建苏州宿迁工业园，政府起的是推动作用，园区的长远发展还在于激活苏北发展的内生动力。

南北合作的发展模式促进了宿迁经济结构的不断优化，20 世纪 90 年代以农业为主导，工农业经济为主体的产业结构在进入 21 世纪后，变为工业占据主导。2002 年全市三产增加值占地区生产总值的比重分别为 34.4∶37.3∶28.3，第二产业首次上升到首位，表现为“二一三”型结构特征；到 2004 年，三次产业结构调整为 28.7∶42.2∶29.1，首次表现为“二三一”型结构，与全省保持同构。到 2008 年，全市城市基础设施到位的城区规模扩大为 220km^2，是 1996 年建市初期的 16.6 倍；建成区面积达到 50km^2，是建市初期的 4.17 倍；城市人口增加到 40.2 万人，是建市初期的 2.87 倍；城市化率更是由建市初期的 10.1%提高到 34.4%，老城区、市府新区、宿豫新区、宿城新区、宿迁经济技术开发区、湖滨新区和洋河新区七个片区组团式的联动发展格局初步显现。

二、工业化中级阶段：南通

1. 交通格局改善提升区域发展

南通位于长江入海口北岸，东部沿海地区，是中国首批 14 个沿海开放城市之一，享有“中国近代第一城”的美誉。较为优越的地理位置和较为丰富的自然资源促使南通成为中国民族工业的发祥地之一，为早期城市发展提供了良好的基础。1984 年国务院批准南通兴建经济技术开发区，城市性质也相应地调整为“新兴的港口工业贸易城市”。改革开放以来，南通的发展明显慢于苏锡常和其他大部分长江三角洲地区。较之于苏州和无锡充分利用国家政策及毗邻上海的区位优势，抓住机遇适时调整经济发展战略，成为接受上海产业转移和资金、信息、人才、服务等生产要素扩散的最早的一批受益者，南通主观上缺乏加强与上海联系的意识，客观上缺乏便捷的快速交通与上海沟通（受长江阻隔），错过了产业转型升级的契机（管驰明等，2003）。“十一五”期间，全市的交通格局发生了巨大变化。苏通、崇启、沪通铁路大桥“三大通道”的快速推进，从根本上打通了南通的对外通道，释放出“靠江、靠海、靠上海，通江、通海、通南北”的区位优势（徐辉，2011），从根本上改变了其与上海的关系（图 5-7）。至此，南通由过去的“神经末梢”向“中转枢纽”转变，逐渐成为长三角地区外商投资的新热点，并直接带动了城市人口和用地规模的快速增加。

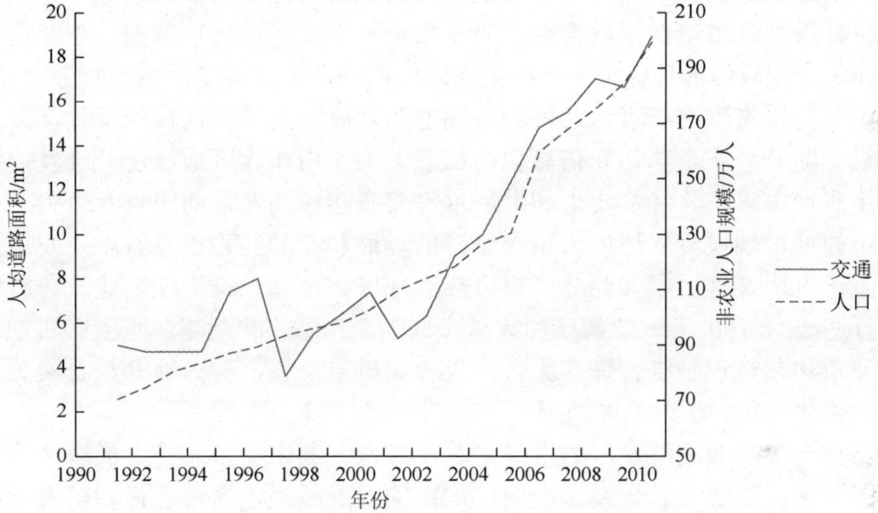

图 5-7 南通交通发展与非农业人口增长对比情况（1991～2010 年）

苏通大桥尚未动工之前，南通引进外资项目就出现大幅攀升趋势，2002 年协议利用外资增长 92.5%，实际到账外资增长 89%（王英利和陈为忠，2008）。2003 年以后，南通外向型经济发展更加迅速，利用外资规模逐年上升，单项投资规模增长趋势显著。从 2003 年到 2007 年，南通引资增幅分别为 207.14%、39.53%、49.02%、68.08%和 21.05%。整体来看，2003 年以前南通利用外资的业绩指数明显低于苏锡常三市，但 2003 年以后全利用外资的业绩指数上升比较快。特别是 2004 年，南通利用外资业绩指数达到 1.03，首次大于 1 并且超过常州与无锡业绩指数持平。2006 年南通利用外资单项投资规模达到 719.8 万美元，高于同期苏州的 698.1 万美元和常州的 652.7 万美元，利用外资业绩指数更是达到 1.82，首次高于苏锡常三市。尽管 2007 年南通的业绩指数稍有回落，但仍然维持在 1.74 的高位，全市实际利用外资达 31.17 亿美元，是 2002 年的 13 倍。

2. 区域发展战略推动城市化进程

城市产业结构是决定城市经济功能和城市性质的内在因素，产业结构调整和由此引起的人口在三次产业间的转移，推动了城市化的演进和城市的发展（余建华，2003）。南通早期走的这条发展小城市来吸纳农村剩余劳动力的分散型城市化道路，一方面使得农业增加值偏高、农业就业人口比重较大，另一方面也形成产业结构落后于全省平均水平，第三产业发展相对不足的局面。城市规模偏小、城市化水平偏低的现状一直是影响南通城市化进程的重要原因，究其原因，主要是产业结构存在的诸多问题不能有效促进城市化的发展。人口多、农业比重大是南通在长三角区别于其他城市的显著特点；另外高新技术产业比重偏低，开放型经济结构不够合理，“三来一补”贸易额比重偏高，都是造成南通工业化进程较慢的原因（王英利和陈为忠，2008）。在完善的城市体系结构中，大城市具有聚集生产要素、对外经济辐射等功能，是推动区域经济社会发展的增长极。随着经济全球化和信息化的扩散，大城市作为区域经济社会发展极的作用将更加突出，其经济实力和发展水平将直接影响区域的市场竞争力。而南通过小的城市规模对周边广大市县经济的辐射和带动能力极其有限，发展后劲和追赶速度明显落后于其他外商投资热点地区。由此，推进城区建设、将中心城区打造成为 100 万人口规模的大城市成为全市城市化战略的重点。目前，南通的城市化建设正围绕合理扩大市区人口和城市规模，努力提升综合实力和竞争力，强化聚集和辐射效益而展开。

结合全省区域经济发展的形势来看，苏南、苏中、苏北三大板块经济发展明显不平衡，要实现省内经济全面、均衡的发展战略，需要选择和培育能够承接苏南、带动苏中苏北的增长极（赵小艳，2008），南通区位条件优越，可以说是此增长极的不二选择。这就明确了南通要发展成为大城市的要求，以此实现各种要素聚集，有效发挥辐射作用，迅速成为推动区域经济和社会发展的新增长极。近年来南通市域经济发展迅速，但和苏南地区相比仍有较大差距。2009年南通主城区（含崇川区、港闸区、经济技术开发区和江海港区）的总人口达到 103.62 万人，而各县级市城区的人口大多在 20 万以下，虽然主城区首位度较高，但和苏南城市相比主城区的城市用地规模仍然偏小。据统计，南通市区面积在长三角各城市中排名倒数第二，仅为无锡市的 1/3。受到主城区空间规模短缺的限制，目前许多开发项目已经难以在市区范围得到安排（薛华培，2011）。从南通自身发展的需求出发，需要一个强大的中心城区以带动全市整体竞争力的提高。自从城市总体规划将城市性质定为“上海北翼现代化的港口、工业、贸易城市”之后，港口对城市空间的发展作用与日俱增。港口发展的导向作用带动了港口建设及其港口工业的发展，提高了城市的集聚效应，老城区的城市规模不断向四周延伸和扩大，且有进一步沿江向下游轴向继续延伸形成沿江带形发展的态势。随着2009年通州市整建制并入南通市，成立通州区，全市的城市发展空间得到进一步扩张。

三、工业化高级阶段：常州

1. 产业结构调整促进资源集聚

改革开放以来，常州经历了发展乡镇企业和承接国际产业转移两次较大的发展机遇。在第一次机遇中，常州与苏州、无锡等城市共同创造了著名的苏南模式，实现了经济的快速发展。特别是20世纪80年代以后常武地区乡镇企业的异军突起，曾一度引领长三角的区域经济发展（贺曲夫等，2009）。在第二次发展机遇中，由于市场需求、经济环境与交通区位等因素的原因，常州城市的发展速度相对滞缓，这种滞后在整个长江三角洲飞速发展的背景下较为明显。进入90年代，常州转变原先的东西轴向城市空间形态扩展主轴，提出“重点向北”的“以港兴市、连江通海、三区一线、再造常州”发展战略，并在中心城区以北启动高新技术产业开发区的建设，以期依托建设长江沿岸港口进一步向北发展。尽管南北方向上有京杭运河、京沪铁路、沪宁高速及312国道等阻隔，且自古以来区域传统发展轴线的两端在对外交通便捷，工业经济基础较好的东西两翼，全市仍然以南北轴向为重点向北发展，不断推进高新区和长江港口的建设。随后《常州城市总体规划（2004—2020）》“一城两翼”（拓展南北，提升中心）的战略构想，对南北轴向的城市重点空间发展进行了确认，由此也改变了城市沿沪宁铁路及运河沿线带状发展的历史格局。但受到经济实力和辐射能力的制约，目前常州还不足以完全向北延伸至江边带动整个北部新区的发展，使得新区还停留在建设用地激增但人口聚集程度不高的局面。另外，对主城区功能的过度依赖，使得当前常州仍处在人口、经济向中心城区聚集的城市化阶段。

制造业一直是常州经济增长的重要动力（甄峰等，2007）。作为全国乡镇工业较早崛起的地区之一，常州工业基础积淀厚实，目前已形成以机械、纺织、化工、冶金和电子等产业为支柱较完整的工业体系。改革开放以来，全市制造业（工业）占国民生产总值的比重一直在50%以上。然而，苏南地区乡镇企业“村村点火、户户冒烟”的发展模式也导致了城市规模小且布局分散的格局。由于过小的城市规模达不到规模经济要求，无法充分发挥产业集聚、人口集中的作用，其越来越成为区域经济和社会进一步发展的桎梏（季小立和宗蕴璋，2004）。另外，城乡二元结构壁垒也在一定程度上抑制了服务业的发展，造成了苏南地区城市化滞后于工业化的局面。近些年来，随着民营企业取代国有企业逐渐成为全市工业发展的重要力量，灵活的企业运作进一步巩固了常州制造业集聚度较强，经济体系健全程度较高，拥有较成熟制造业配套产业的优势。与此同时，为了克服乡镇企业布局分散、集聚效益差的弊端，以“三集中”①为代表的城市化发展战略在全市得到推广。在常州国家级开发区和省级开发区的设立，进一步推动工业化、城市化的快速发展。从 1991 年到 2010 年，全市人口城市化率由 33.03%增加到 63.90%，几乎增长了一倍，城市化快速发展引导农村剩余劳动力向非农产业聚拢的趋势非常明显。同一时期，全市的产业结构也发生了巨大变化，第二产业占国内生产总值的比重由 64.2%下降到 55.3%，而第三产业由 20.1%上升到 41.4%。从就业人口来看，2001 年全市第三产业就业人数首次超过第一产业，就业结构发生质的变化，由之前的“二一三”转变为“二三一”。到 2010 年，全市一产就业人口比重下降 75.67%，二、三产就业人口比重分别上升 23.71%和 86.03%，这说明就业人口在农转非的过程中，三产比重的上升吸收了大量的农业人口转移到第三产业就业（图 5-8）。其中，现代服务业的快速发展起到了显著的带动作用，“十一五”以来，全市服务业增加值年均增速 13.5%，高于工业增加值 1.3 个百分点，特别是恐龙园、嬉戏谷等一批大型特色旅游景区和度假区的建成开放，极大地提高了常州的对外知名度。

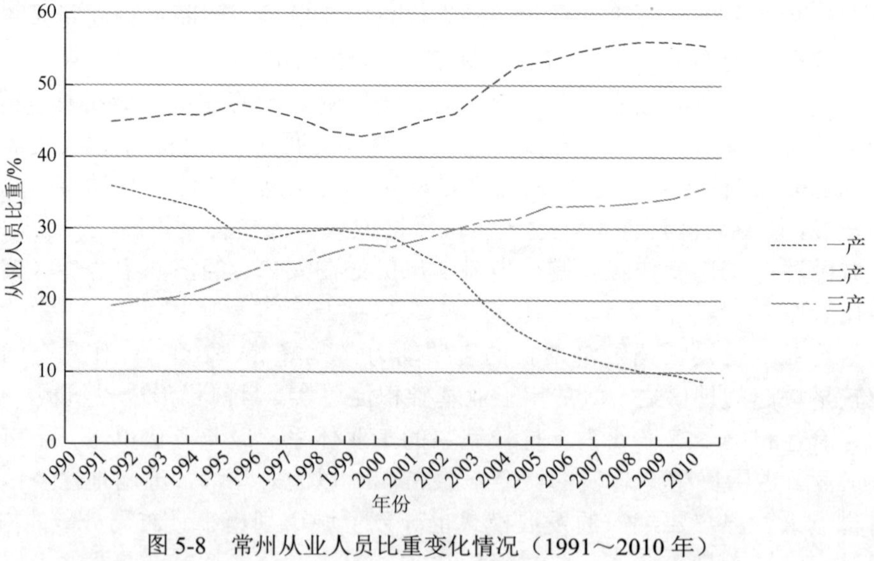

图 5-8 常州从业人员比重变化情况（1991～2010 年）

① “三集中”即城市工业项目向开发区集中、乡镇企业向工业园区集中、农民住宅向小城市和中心村集中。

2. 外部不经济加剧用地扩张

20 世纪 90 年代以来，苏南地区紧紧抓住国际产业和生产要素全球化转移的机遇，积极参与国际分工和国际竞争，大力发展外向型经济，目前已形成多家世界 500 强企业、跨国公司及港澳台企业入驻园区的现状。在通过吸引外商直接投资带动经济快速增长的同时，苏南经济也显露出对外资过度依赖、存在“飞地”风险等问题。为了规避过度依赖外资对经济增长带来的可能风险，常州作为以本地企业为经济主体的地区，一方面更加注重内生机制在经济发展中的作用，主要依靠本地资金和力量发展地方经济；另一方面为了避免乡镇企业产权模糊的弊端，全市大力推进乡镇企业改制以促进民营经济的快速崛起。2004 年，全市民营经济总量占 GDP 的比重已达到 60%以上，规模以上民营工业完成产值 1287.2 亿元，在全市规模以上工业产值中所占比重达到 60.5%（甄峰等，2007）。可见，常州的经济发展路径与以外资企业为主的苏州、无锡明显不同，在外向型经济增长缓慢情况下，脱胎于乡镇企业的民营企业已逐渐取代国有企业而成为常州制造业发展的主导。常州市人民政府更是将着力建设以智能制造为特色、以传统产业高端发展为支撑、以新兴产业蓬勃发展为亮点的先进制造业基地作为主要工作目标之一。与此同时，常州高新区的成立极大地带动了全市外商投资的力度，到 2005 年全市个体私营工业企业的数量和产值分别占总量的 86%和 53%，外商及港澳台投资企业的数量和产值分别占总量 2.6%和 22%，国有、集体企业的数量和产值分别占总量的 2%和 6%（陈香和顾朝林，2007），“民营经济、外向型经济、公有制经济”并驾齐驱的局面初见端倪。

民营企业在逐渐成为常州工业发展主导的同时，也深刻改变了常州城乡土地利用模式及其空间结构。作为城市经济活动重要空间载体和城市财政收入重要来源的开发区，在驱动市区制造业空间变化的同时也存在诸多问题。从企业规模分布来看，较大规模企业主要集中在常州及武进高新技术产业开发区，而其他开发区尤其是镇所属开发区主要是中小型企业。由于缺乏有效管治，区域内部严重的条块分割不可避免地促使各个辖区建设本辖区内部的开发区，相互之间无序竞争的结果必然导致工业园区数量过多，大量基本农田被占用，土地资源浪费、环境污染等问题，造成严重的外部不经济现象。究其根源，过去苏南模式下乡镇企业发展所形成的以各级开发区为代表（尤其是在省级开发区和乡镇开发区层面）的产业空间碎片化和趋同化竞争，在常州市区与武进市区，城市空间发展方向存在矛盾和冲突的局面得到进一步放大。另外，配套设施的建设和产业不相协调，以及大量占而不用的土地直接造成园区土地利用效率不高。据统计，常州高新技术产业开发区 2004 年企业闲置土地为 213.88hm^2，占已批工业用地的 24.5%；已建工业园区 28%的企业和 45%的工业用地建筑密度低于 20%，可挖掘潜力较大（甄峰等，2007）。

四、发达经济阶段：苏州

1. 外资驱动的苏南模式变迁

20 世纪 80～90 年代以来，国际政治经济出现历史性变革，经济全球化得到加速发展。中国改革开放的全面推进，在带动外资投入重心逐渐由珠江三角洲向长江三角洲转移的同时，也在不断推动江苏省吸收外资规模的扩大。作为地理位置距离上海最近的一座大型城市，苏州在接受来自上海的强劲辐射、带动的同时，深谙全球经济一体化发展趋势和技术扩散梯度转移的规律，通过建设国际和省级开发区和嵌入全球生产网络，苏州实现了外资驱动型的苏南模式变迁（袁丰等，2012）。苏州抓住跨国公司制造业在全球范围内重新规划投资、配置资源、组织生产的机遇，利用自身在劳动力资源、土地资源和自然生态环境的比较优势，在产业、技术结构上突出“以高新技术为主导的加工制造业基地”的特点，与上海形成错位发展，目前已经成为国际商家投资中国大陆的首选城市之一，也是省内吸引外资数量最多的城市。外资的进入不仅为苏州的经济建设带来极大的发展，也为就业市场提供了更多的机会，极大地推动了苏州及其他地区人口向城市的流动，带动了全市的城市化进程（图 5-9）。随着劳动力市场化进程的深入发展，城乡人口流动机制的进一步完善，农村剩余劳动力向城市转移及城市之间跨区域的劳动力流动愈加频繁，在促进各级城市发展的同时，也为苏州的城市化进程提供了直接推动作用。

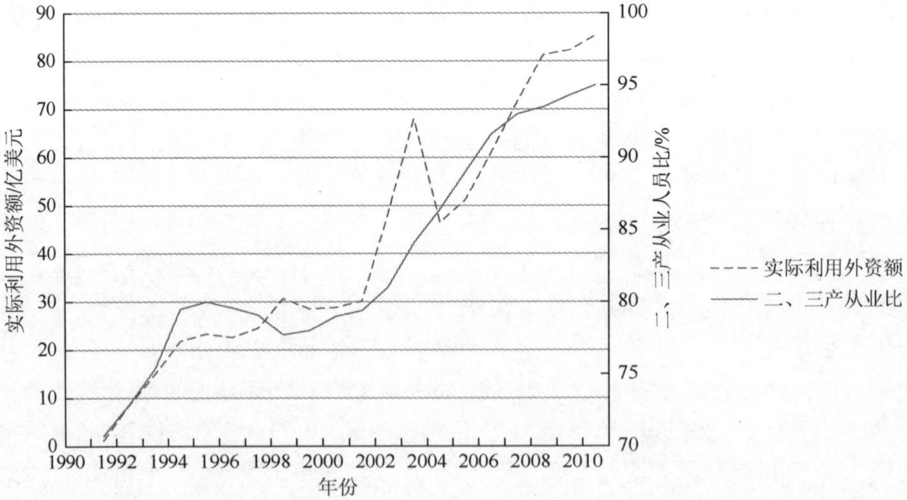

图 5-9 苏州实际利用外资额与二、三产从业人员比重对比情况（1991～2010 年）

从具体区位来看，外向型经济主要集中在各级各类开发区。20 世纪 90 年代掀起了以开发区建设带动城市扩容增量为标志的工业化加速时期，苏州紧紧抓住这一历史性机遇，大力发展开放型经济，先后建立了 5 个国家级和 10 多个省级开发区，为城市化发展注入了新的活力。其中 1990 年年底在古运河以西开发建设的苏州新区，规划面积为 $52km^2$，以“高新技术产业开发区、开放型经济集聚、现代化新城区三位一体”为定位目标，并于 1992 年年底被国务院批准为国家高新技术产业开发区，成为全国重要的高新技术生产基地。而 1994 年启动的中新苏州工业园区带动了苏州城市空间向东发展，全区规划建设总面积达 $70km^2$。“东园西区”的迅速崛起，使得苏州跳出古城区的局限，实现了扩容增量的蜕变，形成了“一体两翼”的全新城市格局。这种“强政府”和“大资本”联手合作的开发模式，实现了我国城市化常规发展模式的创新，推动了城市空间的再造，促进了资本、劳动力、技术等各类要素的集聚。经过多年发展，开发区不仅成为苏州新的经济增长极，还成为全市现代化的新城区，对推动区域城市化进程发挥了重要作用。2004 年苏州非农业人口首次超过农业人口，2008 年城市人口占全市总人口的 62%，年均提升 3.7 个百分点，是全市历史上城市化速度最快的阶段；在城区扩张方面，市区建成区面积也由 2000 年的 $86.5km^2$ 扩大到 2009 年的 $324km^2$（韩振武和潘维军，2012）。开发区建设对全市城市由集中块状向连片放射状结构转化起了极大的促进作用，特别是苏州工业园区和高新区面积的扩大，使得城市发展表现出沿东西轴水平扩张的倾向。目前，苏州已经进入全面实施城市化战略的超速城市化时期，全市将进一步实施重大行政区划调整，积极撤并镇村，拓展城市空间。如果说，人口增长刺激与生活居住用地扩散是改革开放以来以苏州为代表的苏南地区城市用地扩张的重要因素，那么新区和开发区的建设则是城市用地扩张的新动力。

2. 区域一体化发展的联动效应

苏州经济持续高速发展的历程表明，国内与苏州具有类似地域位置、资源条件和城市规模的地区，现阶段经济发展仍应以提升第二产业、优化第三产业作为将来一段时期的主要发展目标。尽管第二产业仍是苏州城市发展的重要支柱（2010 年全市第二产业增加值占 GDP 比重仍达到 56.90%），但全市的经济发展已进入由自上而下与自下而上相结合到多种城市化机制共同作用的阶段。特别是世界产业结构的重构与转移，以及跨国公司的全球生产，在以开发区建设为支撑的前提下，直接带动了苏南地区工业化的进一步发展，也构成了苏州工业化特征变化的重要原因之一；而长江三角洲城市群发展的网络化效应（顾朝林等，2007）强化了苏锡常网络城市节点之间的功能异质性和水平联系，在实现苏锡常网络城市发展利益最优化的同时，也对苏州城市化发展起到了积极的推动作用。城市发展与规划的调整使得“退二进三”成为城市用地结构调整、功能集聚和扩散的主要发展方向，进一步带动了中心城区用地以紧密型扩展为主，强调用地集约程度的提高，并在城市框架基本完成的基础上，进入内部填充建设阶段，摆脱了以往旧城改造和现代城市标准建设的被动扩展模式。2001年苏州吴中区和相城区的设立，标志着全市空间扩展进入分散团块的拓展期，原有的“东园西区、一体两翼”的空间格局，进一步向“东园、西区、南景、北廊的‘大苏州’格局”扩展。

不难发现，工业化与城市化相互促进、耦合联动、同向发展是世界经济和城市化发展的一般规律（朱苇华和马海涛，2011）。全市工业化的快速发展带来了经济结构的不断优化调整，进一步增强了城市的集聚和辐射能力。开发区作为苏州工业化与城市化互动的优良载体，加快了全市的城市化进程。开发区作为特定的产业集聚区，其地理区位优势和政策优势使得工业化要素集聚的进程大大加快，体现的是一种要素集中和集约化的发展方式。苏州的工业园和开发区建设，将园区作为区域经济发展的增长极，以点带面，对区域城市化进程的提高具有显著的推动作用。目前开发区建设作为全市经济社会发展的“增长极”，已经明显产生了“涓滴效应”，使得包括技术创新、制度创新等在内的创新活动和部分资金、劳动力向四周地区扩散和输出，当初定位的“开发区”“工业集中区”开始向“中心城区”转变。

第四节　江苏省人口-土地城市化耦合发展模式与机制研究

耦合发展的模式与机制实际上是对耦合发展过程中的内容特征、动力机制和演进过程的概括和总结，具有多样性、差异性和动态性的特点（盛广耀，2008）。对人口与土地城市化耦合发展模式与机制的研究，其实质是寻找城市化过程中的共性与个性特征，即在个性的特点中发现共同的演进规律，从共性的方向中辨析地域发展的个性特点。

一、基于区域差异的耦合发展模式归纳

人口-土地城市化耦合发展系统动力机制的复杂性和演进过程的动态性共同决定了人口-土地城市化耦合发展模式具有多样性、差异性和动态性的内涵特征。因此，不同地区的耦合发展模式，既体现出城市化路径的特殊性，又包含城市化过程的规律性。对不同地区而言，由于自然状况、历史条件、发展基础、制度环境等条件的差异，人口-土地城市化动力机制会表现出不同的特点，耦合发展模式

也有所不同，呈现出地域差异。

与发达地区相比，欠发达地区在驱动机制方面表现最为突出的是对强化内生增长机制的紧迫性（陆建平和黄明哲，2005）。这表现在，首先，经济社会体系开放度差，需要发展内生机制进行自我适应调整；其次，市场主体作用薄弱，需要提升市场机制及其相关基础功能；再次，缺乏以投资为主的经济增长动力，需要培养区域内部经济增长极；最后，在区域整体发展中表现出相当程度的从属性，需要确立自身发展的主导性。综上，本书在梳理发达地区和不发达地区的人口-土地城市化耦合发展区域差异的基础上，依据江苏省的实际发展情况，总结出土地城市化滞后型、人口-土地城市化同步型、土地城市化超前型和土地城市化过度超前型四类耦合模式（图 5-10 和表 5-16）。

二、欠发达地区耦合发展模式与机制分析

1. 土地城市化滞后型

基本特征。处于初级产品生产阶段，经济发展水平及城市化水平都较低，人口城市化水平小于 40%且快于土地城市化，城市化水平增长模式属分母减少型，人口城市化对土地城市化作用程度强，异速生长系数小于 1 呈低水平快速提高，社会力、市场力、政府力都较小。典型地区：徐淮盐连宿（县域）。

内在机制。对于苏北经济发展较为落后的地区而言，历史基础薄弱、改革开放滞后、基础设施不完善，大多数区域仍属于典型的沿海发达地带的不发达地区。加之该区域地处苏北洼地，与其相邻地级市均为经济水平一般的发展中地区，能够接受相邻辐射所产生的经济带动作用微弱，强劲辐射能力增长极的缺乏，使得区域经济区位边缘化的趋势越发凸显。城市化进程严重滞后于工业化，对经济社会的稳定发展形成压力，亟须通过非农劳动力的产业转移来实现生产要素的优化配置。然而，城市化发展内生机制的缺乏阻碍了区域就地城市化和本地城市化的顺利进行，多年来，地方政府不得不推动以劳务输出为主的大区域异地城市化方式来缓解农村剩余劳动力转移的压力。“十五”以来，随着东部沿海发达地区向内陆产业转移步伐的进一步加快，全省南北共建政策的不断推进使得苏南地区部分劳动密集型产业相继向苏北地区发生梯度转移。与绝大多数进入工业化阶段的欠发达地区一样，承接产业转移、发展“飞地经济”成为区域经济社会发展的新增长点。南北共建的合作模式下，工业园区的相继建成，“筑巢引凤”政策的大力推广，极大地吸引了外出务工人员返乡创业就业的意愿，异地城市化逐渐被本地城市化所取代，建成区规模扩张的步伐也因劳动力规模的增长不断加快，区域城市化最终实现由缓慢增长向快速增长发展。

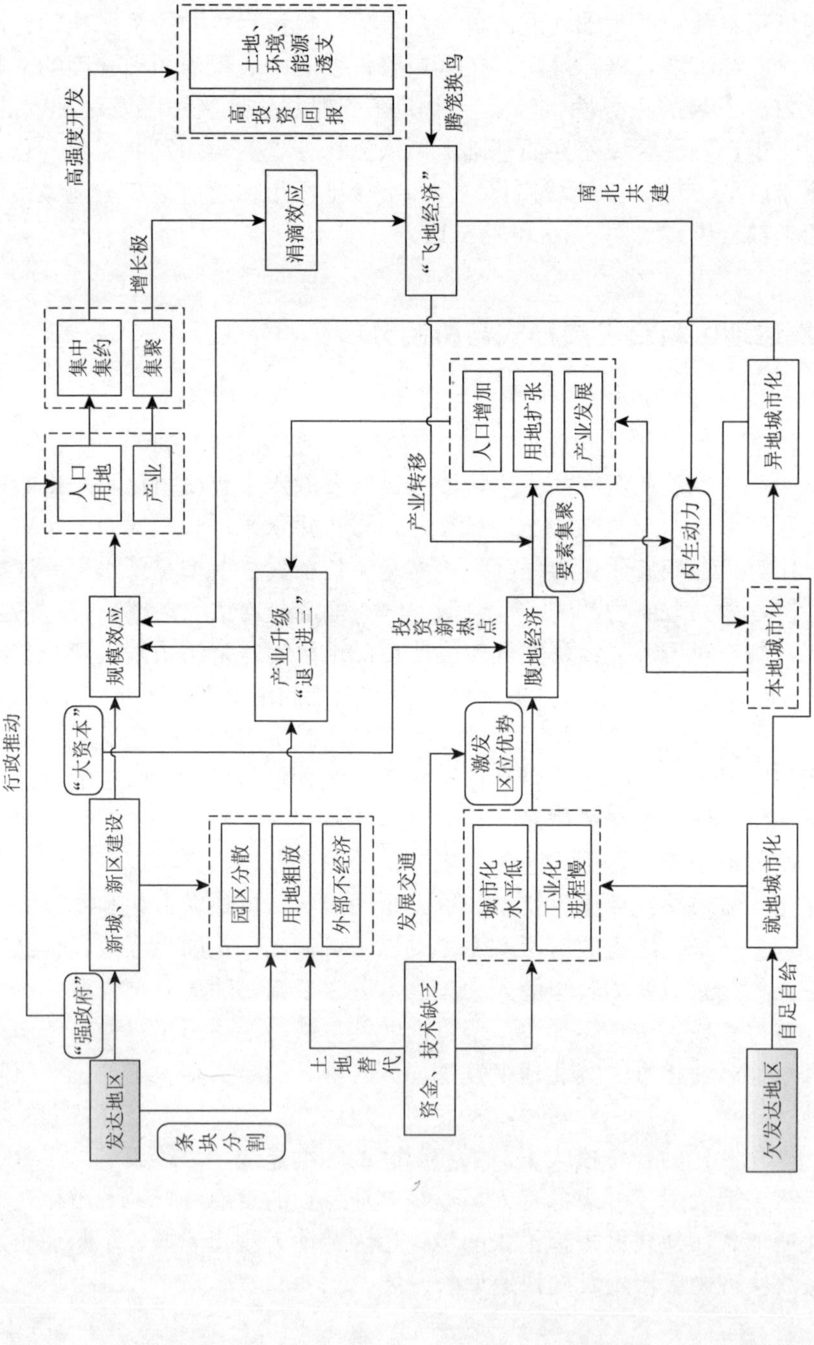

图 5-10　人口-土地城市化耦合发展区域差异

表 5-16　人口-土地城市化耦合发展模式

耦合模式	土地城市化滞后型	人口-土地城市化同步型	土地城市化超前型	土地城市化过度超前型
城市化率	<40%	40%～50%	50%～60%	60%～75%
异速生长系数	快速提高，<1	>1，缓慢提高	>1，缓慢提高	迅速提高，达到峰值
城市化水平增长模式	分母减少型	分母减少型	分子增加型	分子增加型
作用关系	人口城市化对土地城市化作用强	人口城市化对土地城市化作用强	土地城市化对人口城市化作用强	土地城市化对人口城市化作用强
经济发展水平	欠发达地区	欠发达地区	发达地区	发达地区
典型地区	徐淮盐连宿（县域）	宁镇通扬泰（县域） 连淮盐宿（市辖区）	苏锡常（县域） 徐通扬镇泰（市辖区）	宁苏锡常（市辖区）

2. 人口-土地城市化同步型

基本特征。处于工业化初级阶段，经济发展进入起步阶段，城市化率处于40%～50%，城市化水平增长模式属分母减少型，人口城市化对土地城市化作用程度较强，但人口城市化与土地城市化基本同步，异速生长系数逐步提高并突破 1，政府力、市场力都明显加强。典型地区：宁镇通扬泰（县域）、连淮盐宿（市辖区）。

内在机制。较之于苏南发达地区在 20 世纪 90 年代充分利用国家政策及毗邻上海的区位优势，抓住机遇适时调整经济发展战略，成为接受国际产业转移和资金、信息、人才、服务等生产要素扩散的最早的一批受益者，苏中地区既缺乏主观上承接产业转移的先行意识，又在客观上缺少连接上海的快捷交通，由此错过了第一轮产业转型升级带动城市化发展的契机。对于这一类区域而言，虽然具备良好的港口优势和丰富的自然资源，工业化和城市化发展也有一定基础，但改革开放以来，自给自足的发展方式使得全区经济社会发展、城市化进程已经明显落后于以外向型经济为主的长三角沿海发达地区。农业人口比重较大，城市用地规模偏小，一方面导致其对周边广大市县经济的辐射和带动能力极其有限，造成区域发展后劲和追赶速度明显落后于其他外商投资热点地区；另一方面与“承接苏南、带动苏中苏北”，实现各种要素聚集，有效发挥辐射作用，迅速成为推动区域经济和社会发展新增长极的发展要求相去甚远。由此，打通对外通道，释放区位优势，从根本上改变与上海的交通关系成为城市化发展转型的重点。随着“靠江、靠海、靠上海，通江、通海、通南北”的区位优势正式建立，港口城市的优势得到彻底释放，区域不仅成长为长三角地区外商投资的新热点，更实现了由过去“神经末梢”向现在“中转枢纽”的转变。这种以腹地经济为主的发展方式，极大地增加了经济社会发展对劳动力的需求，增加了农业人口向非农业人口转移的速度，也带动了城市建成区规模的扩张。

3. 欠发达地区耦合发展机制分析

本节试图从发生机制、动力机制和运行机制三个方面对人口-土地城市化耦合发展机制进行剖析。其中，发生机制为不同经济发展水平地区人口-土地城市化耦合发展的先决条件，动力机制则是对其产生影响的主要驱动作用，运行机制包括了人口城市化与土地城市化在耦合发展过程中的相互作用、相互影响过程与结果，并对发生机制及耦合模式的转变产生重要影响。

欠发达地区受其经济基础、区位条件影响，城市化水平较低，处在工业化的初级、中级阶段。从异速生长过程来看，正由负异速生长快速向正异速生长转变，人口-土地城市化耦合发展模式也由土地城市化滞后型向人口-土地城市化同步型转变。该阶段，欠发达地区产业基础薄弱，城市化动力不足，对发达地区承接产业转移的需求导致区域以劳动密集型产业为主，大量的剩余农村劳动力涌入城市，形成两栖人口。工业生产追求空间聚集效益和规模效益，必然促使城市规模的扩张，由此带来的开发区、工业园区及新城区的建设成为这一时期土地城市化外延扩张的主要形式。由于投入产出水平不高，经济发展整体呈现粗放型增长模式（图 5-11）。

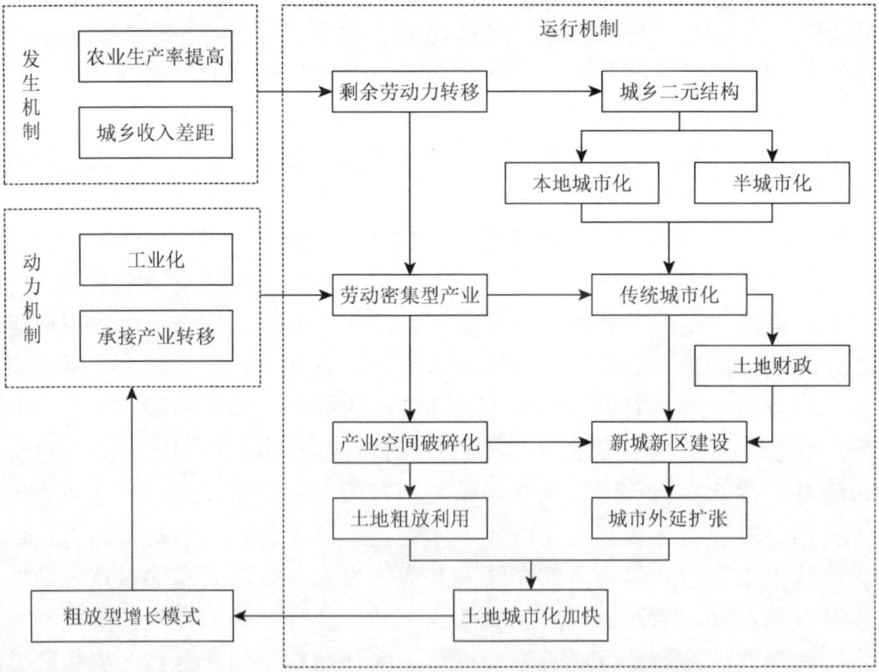

图 5-11　欠发达地区人口-土地城市化耦合发展机制

三、发达地区耦合发展模式与机制分析

1. 土地城市化超前型

基本特征。处于工业化中级阶段，在工业化的推动下经济发展进入加速期，城市化率处于50%～60%，城市化水平增长模式属分子增加型，土地城市化对人口城市化作用程度增强，土地城市化超前于人口城市化，异速生长系数缓慢提高，社会力这一内生动力明显增强。典型地区：苏锡常（县域）、徐通扬镇泰（市辖区）。

内在机制。外向型经济不仅为地区经济发展提供了资金支持，同时也带来了先进的生产技术和丰富的管理经验。但对于外向型经济发展相对缓慢的地区而言，面对资本与技术相对缺乏、经济发展内生动力不足的困境，各级政府不得不动用行政力量推进建设用地的快速扩张，即投入大量土地作为资本和技术的替代要素，通过“土地替代”“以地生财”的方式增加地方财政税收、带动区域城市建设。由于辖区内部还存在严重的条块分割，其结果必然导致开发区的分散建设、建设用地的粗放利用及严重的外部不经济现象。因此，这种以行政手段为主要推动力量的新城、新区建设模式使得区域仍停留在建设用地激增但人口集聚程度滞后的状况，而对主城区功能的过度依赖，造成外来人口和农村剩余劳动力仍源源不断地涌入中心城区。因此，提升产业结构、发展现代服务业成为区域城市化模式转型的必由之路。在城市产业结构升级的过程中，“退二进三”的发展策略使得区域城市建设用地在外延扩张的同时要求对其内部不断进行挖潜，以此提高用地效益，增强规模效应。随着外商对区域投资力度的逐步加大，“三集中”发展方式对城市化水平的提升作用逐渐显现，区域城市化发展也将走上由产业结构提升带动人口集中、用地集约、产业集聚的发展模式。

2. 土地城市化过度超前型

基本特征。处于工业化高级阶段，经济快速发展，城市化率处于60%～75%，城市化呈现区域化特征，土地城市化对人口城市化作用强，土地城市化超前于人口城市化，异速生长系数迅速提高，城市化水平增长模式属分子增加型，社会力、市场力和政府力三种驱动力都较强。典型地区：宁苏锡常（市辖区）。

内在机制。以乡镇政府为主导的“苏南模式”赋予了苏南地区较好的人口城市化基础，但随着我国市场经济体制的确立，市场化进程的不断推进，资本、劳动力和技术等基本要素逐步实现自由流动。一方面，大量外资的涌入直接带来了苏南地区经济社会的转型，民营经济快速发展，苏南地区经济社会发展投资主体呈现多元化；另一方面，农民进城政策的放开促进了人口流动性的增强，外来人

口的增加一定程度上促进了农村剩余劳动力向城市转移。同时，土地资源短缺和土地制度改革带来的土地市场化，也导致各工业园区和乡镇集中区亟须改变之前分散的格局。在这样的局面下，“强政府”与“大资本”联合的开发模式，实现了我国城市化常规发展模式的创新，通过跳出主城区再建新城区，不仅形成了城市空间的再造，更促进了资本、劳动力、技术等各类要素的集聚。可以说，国际产业的转移、重构与外资的引进，以开发区的建设为支撑，直接带动了苏南地区工业化的进一步发展，同时也促进了工业配套相关的服务业的发展，带动了大批农村剩余劳动力的转移。参与国际劳动地域分工带来的国民经济整体水平的提高，使得城市居民生活水平大幅提高，促进了工业化和第三产业的飞速发展，极大地提升了苏南地区城市化水平的提升。

3. 发达地区耦合发展机制分析

从欠发达地区到发达地区，人口-土地城市化耦合发展模式经历了转型。从城市化的内生机制来看，城市化模式的转变可以理解为适应城市化演进阶段变化的内在要求。由于经济发展阶段改变，耦合发展的发生机制、动力机制、规模结构、组织形态、表现特征等也随之发生阶段性变化。因此，城市化及经济发展阶段是决定城市化模式及其转变的一个内在要素，城市化的不同发展阶段存在着与之相适应的演进模式。经济全球化及先行先试的政策制度创新为发达地区的人口-土地城市化耦合发展带来了新的动力机制，农民工市民化、现代产业体系、新型城市化及城市建设用地再开发都是适应新形势下人口-土地城市化耦合发展机制（图 5-12）。可见，作为城市化的实现方式，城市化模式还是经济社会发展战略和发展观的具体体现。当发展战略发生改变时，实施新的发展战略，客观上也要求与之相适应的城市化模式。

四、人口-土地城市化耦合发展内在机制研究

由于全省不同地区人口-土地城市化耦合发展的明显差异，表现为不同的耦合模式和不同经济发展水平下的驱动机制，因此，人口-土地城市化耦合发展要求从系统科学的视角构建其耦合发展框架。以人口城市化和土地城市化为子系统，依据其演化发展的进程和相互作用的关系，研究构建了人口-土地城市化耦合发展的系统框架（图 5-13），并对耦合发展的内在机制进行了总结。

1. 产业结构演化——推动“要素”集聚与扩散

产业结构的演化过程。产业结构一般是指在社会再生产过程中，各类产业之

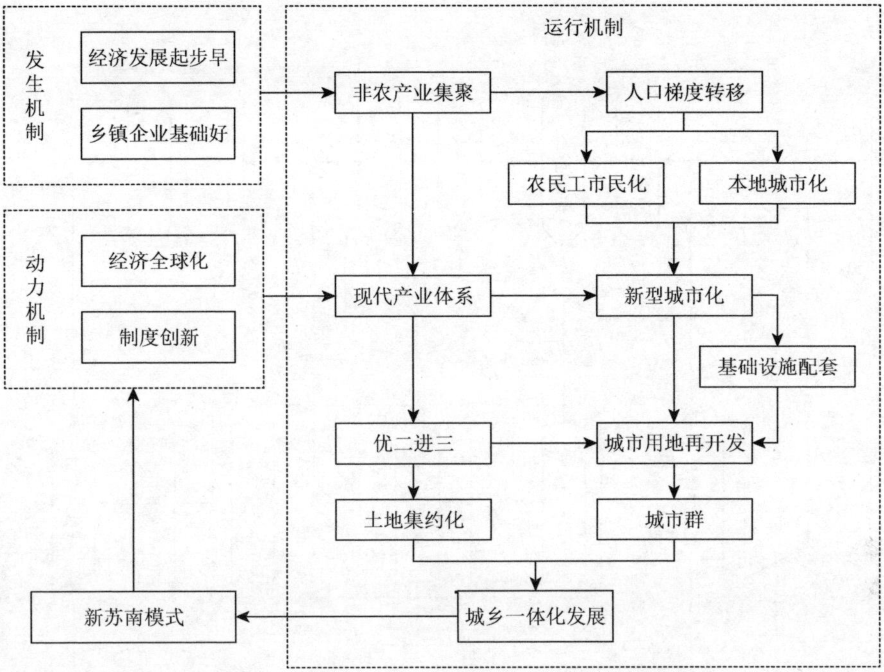

图 5-12　发达地区人口-土地城市化耦合发展机制

间及产业部门内部各企业之间的内在联系和比例关系（朱铁臻，2010）。不同国家、不同城市和地区在不同发展阶段，其产业结构是不相同的，存在由低级向高级的发展和提升过程。目前全省还处于工业化发展阶段，因此产业结构的演化主要表现为工业化过程。根据西方发达国家的工业化过程，工业结构的演化经历了由轻工业到重工业再到工业高度化的过程，呈现技术集约化的趋势（程勇等，2006）。

劳动力现状决定产业结构调整方向。产业结构向高新技术转型，使得对传统劳动者的就业吸纳能力下降，造成了智力型劳动力不足与传统劳动力就业不充分之间的结构性矛盾（袁丰等，2012）。因此，目前我国的产业结构调整及工业化的实现，并不仅是资本、技术密集型产业的发展，劳动密集型产业仍占据相当重要的地位。劳动密集型产业具有需求弹性小、供给弹性大、进入门槛低的特点，但片面发展劳动密集型产业会受到世界市场容量的限制；而资金、技术密集型产业也不能取代劳动密集型产业的发展，毕竟在人口众多的国情下，就业问题无法回避。所以，在我国产业结构的调整过程中，新型工业化道路要求平衡两种不同层次产业的发展，既要重视扩大劳动密集型产业，又要通过发展资金、技术密集型产业来培育技术优势、管理优势，做到“用两条腿走路”（陈小文和刘厚俊，2003）。

“退二进三”成为城市扩张的主要路径。研究表明，产业调整是工业化阶段城市土地利用类型转换最主要的因素。梯度推移方式作为区域非均衡发展的必然

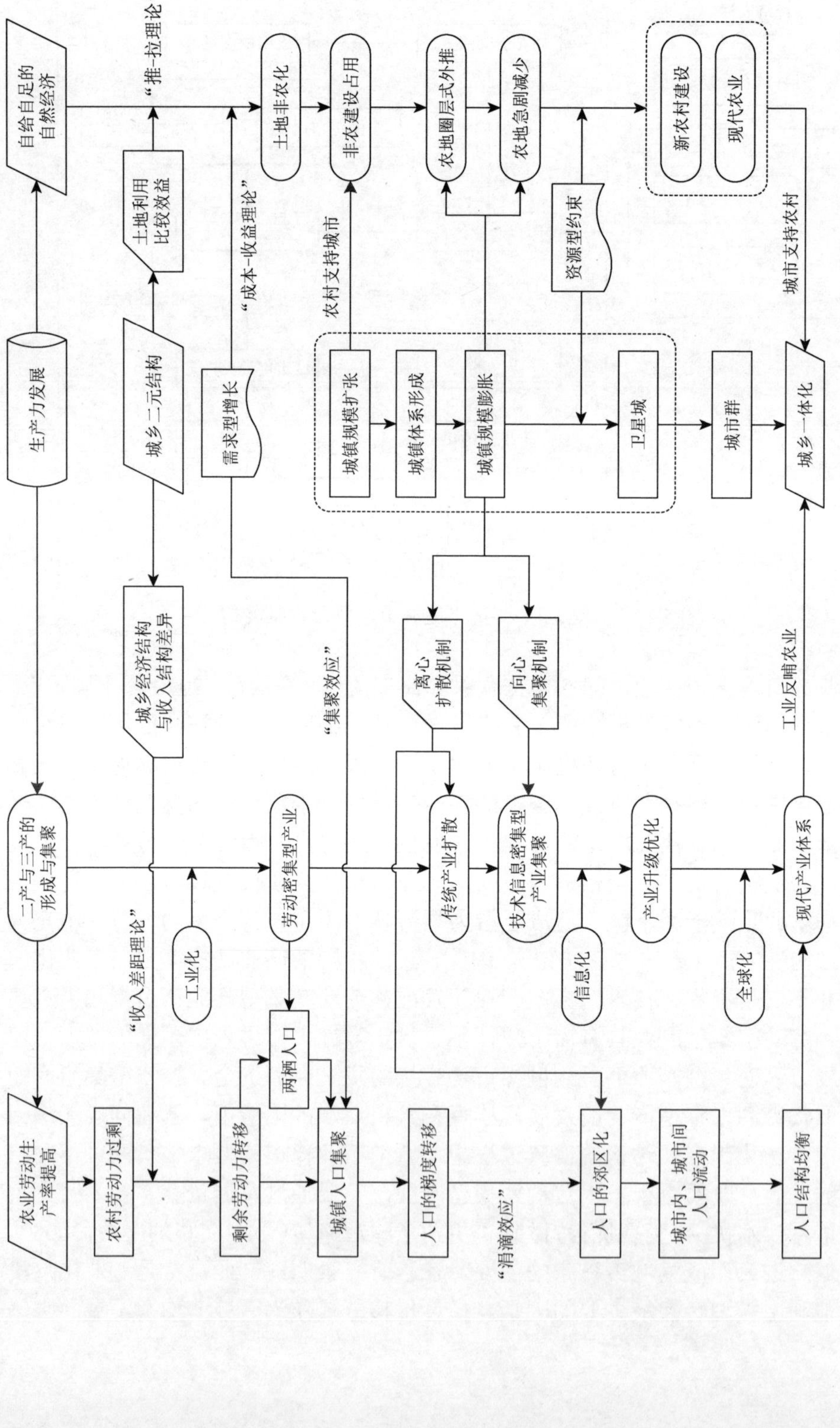

图 5-13　人口-土地城市化耦合发展的系统框架

选择，在产业优化布局上，一般都是从处于高梯度的城市核心区或是大的开发区向周边低梯度地区推移发展（盖星石，2008）。这种布局方式的好处是便于利用和延伸基础设施，降低交通运输和信息交流成本，有利于人力资源的延伸利用，便于资源整合等。

目前，“退二进三”已经成为发达地区城市规模扩张和蔓延的主要发展方向，随着城市发展策略及总体规划的不断调整，区域内部当初定位的“开发区”“工业集中区”已经向“中心城区”转变。因此，在一定时期和条件下，城市的连续蔓延是自身发展要求；但从长远看，又将成为城市空间可持续发展的羁绊。

2. 政府与外资——城市化发展的推手与助力

政府行为对城市化的推动作用。政府行政力量主导历来是我国城市化进程的重要特征，无论是计划经济时代实行的户籍制度对人口城市化的抑制作用，还是改革开放以来各类行政区划调整（如县改市、市管县、撤县建区、撤乡并镇等）和高新区、工业园区的设立对土地城市化的推动作用，实质上都是政府主导型城市化的表现形式。在行政力量的推动下，城市发展的速度、水平、方向和模式都深深地烙上政府行为的印记；人口与土地城市化耦合发展过程中表现出的超前、适中、滞后等现象都与政府的制度安排和政策导向密切相关。改革开放以来，随着市场经济体制的不断健全，城市化的内在规律和自身推动作用逐步得到政府的认可和肯定。理论上讲，这本应是政府对城市化影响逐步弱化，而市场作用不断强化，由市场主导型城市化逐步取代政府主导型城市化的契机（简新华，2004）。然而，恰恰是由于政府对多年来城市化发展的现状给予了前所未有的肯定，对城市化的行政干预不仅没有弱化，反而呈现不断加强的趋势，政府主导型城市化也在以新的方式得到强化。

外商投资空间在开发区集聚。经济全球化加快了产业、资本、技术等生产要素向发展中国家转移的速度，我国政府制定的关于开发区的众多优惠政策吸引了大量跨国公司进入。大批国际资本的进入，不仅使得地区经济发展水平有了很大的提高，同时也极大地推动了当地及周边地区的人口向城市的流动，从而有力地促进了城市化进程的推进。可以说，外资的大量引入是经济快速发展的关键，对大力发展外向型经济地区的人口集中、城镇基础设施建设等起到不可估量的作用，其空间取向深刻影响了城市空间的发展方向。以苏州、无锡为代表的地区，通过建设国际和省级开发区并嵌入全球生产网络，成功地实现了外资驱动型的苏南模式变迁。当前，跨国公司主导的经济全球化，不但增强了其自身在全球经济中的竞争优势，也直接促进了被投资地区的经济发展，极大地改变了被投资地区制造业的集聚形态。这种多发生在开发区界内的外资空间集聚，更深刻地促进了外商区位投资模仿及生产网络的跨界扩展带来的供应链集聚。

政府与市场形成共赢局面。改革开放之前，政府行为可以说是影响城市化进程的唯一力量。改革开放以来，市场经济从无到有，逐步发展，市场力对城市化的推动作用越来越显著，制度变迁的基本方向是顺应工业化和城市化规律，城市化也经历了从长期停滞、缓慢启动到当前快速推进的过程（景春梅，2010）。行政手段的过多干预一定程度上导致我国城市化进程阶段性放缓，因此，推进城市化建设更需要充分发挥市场机制的能动作用。

3. 南北共建——劳动力由“异地”回到“本地”

劳动力转移的一般规律。劳动力转移与人口迁移一般遵循有序的空间梯度转移规律，即人口城市化的空间模式包括就地城市化、本地城市化和大尺度异地城市化（刘殿成，2001）。经历了苏南模式之后，发达地区由于城市化水平较高，人口城市化模式分别表现为“不离土不离乡”的就地城市化、“离土不离乡”的就地城市化和“离土又离乡”的本地城市化（俞万源，2007）。而欠发达地区由于农业产业化水平不高，且城市吸收和容纳剩余劳动力能力有限，本地城市化发展缓慢。

南北共建引导回归本地城市化。南北合作共建开发区是全省区域协调发展背景下振兴苏北的重大举措，其基本思路是，在苏北 10 个现有省级开发区内，单独划出一块土地，由苏南苏北合作共建开发区。2009 年 4 月底，苏南苏北共建开发园区已由最初的 10 家达到了 20 家。2010 年全省进一步深化南北合作，再次新批南北共建园区 7 个，至此全省共建园区增至 27 个，各共建园区开发建设公司注册资本总额达到 25.7 亿元。园区的增加，推动了劳动力需求的增加。政府也针对开发区招工，多次出台促进劳动力就地转化的文件。政府的推动和政策的支持极大地增强了城市的聚集能力，加速了城市化的进程。外出务工人员返乡就业创业和本地城市化的局面初步形成，本地工业化逐渐取代异地工业化，成为带动全市工业化、城镇化、农业产业化进程加快的新动力。

4. 内生机制——区域发展的“双刃剑”

区域差距形成是内生过程。人口与土地城市化的进程表明，“推-拉力”的集聚效应决定了生产要素的转移方向和强度，通过持续不断的流入，形成不断巩固转入地区集聚优势的循环累积过程，由此导致区域发展的差异。其核心机制就是强调循环累积作用下可流动要素的聚集和分散（或转入和转出）导致的生产要素总量、规模的变化。由于这种可流动要素的转移是在循环累积因果机制作用下完成的，当外生力量消失以后，这种不断巩固转入地区集聚优势的循环累积过程仍将继续，这就意味着区域发展差距的形成是内生过程。对区域块状特征的这种理解，强调了形成区域发展差距的内生过程及促使形成这种过程的内生机制（安虎森和高正伍，2010）。

内生动力促进城市化进程。与发达地区相比，欠发达地区在经济运行特征方面显现出强化经济发展内生增长机制的紧迫性（陆建平和黄明哲，2005）：首先，社会体系和经济体系的开放度差，需要发展内生机制进行自适应调整；其次，市场化主体支撑薄弱，需要提升市场机制基础功能；再次，投资增长是经济增长的根本拉动力，需要培养内在经济增长极；最后，在宏观区域经济结构中表现出明显的从属性，需要确立其主导性。

区域内部条块分割阻碍发展。内生动力容易形成自成体系、多头分散的格局，从而造成区域内部离散倾向和分散现象（王安岭，2010）。条块分割历来是我国管理体制中突出存在的一大弊端，在城市化发展的过程中，集中表现在各自发展工业园区、产业结构低水平重复建设及城市用地规模盲目扩张。由此形成中小企业的分散重复生产和内部过度竞争，最终极大降低土地城市化的经济效益。因此，如何消除内生机制中的条块分割现状，也是城市化快速发展地区亟须解决的重要问题。

第六章　江苏省人口-土地城市化耦合趋势

第一节　基于系统动力学的人口-土地城市化耦合模型

借助系统动力学善于处理多变量、非线性的系统问题这一优势，本章从经济、人口、土地、环境四方面入手，围绕总量指标、增量指标、结构指标和效率指标构建人口-土地城市化耦合模型，并对其有效性进行评估。

一、系统动力学概述

1. 系统动力学的概念与特点

系统动力学（system dynamics，SD）早期主要应用在工业企业管理，又被称为工业动力学（Forrester，2013）。该方法于 20 世纪 70～80 年代发展成熟，90 年代开始被广泛传播与应用，被用于解决各类系统问题，系统动力学的模型也被称为是社会、经济及生态等复杂大系统的实验室（胡玉奎，1988）。

在学科的定义上，系统动力学是一门研究信息反馈系统的科学，是系统科学和管理科学的一个分支，以系统科学理论为基础，综合了控制论、信息论、决策论、计算机仿真和系统分析的特点，强调系统内部各要素之间的非线性相互作用，有利于解决复杂的现实问题。系统动力学的理论核心是系统辩证唯物观，强调系统的联系、运动和发展，以系统方法论的基本原则来考察客观世界，体现了结构方法、功能方法和历史方法的统一（王其藩，1994）。系统动力学模型的模拟是一种结构、功能的模拟，适用于研究复杂系统的结构、功能与动态行为之间的关系。

系统动力学重视系统内部结构和机制，强调各子模块间的关联和信息反馈，善于处理多变量、非线性、高阶次和多反馈的系统问题，是实现科学决策和现代化管理的有效途径。随着计算机技术的日趋进步，系统动力学理论和方法不断发展和完善，以及已广泛应用于人口转移（李晋玲等，2007；童玉芬和王莹莹，2016）、用地扩张（李佳霖，2013；左倩云，2016）、生态环境（李灵敏，2015；李海燕和陈晓红，2014）、资源利用（袁绪英等，2011；谭术魁等，2017）等诸多领域。

2. 系统动力学模型构建方法

系统动力学模型构建从系统的内部微观结构入手，根据各要素间的因果关系建立反馈机制，采用微分方程的观念建立动态模型，利用计算机仿真技术分析研究系统的结构功能与动态行为，能对系统进行时间上的动态分析，根据反馈结果对系统内的要素进行协调，并对系统的动态行为做出合理预测。通过对系统进行动态仿真实验，可以观察到将不同政策影响因子输入系统或改变系统控制变量的参数时整个系统的动态变化行为和趋势，能够为决策者提供参考依据。系统动力学模型构建主要包括以下几个步骤。

第一，系统边界确定。明确研究对象的时空边界，运用系统动力学的理论和方法对研究对象进行系统分析，明确系统内部运作结构，选择适当的系统分析变量，确定建立仿真模型所要解决的问题和系统发展的目标。

第二，因果关系分析。通过分析系统的运行机制，明确系统内部各要素之间的作用关系，划分系统层次与子块，确定总体的与局部的反馈机制。因果关系可通过因果关系反馈图来表示，即从系统的角度入手，根据反馈动力学的原理，在各要素间用箭头连接代表作用方向，形成多个反馈环，并对反馈环进行组合。

第三，系统流图构建。系统流图是根据系统内部的因果关系反馈回路，运用各种系统动力学特有的、用来描述各类变量的符号绘制而成的，并使用结构方程表述系统各变量之间的定量关系。模型中涉及的仿真方程包括流位方程、流率方程和表函数等，对应描述的变量分别是流位变量、流率变量及难以用准确数据或统计方法预测的变量等。同时，还需设定一些参数来控制模型的运行，可以通过分析历史资料或参考现有研究成果来确定，也可通过回归分析等数学方法计算得到。

第四，模型运行与调整。通过运行模型，发现建模过程中人为导致的错误及变量之间的矛盾和问题，重新对系统相关部分的结构、行为模式及系统边界进行合理性认定，从而对模型的结构和参数做出调整和修正。

第五，模型拟合与评估。在进行情景模拟前需要检验模型的精度，看模型运行结果是否与真实的系统行为保持一致。将主要指标的历史数据和模型的模拟结果进行对比，若误差值在可接受范围内，则说明模型拟合效果较好，可以进行仿真操作。

二、人口-土地城市化耦合发展模型

1. 系统边界确定

根据指标选取的系统性、动态性、科学性和可操作性原则，选择作用关系最明显的、支撑系统运作最关键的因素来构成人口-土地城市化耦合发展系统。从经济、人口、土地、环境四方面入手，围绕总量指标、增量指标、结构指标和效率指标设计系统运行的关键因素（图 6-1）。总量指标分别为 GDP、常住人口、城乡建设用地总规模，增量指标为二、三产业增加值、城镇人口、城镇工矿建设用地规模，结构指标为二、三产业增加值占 GDP 比重、人口城市化率、土地城市化率，效率指标为人均 GDP、地均二、三产业增加值、人均城镇建设用地面积。

在此基础上，考虑生态文明建设和绿色发展，增加 SO_2 排放量和单位 GDP 的 SO_2 排放量指标。

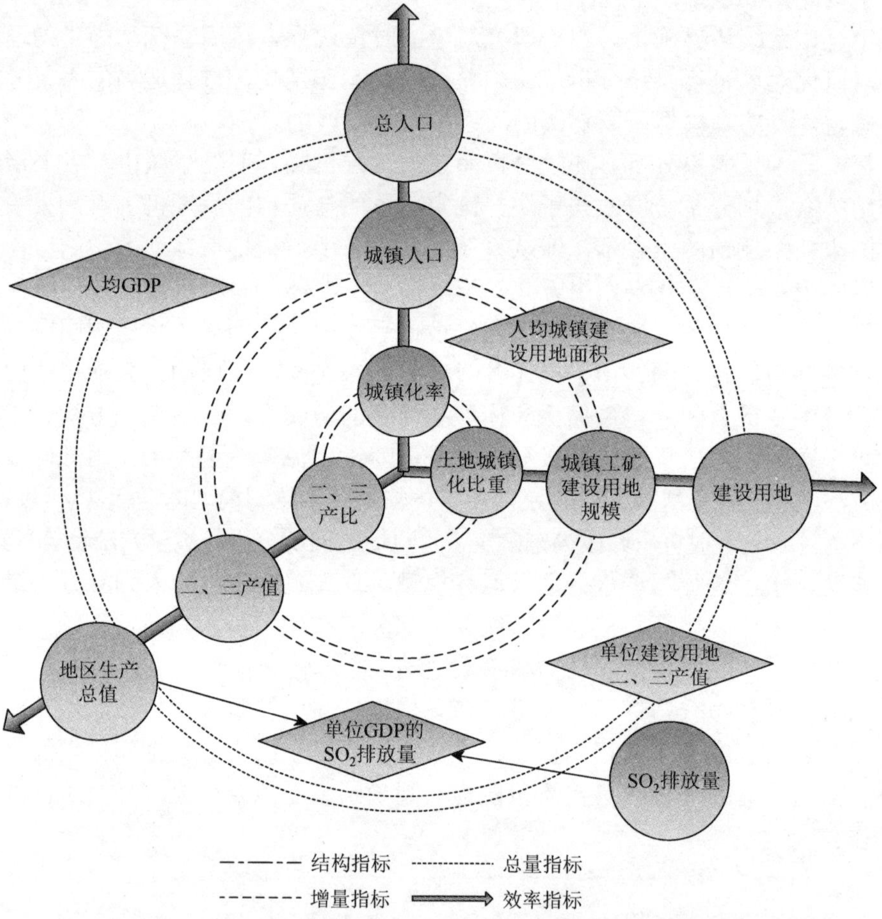

图 6-1　人口-土地城市化耦合发展系统运行的关键因素

2. 因果关系分析

作为一个复杂的、动态的系统，城市化系统涉及人口、社会、经济、土地等诸多因素，且系统内部的主要影响因素及其相互关系会随着地理区位和发展阶段的不同而变化。作为一个信息反馈系统，会通过改变系统内部结构及外部带来的影响来调整自己的行为，从而影响自身的发展过程。通过 SD 模型中的因果关系反馈图（图 6-2），可以清晰地表现系统内部各要素之间的相互作用关系，从而为系统行为的定量分析奠定基础。

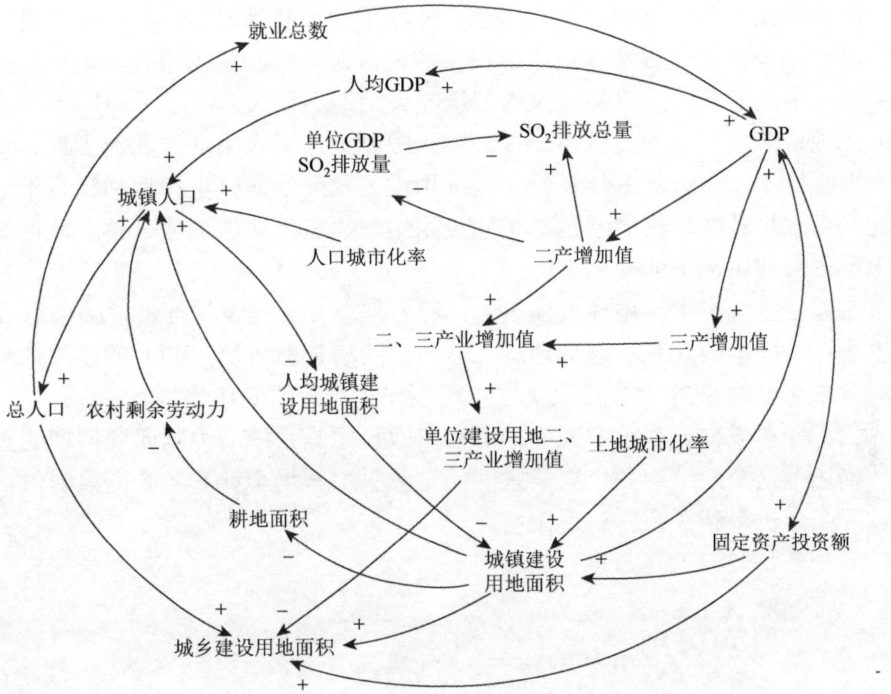

图 6-2　人口-土地城市化耦合发展 SD 模型中的因果关系反馈图

在因果关系反馈图中，人口子系统、经济子系统、土地子系统和环境子系统内的各个要素相互连接，形成子系统的内部循环，同时不同子系统的要素间也存在很多的因果关系，使得不同子系统彼此连接，相互反馈，最终构成了人口-土地城市化耦合发展系统的整体。主要因果关系如下所示。

GDP→ + 人均 GDP→ + 城镇人口→ + 城镇建设用地面积→ + GDP

GDP→ + 固定资产投资额→ + 城镇建设用地面积→ + GDP

城镇人口→ + 总人口→ + 就业总数→ + GDP→ + 人均 GDP→ + 城镇人口

城镇建设用地面积→ + 耕地面积→ + 农村剩余劳动力→ + 城镇人口→–人均城镇建设用地面积→–城镇建设用地面积

3. 系统流图构建

（1）模型说明。从经济、人口、土地和环境四个方面对人口-土地城市化耦合模型及选取的重要指标进行说明。

经济增长是城镇人口规模扩大的直接动力，经济发展使得人均收入不断增加，城镇吸纳就业能力越来越强，从而直接推动了人口城镇化的发展，人均 GDP 与城镇人口存在明显的线性关系。

随着城镇人口的增加，产业用地、住房用地、基础设施、公共服务设施等需求也越来越大，促使城镇建设用地规模扩大，而最终的城镇建设用地总规模取决于人们对土地的利用水平，即人均城镇建设用地面积。

土地资源是有限的，城市建设不能无限制地占用农用地和其他土地。随着土地开发强度不断接近警戒线，经济发展用地方式开始向存量挖潜和提高土地节约集约利用水平转变，模型通过单位建设用地二、三产业增加值来体现城市化过程中土地资源利用水平的变化态势。

工业生产会产生污染性气体 SO_2。随着生态文明建设的推进，国家对 SO_2 排放也进行了严格的控制，模型通过二产产值的增长态势及对 SO_2 的排放控制水平来观察未来单位 GDP SO_2 排放量这一环境保护指标的变化趋势。

（2）变量设置。系统方程的构造和参数设定是系统动力学研究问题的重要环节，描述了这个系统中各个要素之间的定量关系，用于计算各个变量的值，一般通过回归分析得到（图 6-3）。

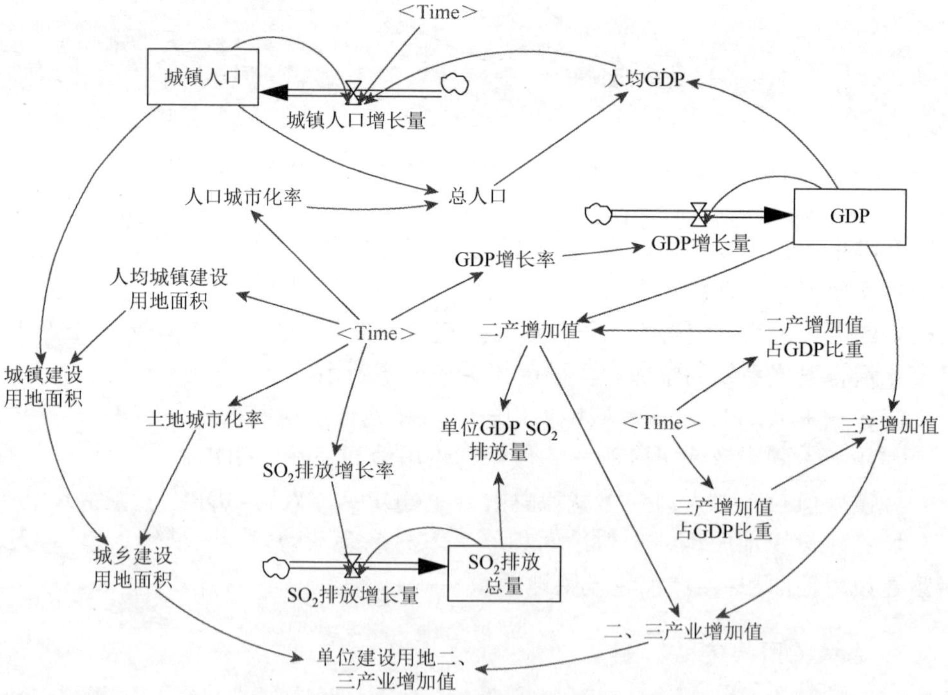

图 6-3　人口-土地城市化耦合发展系统流图

状态变量是最终决定系统行为的变量，在确定初值后，通过时间上的累积得到，这里主要选取 GDP、城镇人口和 SO_2 排放总量。

速率变量是直接改变状态变量值的变量，它决定了状态变量在单位时间内的变化幅度，这里主要选取 GDP 增长率、城镇人口增长量和 SO_2 排放增长量。

辅助变量为系统中的中间变量，由其他变量直接计算得到，主要包括总人口、人均 GDP、二产增加值、三产增加值、单位 GDP SO_2 排放量、城乡建设用地面积和单位建设用地二、三产业增加值等。

人口城市化率、土地城市化率、二产增加值占 GDP 比重、三产增加值占 GDP 比重等代表城市化发展结构的变量及人均城镇建设用地面积、SO_2 排放增长率是随时间变化的函数。

模型参数的确定可从获取到的统计数据、调查数据、现状数据等资料中分析得到，通过不断的模拟调试来确定，也可通过模型部分变量之间的关系来确定。对于模型中各个变量之间非线性的相互关系，可以通过统计分析、假设验证等方法来确定。

三、模型运行与评估

1. 模型运行与调整

Vensim 软件是目前在全球使用最为广泛的系统动力学软件，拥有图形化建模方法，不仅能进行基本的模型模拟，还能进行复合模拟、真实性检验、模拟优化等。运用该软件对人口-土地城市化耦合发展系统建模并对其耦合发展趋势做相关预测分析，模型主要方程式如下：

GDP = INTEG（GDP 增长量，GDP 增长率）

SO_2 排放总量 = INTEG（SO_2 排放增长量，SO_2 排放增长率）

城镇人口增长量=−7379.92 + 1109.73×LN（人均 GDP）−城镇人口

总人口 = 城镇人口/人口城市化率

城镇建设用地面积 = 城镇人口×人均城镇建设用地面积

城乡建设用地面积 = 城镇建设用地面积/土地城市化率

二产增加值 = GDP×二产增加值占 GDP 比重

三产增加值 = GDP×三产增加值占 GDP 比重

二、三产业增加值 = 二产增加值 + 三产增加值

单位建设用地二、三产业增加值 = 二、三产业增加值/城乡建设用地面积

单位 GDP SO_2 排放量 = SO_2 排放总量/二产增加值

2. 模型拟合与评估

将各相关变量之间的方程填入耦合模型中，并输入江苏省人口、经济、土地

的基础数据，使模型在系统下模拟运行，模拟结果与江苏省历史数据的拟合情况见表 6-1。经过分析，江苏省城市化及经济发展实际情况与模型的模拟结果误差较小，在–2.56%～3.01%，拟合程度较好，所以认为该模型能够有效代表江苏省人口-土地城市化耦合发展实际系统，可以进行仿真操作。

表 6-1　模拟结果与江苏省历史数据的拟合情况表

年份	GDP			城镇人口			城镇建设用地面积		
	模拟值	统计值	误差/%	模拟值	统计值	误差/%	模拟值	统计值	误差/%
2010	41 425	41 572	–0.35	4 505.37	4 373.67	3.01	7 216.51	7 286.71	–0.96
2011	49 110	49 471	–0.73	4 726.10	4 634.36	1.98	7 542.55	7 518.14	0.32
2012	54 058	54 418	–0.66	4 901.20	4 883.37	0.37	7 689.84	7 613.21	1.01
2013	59 753	60 404	–1.08	5 005.99	5 015.75	–0.19	7 901.44	7 683.80	2.83
2014	65 088	65 841	–1.14	5 155.87	5 232.19	–1.46	8 039.50	7 870.06	2.15
2015	71 108	70 116	1.41	5 276.37	5 415.05	–2.56	8 170.53	8 008.39	2.02

注：误差 =（模拟值-统计值）/统计值×100%。

第二节　江苏省人口-土地城市化耦合发展趋势模拟

基于维持现状、集约用地和生态优先三个不同仿真情景，通过调节人口-土地城市化耦合模型的相关参数，考量不同情景下发展目标的实现程度，由此探索城市化科学合理的发展趋势。

一、耦合模型参数设定

1. 发展目标确定

通过梳理江苏省 2000～2015 年基础数据，结合《江苏省土地利用总体规划（2006—2020 年）》《江苏省城镇体系规划（2015—2030 年）》《长江三角洲城市群发展规划》等，设定到 2030 年江苏省经济发展、资源利用、生态建设的目标值，通过分析不同仿真情景下目标值在人口-土地城市化耦合发展系统中的实现情况，探索科学合理的城市化发展趋势（表 6-2）。

表 6-2　江苏省人口-土地城市化耦合发展趋势预测目标值

类别	指标	现状值（2015 年）	目标值（2030 年）
经济发展	人均 GDP/（万元/人）	8.79	25.00
资源利用	单位建设用地二、三产业增加值/（亿元/km²）	2.91	16.00
生态建设	单位 GDP SO_2 排放量/（kg/万元）	1.19	0.40

2. 重要参数设置

系统动力学仿真情景的设定是通过人为调控系统中的一系列可控变量来实现的。可控变量是指能影响系统模型运行结果的关键变量，可以通过调节该变量来观察系统的动态行为，对系统进行控制，使系统模型的动态行为尽可能地接近设定的理想目标。

人口-土地城市化耦合发展趋势预测从经济发展、资源利用、生态建设三个方面确定了目标值，结合耦合发展系统流图不同变量之间的相互作用关系，选取 GDP 增长率、二、三产增加值比重、人口城市化率、人均城镇建设用地面积、土地城市化率和 SO_2 排放总量作为重要参数。2000～2015 年六个参数的变化情况如图 6-4 所示。

其中，GDP 增长率、人均城镇建设用地面积和 SO_2 排放总量在不同仿真情景中有所不同。依据《江苏省城镇体系规划（2015—2030 年）》，2030 年全省二、三产业增加值比重和人口城市化率将分别达到 97.4%、80%；综合考虑土地城市化率 2000 年以来的发展态势，预测 2030 年将达到 60%。

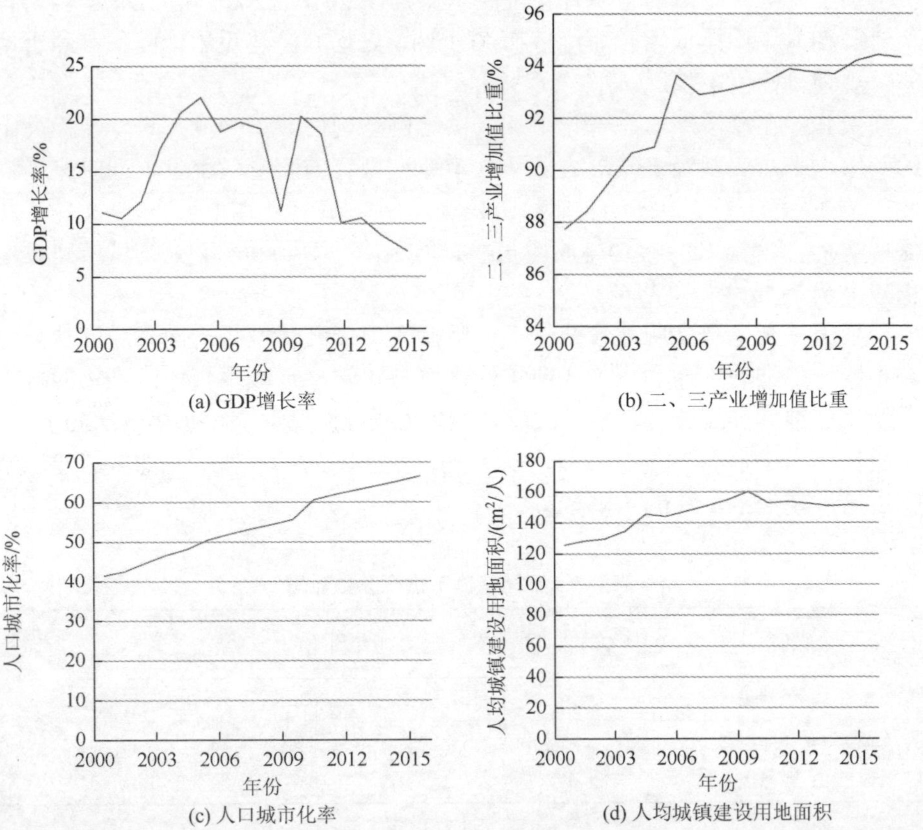

(a) GDP增长率　(b) 二、三产业增加值比重

(c) 人口城市化率　(d) 人均城镇建设用地面积

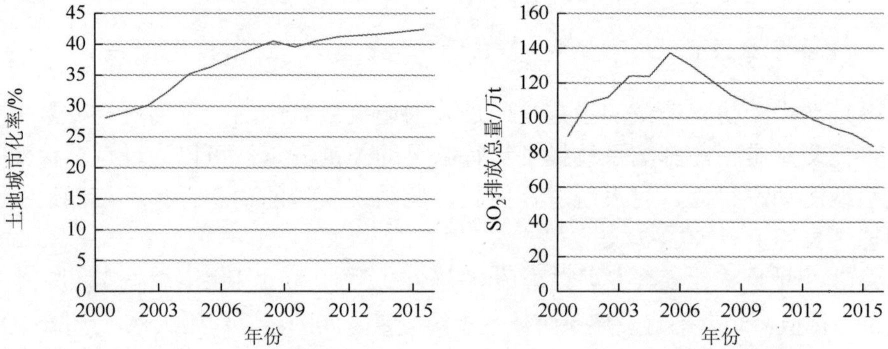

(e) 土地城市化率　　(f) SO_2排放总量

图 6-4　人口-土地城市化耦合系统重要参数变化情况（2000～2015 年）

二、多情景耦合发展趋势模拟

1. 不同仿真情景

情景Ⅰ：维持当前的经济社会发展态势，在 2016～2030 年 GDP 年均增长率为 7.5%，SO_2 年均排放增长率维持在–0.05%，人均城镇建设用地面积参照土地利用总体规划目标值 125m^2/人（表 6-3）。

情景Ⅱ：在经济新常态背景下加大供给侧结构性改革力度，进一步提高土地集约利用水平，实现经济发展方式从规模速度型转向质量效率型，同时进一步降低 SO_2 排放增长速度，推动自然经济协调发展。GDP 年均增长率在 2016～2030 年保持 7%的水平，SO_2 年均排放增长率有所下降，为–0.06%，人均城镇建设用地面积减少至 115m^2/人（表 6-3）。

情景Ⅲ：在生态文明建设背景下，坚持人口资源环境相均衡、经济社会生态效益相统一，推动土地利用方式向集约化生态化转型，减少气体污染物的排放，以系统化思维落实江苏省功能区战略，统筹区域协调发展。在 2016～2030 年 GDP 年均增长率为 7%，SO_2 年均排放增长率进一步下降为–0.07%，人均城镇建设用地面积进一步减少至 110m^2/人（表 6-3）。

表 6-3　不同情境下重要参数设置

情景模式	GDP 年均增长率/%	SO_2 年均排放增长率/%	人均城镇建设用地面积/(m^2/人)
情景Ⅰ：维持现状	7.5	–0.05	125
情景Ⅱ：集约用地	7	–0.06	115
情景Ⅲ：生态优先	7	–0.07	110

2. 耦合发展趋势预测

在不同仿真情景中，将相关参数带入耦合发展模型，得到人口-土地城市化耦合发展趋势预测结果。如表 6-4 所示，维持现状、集约用地和生态优先三个情景下，人均 GDP 均能达到 25 万元/人的目标值；在维持现状情景下，单位建设用地二、三产业增加值低于 16 亿元/km^2 的目标值，单位 GDP SO_2 排放量明显高于 0.40kg/万元的目标值；集约用地情景下的预测结果与目标值基本相当；生态优先情景因为对 SO_2 年均排放增长率做了进一步的限制，能够达到三项 2030 年的目标值。

综上来看，情景Ⅰ由于未对人均城镇建设用地面积和 SO_2 年均排放增长率做调整，仅仅实现了经济发展目标，而并没有实现资源利用和生态建设目标；情景Ⅱ在 GDP 增速放缓的情况下，考虑到了对人均城镇建设用地面积和 SO_2 年均排放增长率进行一定控制，三项发展目标基本实现；情景Ⅲ以生态保护优先，进一步对 SO_2 年均排放增长率进行削减，完全能够实现三项发展目标。

表 6-4 江苏省人口-土地城市化耦合发展趋势预测结果

情景模式	人均 GDP /(万元/人)	单位建设用地二、三产业增加值/(亿元/km^2)	单位 GDP SO_2 排放量 /(kg/万元)
2030 年目标值	25	16	0.40
情景Ⅰ：维持现状	26.85	15.69*	0.45*
情景Ⅱ：集约用地	25.38	16.12	0.41*
情景Ⅲ：生态优先	25.38	16.86	0.36

*表示未实现 2030 年目标值。

2015 年全省城市化率已接近 70%，根据不同阶段人口-土地城市化异速生长系数与城市化水平之间的相互关系，异速生长系数仍将保持增长直至顶峰，表现为土地城市化增长率继续增加、人口城市化增长率持续下降。快速城市化带来了人口和产业高度集聚，激发了对建设用地的需求，随着全省开放型经济的进一步发展，外来人口将持续增加，给土地资源的空间配置带来更大压力。新增城镇人口不断向大城市尤其是特大城市高度集中，一些大城市已经出现了超越资源环境承载能力的过度扩张状态，交通拥堵、房价高昂、环境质量下降等“大城市病”凸显，而众多小城市和小城镇虽有资源环境承载能力，但由于缺乏产业支撑和就业岗位，人口吸纳能力严重不足。一些城市边界扩张速度过快，部分大城市主城区人口压力偏大，与资源环境承载能力的矛盾逐步加剧。江苏省作为我国资源环境硬约束和土地利用结构性矛盾突出的省份之一，对推动国土空间利用方式向集约化生态化转型的需求最为迫切，经济新常态背景下如何跨越从高速增长到高质量发展的拐点是江苏省面临的现实问题。

面对人多地少的省情实际，2014 年起江苏省在全省全力实施“空间优化”“五量调节”（控制总量、优化增量、盘活存量、用好流量、提升质量）和“综合整治”节约集约用地三大战略，整合建立一整套行之有效的节约集约用地制度体系，实现节地水平和产出效益双提升（简称“双提升”行动计划），在更高层次上探索建立具有江苏特色的节约集约用地模式，着力形成规模集中、要素集聚、产业集群、用地集约、效益集显的新格局。“十二五”期间，全省单位 GDP 建设用地占用规模由 2010 年的每亿元 780.8 亩①下降到 2015 年的每亿元 560.0 亩，下降了约 28.3%；建设用地地均 GDP 产出水平由 2010 年的每亩 12.8 万元增长到 2015 年的每亩 18.0 万元，增长了约 40.6%。至 2017 年，江苏省存量建设用地供应占比已经过半。近年来，江苏省积极构建国土资源保护、保障、调控新机制，以“双提升”行动计划为路径的节约集约用地战略取得了显著成效，为“强富美高”新江苏建设提供了有效的国土资源保障。

第三节　典型城市人口-土地城市化耦合发展趋势模拟

结合人口-土地城市化耦合发展不同模式、江苏省城镇体系规划不同空间组织单元和“1 + 3”重点功能区的空间格局，选取苏州、南通、徐州和淮安四个典型城市分别模拟人口-土地城市化耦合发展趋势。

一、典型城市耦合模型发展目标

结合人口-土地城市化耦合发展划分的土地城市化过度超前型、土地城市化超前型、人口-土地城市化同步型和土地城市化滞后型四个不同模式，《江苏省城镇体系规划（2015—2030 年）》中“一带两轴”和点状发展地区的空间组织单元，以及最新提出的“1 + 3”重点功能区的空间格局，选取苏州、南通、徐州和淮安为典型城市，分别模拟人口-土地城市化耦合发展趋势（表 6-5）。

表 6-5　典型城市选取情况

典型城市	人口-土地城市化耦合发展模式	城镇体系规划网络化空间格局	“1 + 3”重点功能区
苏州	土地城市化过度超前型	沿江城市带	扬子江城市群
南通	土地城市化超前型	沿海城镇轴	沿海经济带
徐州	人口-土地城市化同步型	沿东陇海城镇轴	淮海经济区中心城市
淮安	土地城市化滞后型	点状发展地区	江淮生态经济区

① 1 亩≈666.7m^2。

根据《江苏省城镇体系规划（2015—2030年）》对于2030年沿江城市带、沿海城镇轴、沿东陇海城镇轴和点状发展地区的主要发展目标，四个典型城市到2030年的耦合发展趋势目标值见表6-6。

表6-6 典型城市耦合发展趋势目标值

指标	苏州		南通		徐州		淮安	
	2015年	2030年	2015年	2030年	2015年	2030年	2015年	2030年
人均GDP/(万元/人)	13.67	30.00	8.42	23.00	6.15	23.50	5.65	22.50
单位建设用地二、三产业增加值/（亿元/km²）	5.67	25.00	2.48	13.00	1.82	15.00	1.33	13.00
单位GDP SO_2排放量/（kg/万元）	1.04	0.42	0.96	0.40	1.95	0.39	1.62	0.32

二、典型城市耦合发展趋势模拟

1. 典型城市耦合模型参数设定

典型城市2000～2015年涉及的GDP增长率、二、三产业增加值比重、人口城市化率、人均城镇建设用地面积、土地城市化率和SO_2排放总量六个重要参数变化情况如图6-5所示。

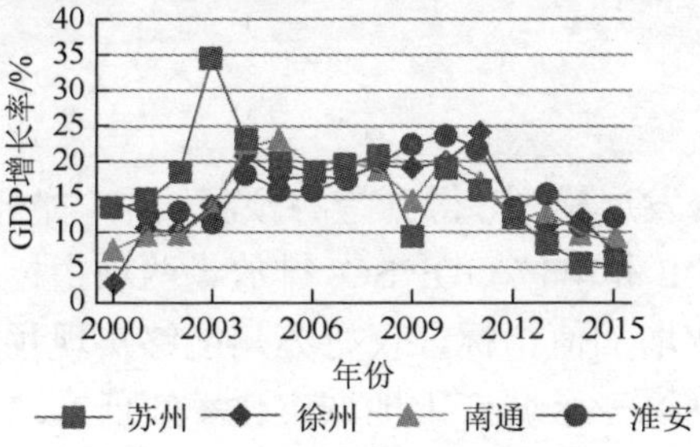

(a) GDP

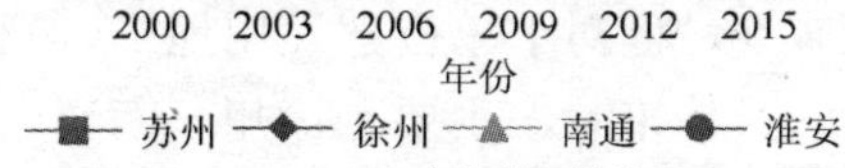

(b) 二、三产业增加值比重

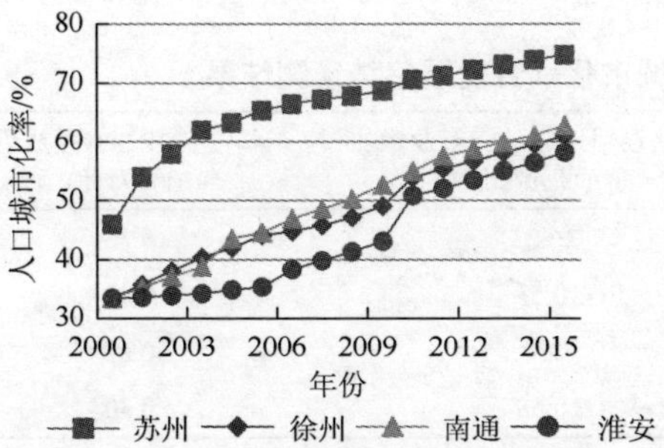

(c) 人口城市化率

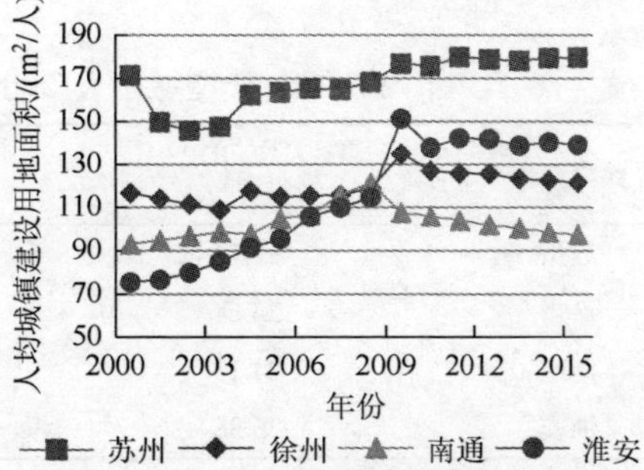

(d) 人均城镇建设用地面积

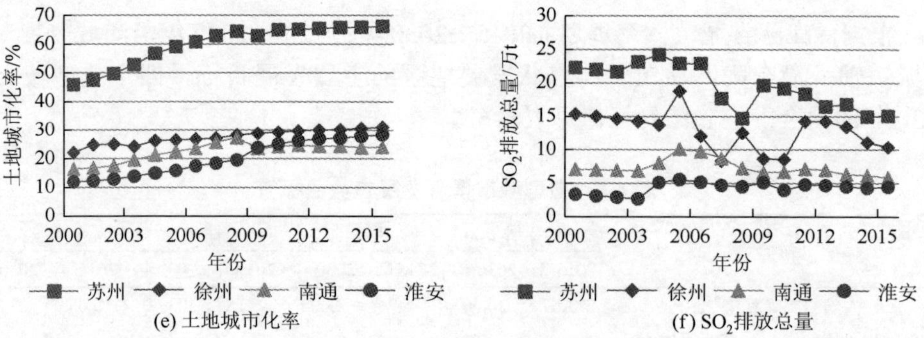

图 6-5　典型城市人口-土地城市化耦合系统重要参数变化情况（2000～2015 年）

根据各个指标变化趋势，拟定 2030 年典型城市的参数值如表 6-7 所示。

表 6-7　典型城市耦合发展重要参数值

典型城市	GDP 增长率/%	SO_2 排放增长率/%	人均城镇建设用地面积/(m^2/人)	二产比重/%	三产比重/%	人口城市化率/%	土地城市化率/%
徐州	8.5	−5.5	110	42	52	80	40
苏州	7.0	−8.3	100	23	76	88	72
南通	9.0	−7.7	110	32	62	82	35
淮安	10.0	−5.5	130	32	60	80	46

2. 耦合发展趋势分析

将相关参数带入不同典型城市的耦合发展模型，得到趋势预测结果。如表 6-8 所示，到 2030 年四个典型城市在人均 GDP 和单位 GDP SO_2 排放量两项指标上均能实现，但对于单位建设用地二、三产业增加值指标，仅有苏州能够实现预期目标。具体来看，主要是徐州、南通、淮安这三个城市土地城市化率较低，这与人口城市化与土地城市化耦合发展模式密切相关。

表 6-8　典型城市人口-土地城市化耦合发展趋势预测结果

典型城市	人均 GDP/(万元/人)	单位建设用地二、三产业增加值/(亿元/km²)	单位 GDP SO_2 排放量/(kg/万元)
苏州	32.75	26.23	0.33
徐州	24.64	10.53*	0.33
南通	24.13	8.80*	0.22
淮安	26.25	10.68*	0.30

* 表示未实现 2030 年目标值。

另外，从城镇化发展现状特征来看，苏州城乡发展一体化进程加快、土地资源紧缺、环境压力大，徐州经济社会发展水平不高、县域经济较弱、中部地区缺乏强有力的中心城市带动，南通中心城市辐射带动力弱、港口功能有待提升，淮安城镇密度较低、农业发展条件好，但生态系统脆弱、生态功能特殊。今后一个时期，应结合“1＋3”重点功能区的发展目标，将苏州打造成为我国基本实现社会主义现代化的先行区，重视发展壮大徐州的实体经济，将南通培育成为我国东部地区新的经济增长极，把淮安培育成为我国生态经济创新发展先行区。

第七章　人口与土地城市化调控策略

第一节　总体调控措施

一、人口城市化调控

目前，江苏省农村人口向城镇流动的户籍流动的限制逐渐减少，但附着在户籍之上的城镇社会保险、医疗、教育等基本保障和公共服务制度尚未完全向农民覆盖，难以全面保障进城农民的“市民”权益，这些一直以来都是制约城乡社会事业发展一体化的主要因素。此外，一定程度上带有城乡区别的就业政策和多元结构的劳动力市场依然存在，城市较高的房价也是农民进城落户的现实“门槛”。因此，全省各地应根据不同的城市规模和经济社会发展实际，有步骤、分阶段地加大户籍制度改革力度，加快城镇农民工就业制度、社会保障制度和住房制度等配套改革步伐，促进符合条件的农业转移人口在城镇落户、向非农产业转移，并逐步享有与当地城镇居民同等的公共服务待遇与保障。

1. 推进户籍管理制度改革

依据国际上通行的按常住地登记户口的原则，全面推行居住证制度。逐步把长期在城镇工作生活的农民作为户籍改革的重点，依据城市的不同层次和规模，制定人口迁移与户籍管理政策。中小城市根据实际情况放宽外来人口的准入条件，建议除外来人口数量比例较高的苏南县级市城区外，其余县级市、县城镇可凭合法固定住所和稳定职业落户；县城以下小城镇可以完全放开户籍登记，敞开吸纳周边乡村的农业转移人口；特大城市、大城市，应合理控制人口规模，改进人口管理，出台鼓励性政策，放宽高层次人才和优质劳动力落户条件。

逐步剥离附加在户籍制度之上的就业、住房、社会福利等方面的社会管制功能。外来人员凭居住证可在职业介绍、劳动用工、疾病预防、计划生育、子女入学、社会保障、职称评定、劳模评选、领驾照办车证、申报专利申报科技奖等多方面基本享受与市民同等的待遇，为进城务工人员创造一个由农民向城镇居民转变的制度环境。在此基础上，具有居住证的外来人员，居住满一定时间，符合一定条件，即可逐步取得所在城市户籍。

2. 加快配套保障制度改革

要解决尚未取得居住证的农民工及广大农村群众的基本保障问题，应当加快推进城乡一体化的就业制度、社会保障制度和住房制度配套改革。加快建立城乡统一的人力资源市场，将农民进城就业纳入整个就业服务体系。向农民工免费提供就业信息、就业指导和职业介绍服务，加强农民工转移就业培训，促进已转移的农村劳动力逐步转化为产业工人。强化人力资源市场监管，切实保护广大劳动者尤其是农民工的合法权益，尽快实现城乡劳动就业同工同酬。同时，推进城乡住房制度改革，着力解决进城务工农民居住问题。加强现行城镇住房保障政策创新，支持符合条件的进城农民购买城镇经济适用住房或租用廉租房，鼓励农民工所在企业建设农民工宿舍。对于城镇农民工集聚地区的城郊村、城中村改造，应以逐步配套基础设施和环境综合整治为主；成片拆建的地区，要充分考虑农民工的居住安排问题。有条件的地方，在农民自愿的前提下，积极引导农民以农村宅基地和住房置换城镇住房，推动农民进城落户。

二、土地城市化调控

江苏省人多地少、耕地资源稀缺，随着工业化、信息化、城镇化和农业现代化同步加快推进，建设用地供需矛盾日益突出，耕地保护难度不断加大。这就需要适度控制城镇建设用地规模，优化城乡用地布局，积极开展城镇低效用地再开发，不断提高城镇用地的集约利用水平。

1. 适度控制城镇建设用地规模

落实建设用地管制边界和管制区域，实行土地用途管制制度，认真执行各项空间管制规则，强化土地利用总体规划和土地利用年度计划对农用地转用的控制，加强农用地转用审批的规划和计划审查，凡不符合规划、没有农用地转用年度计划指标、不符合国家产业政策和供地政策的，不得批准用地。积极推进计划差别化、精细化管理，努力化解土地供需矛盾，保障科学发展用地。

2. 优化城乡用地布局

通过科学布局城乡建设用地，实现集中集聚集群发展，促进产业结构升级转型。结合实施主体功能区规划，统筹布局各类产业，明确各市县、开发区和功能板块的主导功能定位、主导产业类型，避免同质竞争、重复建设、盲目发展。积极开展城乡建设用地增减挂钩，改善农村居住环境与农民生活水平，提高城乡建设用地集约利用水平，有效缓解建设用地供需矛盾。

3. 建立完善建设用地集约利用的激励和约束机制

科学调整耕地开垦费征收标准，建立耕地保护长效机制；对土地利用效率低、盘活存量建设用地不力的，要控制其新增建设用地规模；因地制宜适度调整农用地征用补偿安置费用，提高使用增量土地的成本；新上项目要首先利用存量土地，凡有闲置土地的，原则上不得安排使用增量土地；鼓励存量建设用地挖潜，对利用城镇存量土地进行建设的，可以适当减免城市基础设施建设配套费；积极发挥税收的杠杆作用，加强土地闲置费征收工作，增大土地保有成本，抑制土地投机与浪费行为，促进土地流转，避免土地闲置。

4. 积极开展城镇低效用地再开发

由于多种原因，现有城镇建设用地利用不合理、低效率的问题较为突出，加大了经济社会发展对土地资源的消耗，制约了土地利用方式和经济发展方式的转变。贯彻落实党的十八大提出的节约集约利用资源、转变资源利用方式的要求，推动城镇低效用地再开发利用，有利于促进节约集约用地和保护耕地，有利于提升城镇化质量和扩大内需，保障和促进科学发展。

结合国土资源部关于印发《关于深入推进城镇低效用地再开发的指导意见（试行）》的通知的要求，建议采取多种方式推进城镇低效用地再开发，鼓励原有土地使用权人、农村集体经济组织、市场主体开展和参与城镇低效用地再开发，统筹兼顾低效用地再开发各方利益，完善城镇低效用地再开发各类历史遗留用地手续，积极稳妥地推进城镇低效用地再开发。

三、人口与土地城市化统筹协调

1. 建立城乡统筹协调机制

（1）稳步推进农村土地管理制度改革。切实做好农村土地整治工作，完善农村土地使用权流转。一方面促进土地向适度规模经营集中，推动农业现代化发展，以优化土地资源配置，利用土地整理增值收益推动农村建设和集体经济发展，让农民分享土地增值收益；另一方面促进土地资源在城乡间的自由流动，做到发展空间支持城市和工业、增值收益用于农村和农民，并与户籍制度改革相配合，解决农村人口迁入城镇的建设用地需要。

探索建立农民承包地经营权与宅基地使用权有偿退出制度。加快农村土地和农民住宅确权登记发证，依法赋予农民长久、充分而有保障的土地使用权。拓宽农村土地承包经营权流转渠道，促进土地承包经营权向种养大户、家庭农场和农民合作经济组织等集中，加快发展农业适度规模经营。坚持农民自愿的原则，加快推进“两置换一转化”，即土地承包经营权置换城镇社保、宅基地和住房置换城镇住房、农民身份转化为城镇居民身份，解决人口与土地的关系，促进农民向市民转变。

规范开展城乡建设用地增减挂钩试点。农村建设后节余的建设用地指标优先满足农村人口迁入城镇的建设用地需要。鼓励进城农民将土地承包经营权、宅基地采取转包、租赁、互换、转让等方式进行流转，按照“地随人走”“占一补一”的办法，实行跨地区建设用地和耕地占补平衡，推动农民有序转为城镇居民。

探索建立城乡统一的建设用地市场，实现城乡土地产权对等。积极开展农村建设用地市场化试点，充分发挥市场对土地配置的基础性作用。研究探索经营性用地由农民与开发商直接谈判进行市场化交易、公益性用地由农民与政府有关部门直接谈判以市场价格为基础进行补偿的制度创新，政府不再参与土地收益的直接分配，而主要通过税收的形式间接分享。

（2）深化行政管理体制改革。江苏省的行政管理体制采用省-市-县-乡（镇）四级制，行政层级多，降低了行政效率，且权责关系不顺，束缚了地方经济和社会事业的发展。城乡建设一体化的新形势对传统行政管理体制改革提出了新的要求，迫切要求依法有序扩大经济发达镇的行政管理权，将层层上报的议事模式转变为高效、灵活的自主型行政体制，增强镇政府的经济管理、社会管理和公共服务能力，激发镇域更大的发展活力。

对于大城市周边的试点镇，可以撤销镇建制，将其归并为大城市的市辖区；不设区的市和区政府所在地，可逐步撤销镇建制，设立街道办事处；鼓励符合条件的试点镇与当地省级经济技术开发区合署办公，探索“区镇合一”行政管理体制；对于其他试点镇，探索采取直接放权、委托执法、联合执法、派出机构办理等方式，依法赋予其县级发展决策、项目审批、社会管理、综合执法和检查特许等行政管理事项及权限，合理设置综合部门。

根据实际人口管理规模，合理确定各级政府的财政分配关系。各市公共财政最大限度地向试点镇倾斜，在试点镇范围内收取的税费和土地出让金，除规定上缴中央的部分外，地方留下的部分可向试点镇倾斜；允许试点镇参照县城标准征收绿化管理、垃圾处理、污水处理等相应费用，所收费用全部用于试点镇的城镇建设管理。

2. 建立区域统筹协调机制

（1）统筹区域性规划编制。以省政府为主导，由省建设部门牵头，国土、交通、水利、环保等部门相配合，依据省域城镇体系规划的要求，编制城市带、都市圈、城镇轴及其他需要加强区域协作地区的空间规划。统一编制区域性基础设施建设规划，妥善处理区域性设施建设与城镇空间布局、经济社会发展的关系，协调城市间交通、电力、通信、能源、水利等重大基础设施建设与布局安排。统一规划布局区域性市场、物流中心、旅游和大型公共基础设施项目。统筹制定区域性生态功能区划，编制重点地区生态环境建设与合作方案，建立生态环境安全保障和预警机制。

加强省、市之间的规划协调。省级部门在编制区域性规划时，应征求有关城市人民政府意见。有关城市人民政府要根据城市带、城镇轴、都市圈发展规划和区域性专项规划，完善城市总体规划、城市土地利用规划、产业发展规划及相关专项规划的编制，并加强与相邻城市的规划编制，统筹推进相邻地区的建设规划。

（2）推进重大基础设施跨行政区建设。区域基础设施网络是城市群空间结构的骨架和血脉，是城市和城乡之间人流、物流、信息流的通道，因此，需要超前进行区域基础设施建设。推进区域基础设施跨行政区建设、管理和运营，实现基础设施的共建共享，有利于节约建设成本、提高运行效益、推进区域协调发展和城乡发展一体化。

建立邻近城市及市县之间共建城际多通道快速交通、区域一体化运输枢纽和道路网络的协作机制，推进交通体系全面对接，形成网络完善、开放便捷的区域综合交通运输体系。进一步加大政策支持，鼓励区域城乡统筹供水、统筹垃圾处理、共同治理污水、共同防洪防涝，完善相应的设施与网络建设，实现市政基础设施在区域城乡之间的无缝对接。

鼓励相邻城市在邻接地区共建共享高等级医院、大型文娱设施和名校分校，形成辐射相邻地区的城乡基本公共服务中心，避免重复建设，扩大和提高优质资源和高等级设施的辐射面和利用率，提高区域一体化的公共服务水平。共建区域内城市医疗卫生信息服务平台，开展异地就医管理服务协作，并构建协同处理突发公共卫生事件和重大传染病的联防联控网络。

统筹区域一体化的绿地生态系统建设，加快区域环境保护自动监测网络建设。统筹开展区域水源地保护，以及区域湖泊与河道综合整治，重点解决水资源的跨界污染问题；建立健全区域大气污染联防联控机制，着力建设区域二氧化硫和酸雨信息的联合监测、管理和发布平台。

第二节　不同耦合模式地区调控措施

一、土地城市化过度超前型地区调控措施

1. 构建现代产业体系

深入实施创新驱动核心战略，按照“调高调轻调优调强”的思路，深化产业结构

调整，形成以现代服务业为主体、战略性新兴产业和先进制造业为支撑、现代农业为基础的现代产业体系，着力增创产业发展新优势，显著提高经济发展的质量和效益。

2. 推动区域一体化发展

强化中心城市辐射带动功能，做强做大节点城市，加强县城镇和重点镇建设，形成以中心城市为支撑、中小城市为依托、小城镇为纽带的城镇发展格局。推动区域同城化发展，加强重大基础设施对接、产业合作和公共事务协作管理，推进相邻乡镇共建共享；加快城市群建设，强化产业分工协作和公共服务共享，实现一体化发展。加强重大基础设施对接、产业合作和公共事务协作管理，强化产业分工协作和公共服务共享。引导城市由外延扩张为主向内涵提升为主转变，进一步拓展中心城市综合服务功能，塑造城市产业和文化特色，建设现代化功能设施，营造高品质创业宜居环境。

3. 完善城乡发展一体化机制

建立健全城乡规划、产业发展、基础设施、公共服务、社会管理一体化的城乡统筹长效机制。以县域空间为整体统筹城乡规划编制，构筑城乡互动产业链，加快城市公共交通、供气供水、垃圾和污水处理、宽带网等基础设施向农村延伸；实现城乡劳动就业创业服务共享、就业机会均等，推进城乡居民医疗保险、养老保险和最低生活保障制度全面并轨。推动城乡生产要素合理流动，引导农村土地承包经营权有序流转，建立城乡统一的建设用地市场。加快农业转移人口市民化，以稳定住所、稳定职业为基本条件，引导非农产业和农村人口有序向中小城市和建制镇转移，保障农业转移人口享有与市民和当地城镇居民同等基本公共服务。

二、土地城市化超前型地区调控措施

1. 培育特大城市，壮大县域经济实力

中心城市发展对区域发展具有重要的辐射带动作用，围绕形成人口规模超100 万的特大城市，进一步完善城市规划，加快基础设施建设，提升城市功能，促进人口和产业集聚，提高城市的综合竞争力，强化区域性中心城市地位。壮大县域经济实力，围绕形成中等城市，以高速化、立体化、网络化为重点，健全区域交通体系，完善城镇公共设施。要发展以市辖区和县城镇为中心的中小城市，使其成为整个城市体系中的骨干，发挥主导作用；加快小城镇建设步伐，提高小城镇水平，促进农业产业化建设，加快农村劳动力转移，有效推进农村城镇化、实现农业现代化。

2. 加快发展城市经济，加速产业聚集

加快工业的结构调整和优化升级，既要采用高新技术和先进适用技术，加快能源、原材料、基础化工及船舶、建材等传统产业的技术升级，又要加快发展电子信息、生物工程和新材料等高新技术产业，形成工业发展新的增长点；另外，还要考虑农村劳动力转移的情况，适度发展劳动密集型产业，增强吸纳农村剩余劳动力的能力。同时，大力发展高效、生态、外向现代农业，实施一批高效农业工程，建成重要的农产品生产加工基地、出口基地和农业观光休闲基地，实现由传统农业向现代农业的跨越。

三、人口-土地城市化同步型地区调控措施

1. 打破行政壁垒，建立完善的市场体系

各地区应汲取发达地区成功引资的经验教训及发展地方经济的思想理念，强化协作意识，改善合作环境，打破地方政府的地方保护主义壁垒，建立统一的市场体系，切实解决好要素集聚问题，避免低水平重复建设。各地区应特别重视要素市场建设，增强对各种生产要素的集合力，遏制当前要素外流的势头，引导各种生产要素在经济区内合理流动（李广，2011）。

2. 加强产业结构调整，形成合理的城市分工体系

科学确定各地区的比较优势，重点发展优势产业和特色产业，提高产业集中度，在整体上形成错位发展、优势互补的态势，促进形成合理的生产体系，有效促进区域经济的整体发展。

3. 壮大核心城市，提高核心城市的带动力

借鉴我国其他经济区区域中心城市建设的经验，培育区域增长极，强化一体化发展，全力推动区域核心城市优先发展，促进生产要素、资源、人口向核心城市集中，做大做强核心城市，发挥核心城市的规模效益和集聚效益（蒋涛和刘海荣，2010），更好地发挥核心城市的带动作用。

四、土地城市化滞后型地区调控措施

1. 加大文化扶贫力度，开展农村人力资源开发

与发达地区的人口本地城市化、就地城市化不同，欠发达地区人口异地城市

化显著，存在一定程度上的脆弱性，劳动力素质已成为异地城市化的主要制约因素（俞万源，2007）。因此，加大文化扶贫力度、提升教育发展水平、开展农村人力资源开发是欠发达地区人口城市化发展的一项迫切任务。开展教师、校长分级轮训，同时加大省级培训力度，整合资源，加快发展职业教育，鼓励结对合作，提升办学水平，引进、培养经济社会发展急需的紧缺人才，强化产业创新团队建设，为推进区域城市化进程提供人力资源支持。

2. 加快新型工业化步伐，促进人口本地城市化

欠发达地区应抓住产业转移和重大基础设施条件改善的机遇，加快工业化进程。在继续加强基础产业，重点发展信息化、资本技术集约型产业的同时，走一条经济效益好、资源消耗低、环境污染少、人力资源优势得到充分发挥的新路子。充分利用交通、资源等各类优势，不断培育主导产业，提升产业结构，推动企业由低成本竞争向先进技术竞争转变，形成经济规模大、产业链长、就业面广的产业集群。同时，建立经济增长内生机制，大力发展私营经济，改善融资环境，多方位激发生产力发展动力。

通过承接产业转移和发展劳动密集型产业，发展地方经济，以本地工业化取代异地工业化作为带动区域工业化、城镇化、农业产业化进程的新动力，不断增强城市的聚集能力，加速城市化进程，有效增加劳动力需求，促进外出务工人员返乡就业创业，促进劳动力就地转化，推进本土城市化进程。

3. 推进产业集中集聚，优化城乡用地布局

土地利用布局作为生产力布局的重要内容（严金明，2001），要求当前土地供应和利用方式改革应以产业集中区集约用地为重点，创新土地集约节约利用的政策机制。新形势下，欠发达地区应以发达地区土地利用布局发展历程为借鉴，将资源集约利用的“园区经济”作为产业布局的主导方向（王亚华等，2011）。各地应遵循因地制宜的原则，审视自身发展特点与优势，合理确定功能定位，错位发展特色产业，促进城乡协调发展。

县域经济在工业发展上应突破行政区划和城乡界限，将各镇原先零散布局的大小园区优化整合为具有产业集群效应的工业片区；在投资强度上分级设置入园门槛，并在用地指标安排上尽力向入园项目倾斜；凡按规定要求落户工业片区但不落户的项目，原则上发展和改革委员会不立项、国土部门不供地。在工业片区外围布置农业片区，通过建立明晰的考核与财税分成机制，激励各农业片区乡镇将招引项目与原有项目通过“飞地经济”向工业片区聚拢；各片区突出发展特色农业，着力保护生态环境，控制城镇规模和工业用地，积极撤并

农村居民点，促进人口向中心城市和城镇集中。特色鲜明、优势互补、功能完善、错位发展的区域空间布局体系的构建，一方面可以形成优势板块有效带动区域经济发展的良好格局，加快新型工业化进程；另一方面可为各乡镇发展适合自身特色的优势产业创造空间，推进城镇化，统筹城乡发展，实现区域生产力布局趋向相对均衡与合理（胡健等，2008）。

第八章 结 语

本书以人口城市化与土地城市化为研究对象，通过对国内外相关研究与理论方法进行梳理，借助地理学综合集成的思想，对人口-土地城市化耦合发展的“格局—过程—机制—趋势”进行了研究。结合对江苏省人口城市化、土地城市化演化格局及其变化特征的分析，揭示人口-土地城市化耦合发展的一般过程，归纳发达地区和欠发达地区耦合发展模式与机制，从全省和典型城市两个尺度模拟人口-土地城市化耦合发展趋势，并针对上述研究中反映出的特点与问题，提出人口-土地城市化耦合发展的调控措施。

第一节 主要结论

1. 江苏省城市化进入快速增长期，省内人口-土地城市化的空间格局表现出明显的区域差异

（1）中华人民共和国成立以来，江苏省人口城市化速度超常规发展，“半城市化”现象较为明显，人口城市化演化引发了城镇体系结构的变动，其中外来人口在人口城市化进程中扮演了重要角色。

中华人民共和国成立以来，江苏省人口城市化经历了缓慢增长、初步提升和快速发展三个阶段。随着改革开放的不断深化，城市化也随之进入了快速的发展阶段，江苏省城市化水平由 20%（1986 年）上升至 60%（2010 年），只用了 25 年的时间，城市化速度超常规发展，大大快于世界发达国家城市化高速增长期的速度。同时，全省城市化进程中“半城市化”现象较为明显。2010 年全省非农业人口占户籍总人口的比重为 50.77%，与城市化水平（60.6%）相差 9.83 个百分点，非农业人口与城镇人口相差 976.87 万人，也就是说，2010 年全省城镇常住人口中有近 1000 万人为农业人口，没有真正城市化。

外来人口在人口城市化进程中扮演了重要角色。根据“五普”“六普”数据，2000 年、2010 年全省流入人口数量分别为 909.98 万人和 1822.86 万人，占总人口的比重分别为 12.46%和 23.16%，十年间流入人口及其占总人口的比重均增长了一倍。江苏省经济社会发展水平不断提高，影响范围不断扩大，人口聚集与吸纳能力不断增强，省外流入人口由 2000 年的 251.59 万人上升到 2010 年的 737.93 万人，十年间增长了近 2 倍。

人口城市化演化引发了城镇体系结构的变动。江苏省乡镇企业的蓬勃发展带动了百万农民向非农产业大转移，农村城镇化取得突破性进展，催化了新城镇的兴起，到 2000 年小城镇发展到历史上最为鼎盛的时期。21 世纪初期，江苏省将城市化战略确立为促进区域发展的“五大战略”之一，大中城市发展速度逐渐加快，小城镇数量明显减少，城市规模等级稳步提升。

（2）改革开放以来，受不同时期政策影响，江苏省土地城市化速度较快，城市空间外延扩张明显，紧凑度不断下降，其中居住与工业用地推动土地城市化快速增长。城镇工矿用地占城乡建设用地的比重较占土地总面积的比重更能直观地表征土地城市化水平，表达土地城市化的内涵。

改革开放以来，江苏省土地城市化经历了乡镇企业发展驱动、外向型经济与开发区建设驱动和城市化战略驱动三个阶段。随着改革开放的不断深化，城市化也随之进入了快速的发展阶段，1996～2008 年，全省城镇工矿用地面积由 2900.682km^2 增至 5963.9503km^2，期间增长了一倍，年均增长 255.25km^2，且增长率受国家宏观政策影响明显。

城镇工矿用地占土地总面积的比重总体水平偏低，地区差异悬殊。而城乡建设用地由城镇工矿用地和农村居民点用地构成，直接反映了建设用地的城乡关系。城镇工矿用地占城乡建设用地的比重较占土地总面积的比重更能直观地表征土地城市化水平，表达土地城市化的内涵。2008 年，全省及苏南、苏中、苏北地区城镇工矿用地占城乡建设用地的比重分别为 39.29%、61.25%、30.98%和 24.56%。

居住与工业用地推动土地城市化快速增长。1991～2010 年的新增城市建设用地面积中，居住用地和工业用地分别增加 754.04km^2 和 668.73km^2，分别占新增城市建设用地面积的 28.74%和 25.48%，二者的增加规模占新增城市建设用地面积的一半以上，成为土地城市化快速增长的主要用地类型。

随着经济社会的快速发展，全省城市规模不断扩张，外延扩张明显，其中省会城市南京的建成区规模一直领跑全省，20 年间增长了 3 倍；1996 年新成立的泰州、宿迁两市，建成区规模更是迅速扩张，20 年间的增长幅度分别达到 319.35%和 525.00%。同时，城市空间紧凑度不断下降，其中降幅最明显的是苏北地区，降幅达到 43.29%，反映出三大区域的城市空间扩张程度与其经济发展水平成反比。

（3）江苏省人口-土地城市化演化空间分异明显，苏南地区城镇发展呈多中心网络结构，正在形成城市群；苏中地区逐渐形成沿江、沿启扬高速的轴线发展模式；苏北地区总体呈多核结构。

运用客讷尔密度分析方法研究全省人口-土地城市化时空演化格局，其中，25km 的搜索半径清晰地反映出 63 个县级评价单元城市规模结构在空间上的连续变化，50km 的搜索半径则直观地反映出全省城市规模分布密集地带的形成与扩张，较好地解释了全省城市规模等级的时空演化过程。

全省人口-土地城市化演化空间分异明显，城镇发展南部差异大，中心城镇分布南密北疏。从不同地区看，苏南地区城镇发展呈多中心网络结构，正在形成城市群；苏中地区逐渐形成沿江、沿启扬高速的轴线发展模式；苏北地区总体呈多核结构。

2. 基于异速生长系数的人口-土地城市化的一般过程表现为先增长后下降的曲线，并从县级尺度对其所处的耦合发展阶段进行了划分

（1）异速生长系数在城市化进程上的变化表现为：当城市化率低于40%时，表现为负异速生长；当城市化率接近40%时，异速生长关系由负转正；城市化率在40%～60%时，正异速生长系数增长放缓；当城市化率发展到65%～75%时，异速生长系数达到峰值；当城市化率超过75%时，呈持续回落趋势。

运用SPSS16.0软件，对人口与土地城市化的演化曲线进行相关函数拟合，其中指数函数和Logistic函数得到的演化曲线的拟合结果均通过F检验和t检验，且检验结果一致，可以认为江苏省的人口城市化和土地城市化演化曲线符合Logistic模型的要求，即表现为Logistic曲线的形式。

采用城市化发展的变化率作为江苏省人口与土地城市化发展阶段划分的依据，城市化曲线的波峰和波谷即代表城市化发展速度的转折变化。将人口与土地城市化波动曲线进行叠加分析，全省人口-土地城市化增长率变化曲线大致以1995年、2000年和2002年为时点划分为4个阶段：人口城市化快于土地城市化、土地城市化快于人口城市化、土地城市化快于人口城市化的程度进一步加深、土地城市化快于人口城市化的程度有所减弱。理论上人口-土地城市化耦合过程将经历由人口城市化较快向土地城市化较快的转变，在土地城市化较快的过程中，土地城市化快于人口城市化的程度还将经历由强变弱的阶段。

异速生长模型的引入为评价二者在耦合发展过程中的快慢关系提供了依据。根据以10%为区间的、城市化进程7个阶段的异速生长系数得到的人口-土地城市化耦合发展过程曲线，异速生长系数的变化可以分为4个阶段：第一阶段，当城市化率低于40%时，人口城市化快于土地城市化，表现为负异速生长，但异速生长系数增长较快；第二阶段，当城市化率接近40%时，异速生长系数突破1，异速生长关系由负转正，城市化率在40%～60%时，土地城市化快于人口城市化，但异速生长系数提高速率减缓；第三阶段，当城市化率发展到65%～75%时，异速生长系数又进入一轮提高期，并达到峰值；第四阶段，当城市化率超过75%时，异速生长系数呈持续回落趋势，但仍维持在正异速生长关系。

研究表明，异速生长系数的变化过程与人口-土地城市化增长率变化趋势是保持一致的。这不仅验证了对人口-土地城市化过程四阶段的推论，也从人口-土地城市化增长率变化的角度解释了人口-土地城市化异速生长系数变化的原因。

（2）通过研究城市用地增长弹性系数及其人口-土地城市化增长指数，全省不同地区地级市市辖区、县域的耦合类型可归纳为中心型、集聚型、均衡型和过渡型四类，不同地区在由低级到高级的城市化进程表现为：苏北地区的县域、苏北地区的市辖区、苏南地区的县域和苏中地区的市辖区、苏南地区的市辖区。

城市用地增长弹性系数是常用的一项衡量城市用地扩展及变化趋势情况的指标。从全省及13个地级市1991～2010年的城市用地扩展来看，全省城市用地增长弹性系数为1.37，高于1.12的阈值，说明整体而言全省土地城市化快于人口城市化，这与通过异速生长系数得到的全省人口-土地城市化耦合过程结论一致。从13个地级市来看，弹性系数最高的是苏州，高达2.11；弹性系数最低的是宿迁，仅为0.78。

本书从县级尺度研究13个地级市市域内部弹性系数，将全省县级行政单元统一到2010年的行政区划，统一划分为地级市市辖区和县域2个类型。对1991～2000年和2001～2010年13个地级市市辖区、县域的人口城市化增长指数、土地城市化增长指数、城市用地增长弹性系数进行计算，总体可以得到地级市市辖区弹性系数上升、县域弹性系数下降，以及地级市市辖区弹性系数上升、县域弹性系数也上升2个类型。进一步根据地级市市辖区、县域的城市用地弹性系数变化和人口-土地城市化增长指数变化特征，可以将全省13个地级市的人口-土地城市化耦合过程类型分为中心型、集聚型、均衡型和过渡型4大类。中心型城市表现出明显的“强中心-弱边缘”过程，地级市市辖区弹性系数大于1.12后的快速增长与县域弹性系数低于1.12的不断下降显示出截然相反的两个发展趋向，反映出南京、徐州两市区域中心度过高；集聚型城市也表现为地级市市辖区弹性系数跨过1.12增加，但其县域弹性系数变动并不明显，反映出连云港、淮安、盐城、宿迁4市以市辖区发展为主，县域发展较为缓慢；均衡型城市表现为地级市市辖区、县域的弹性系数均跨过1.12增长，其中地级市市辖区始终高于1.12且增长更快，反映出无锡、苏州、常州3市市辖区与县域的城市化水平都较高的特点；过渡型城市表现为地级市市辖区弹性系数跨过1.12增长，但其县域弹性系数增长幅度不大，反映出南通、扬州、镇江、泰州4市县域处于加速发展的阶段。

不同弹性系数类型的人口-土地城市化增长指数反映出城市在人口-土地城市化耦合过程中的演化阶段。结合集聚型、过渡型、均衡型的县域及中心型的徐州的人口-土地城市化增长指数增长情况，可将根据异速生长系数模型得到的人口-土地城市化耦合过程在城市化40%～60%阶段又可分为两个阶段，一个是人口城市化增长指数下降而土地城市化增长指数上升，另一个是人口城市化和土地城市化增长指数均上升，城市化水平节点大致在50%左右。

以城市化进程为视角透视江苏省人口-土地城市化耦合过程，南京的市辖区和均衡型的市辖区均表现为人口城市化增长率下降，而土地城市化增长率提高，因此位于60%～75%的耦合过程阶段；徐州的市辖区、均衡型的县域和过渡型的市辖区表现为人口-土地城市化率提高，均位于50%～60%的耦合过程阶段，当前大多数城市的人口-土地城市化耦合过程均集中在此阶段；集聚型的市辖区和南京的县域表现为人口城市化增长率下降而土地城市化增长率提高，位于40%～50%的阶段；集聚型的县域和徐州的县域表现为人口城市化率上升而土地城市化率下降，位于40%以下的耦合过程阶段。过渡型的县域人口-土地城市化变化率并不统一，整体位于50%以下的人口-土地城市化耦合过程阶段。

3. 人口-土地城市化耦合发展驱动机制可总结为社会力、市场力和政府力，其耦合模式在不同经济发展水平地区又可归纳为滞后型、同步型、超前型和过度超前型

（1）人口城市化与土地城市化之间存在前因后果的逻辑关系，且不同地区、不同经济发展阶段有所不同。通过梳理城市化发展的一般动力机制，分析人口-土地城市化耦合发展的驱动力，由此总结出不同经济发展阶段基于社会力、市场力和政府力三大驱动力及其区域的差异。

传统的回归分析由于自身方法上的缺陷，对时间序列上的经济数据进行相关性分析结果并不理想，本书引入AR模型对人口-土地城市化耦合发展的相互作用关系进行评价。通过协整检验、方差贡献率评价和AR模型及其修正模型的测算，人口城市化对土地城市化的作用程度由1.5021降至1.0294，有所减弱；而土地城市化对人口城市化的作用程度则由0.4390 + 0.3410增至0.9097 + 0.4131，明显加强。在此基础上，研究从城市化的阶段、模式和背景三个角度解析了人口城市化对土地城市化作用关系变化的原因，同时也从集聚、转移和滞后三个效应解析了土地城市化对人口城市化作用关系变化的原因。由此，为构建人口-土地城市化耦合发展系统的框架提供依据。

由于人口-土地城市化耦合系统内部存在内容特征的多样性、动力机制的复杂性和演进过程的动态性，因此，对其驱动机制的研究，实质上是探究耦合发展过程中的共性与个性特征。由此，将驱动机制归纳为社会力的内生作用、市场力的推动作用和政府力的催化作用3方面。具体来看，社会力可表现为城市化发展的内在作用规律，如苏南、苏中、苏北形成分子增加型、分母减少型的城市化类型；市场力反映在经济社会因素的驱动作用，主成分分析发现，交通、投资等要素已经取代人口成为经济发达地区推动城市化发展的重要因素；政府力突出表现在公共政策的制定和相关制度的供给在全省的区域差异，如新增建设占用耕地、补充耕地任务等土地利用总体规划指标在省内不同区域的明显倾斜。

（2）人口-土地城市化耦合发展系统动力机制的复杂性和演进过程的动态性，使得不同地区的耦合发展模式既体现出城市化路径的特殊性，又包含城市化过

程的规律性。本书在梳理发达地区和不发达地区人口-土地城市化耦合发展区域差异的基础上，将全省 13 个地级市的市辖区、县域归纳为土地城市化滞后型、人口-土地城市化同步型、土地城市化超前型和土地城市化过度超前型四类耦合模式。

本书在对不同经济发展水平地区的驱动力进行分析的基础上，选取宿迁、南通、常州和苏州 4 个城市，具体对其人口-土地城市化耦合发展过程进行深度剖析，从而总结出发达地区和欠发达地区耦合发展的模式与机制，进而揭示人口-土地城市化耦合发展的内在机制。

土地城市化滞后型模式通常处于初级产品生产阶段，经济发展水平及城市化水平都较低，人口城市化水平小于 40%且快于土地城市化，城市化水平增长模式属分母减少型，人口城市化对土地城市化作用程度强，异速生长系数小于 1 呈低水平快速提高，社会力、市场力、政府力都较小。典型地区包括徐淮盐连宿五市的县域。

人口-土地城市化同步型模式处于工业化初级阶段，经济发展进入起步阶段，城市化水平率 40%～50%，城市化水平增长模式也属分母减少型，人口城市化对土地城市化作用程度较强，但人口城市化与土地城市化基本同步，异速生长系数逐步提高且由负异速生长转为正异速，政府力、市场力都明显加强。典型地区包括宁镇通扬泰的县域、连淮盐宿的市辖区。

土地城市化超前型模式处于工业化中级阶段，在工业化的推动下经济发展进入加速期，城市化率处于 50%～60%，城市化水平增长模式属分子增加型，土地城市化对人口城市化作用程度增强，土地城市化超前于人口城市化，异速生长系数缓慢提高，社会力这一内生动力明显增强。典型地区包括苏锡常的县域、徐通扬镇泰的市辖区。

土地城市化过度超前型模式处于工业化高级阶段，经济快速发展，城市化率处于 60%～75%，城市化呈现区域化特征，土地城市化对人口城市化作用强，土地城市化超前于人口城市化，异速生长系数增长加快，城市化水平增长模式属分子增加型，社会力、市场力和政府力三种驱动力都较强。典型地区包括宁苏锡常的市辖区。

4. 基于生态优先的人口-土地城市化耦合发展趋势才能完全实现 2030 年全省在经济发展、资源利用和生态建设三个方面设定的目标，但由于省内人口-土地城市化耦合发展模式存在差异，土地城市化水平较低的地区在集约节约用地方面与发达地区仍存在一定差距

（1）通过设立维持当前经济社会发展态势、经济新常态背景下进一步提高土地集约利用水平和生态文明建设背景下推动土地利用方式向集约化生态化转型三

个不同情景，模拟 2030 年全省在经济发展、资源利用和生态建设三个指标上的实现程度，从而甄别科学合理的城市化发展趋势。

维持现状情景由于未对人均城镇建设用地规模和 SO_2 年均排放增长率做调整，仅实现了 2030 年全省人均 GDP 指标 25 万元/人的经济发展目标，而并没有实现资源利用和生态建设目标；集约用地情景在 GDP 平均增长率由 7.5%放缓至 7%的情况下，同时将人均城镇建设用地规模从 $125m^2$/人约束至 $115m^2$/人、SO_2 年均排放增长率从–0.05%调整至–0.06%，人均 GDP、单位建设用地二、三产业增加值和单位 GDP SO_2 排放量三项指标基本能够实现；生态优先情景进一步将人均城镇建设用地面积减少至 $110m^2$/人，同时将 SO_2 年均排放增长率调整至–0.07%，三项指标能够完全实现 2030 年的发展目标。2015 年全省城市化率接近 70%，根据不同阶段人口-土地城市化异速生长系数与城市化水平之间的相互关系，土地城市化增长率将继续增加，人口城市化增长率持续下降。江苏省作为我国资源环境硬约束和土地利用结构性矛盾突出的省份之一，对推动国土空间利用方式向集约化生态化转型的需求最为迫切。因此，把生态文明建设、绿色发展摆在优先位置，就是要坚持人口资源环境相均衡、经济社会生态效益相统一，实现城市化的可持续发展。

（2）结合人口-土地城市化耦合发展模式、江苏省城镇体系规划空间组织单元和“1 + 3”重点功能区，分别选取苏州、徐州、南通和淮安四个典型城市分别模拟人口-土地城市化耦合发展趋势，考核 2030 年典型城市在经济发展、资源利用和生态建设三个指标上的实现程度，为制定差别化的城市化调控措施提供依据。

由于苏州、南通、徐州和淮安四市在“1 + 3”重点功能区内定位不同，人口-土地城市化耦合发展趋势目标值也不尽相同。其中，苏州人均 GDP、单位建设用地二、三产业增加值和单位 GDP SO_2 排放量三项指标的目标值均高于全省平均水平，分别为 30.00 万元/人、25.00 亿元/km^2 和 0.42kg/万元。由于四个典型城市土地城市化超前人口城市化的程度由强到弱依次递减，从经济发展、资源利用和生态建设三项指标的实现程度来看，南通、徐州和淮安三市单位建设用地二、三产业增加值低于 2030 年的目标值，主要是因为土地城市化率偏低。2015 年南通、徐州和淮安三市城市化水平均在 60%左右，根据不同阶段人口-土地城市化异速生长系数与城市化水平之间的相互关系，今后三市土地城市化增长率将持续增加。应通过科学引导农业人口向城镇转移，优化城乡土地资源配置，进一步提高土地城市化率。从不同地区城镇化发展现状来看，徐州经济社会发展水平不高、县域经济较弱；南通中心城市辐射带动力弱、港口功能有待提升；淮安城镇密度较低、农业发展条件好，但生态系统脆弱、生态功能特殊，要以系统化思维落实江苏省功能区战略，统筹区域协调发展。

第二节　创新与不足

一、创新之处

在借鉴、分析、总结前人研究的基础之上，结合实际研究的相关结论，在人口-土地城市化耦合发展的过程、机制、趋势等方面做了一些创新性的工作，创新点如下所述。

1. 从综合集成的视角，对人口与土地城市化耦合发展进行了系统研究

本书跳出了人地快慢关系的感性认知，突破了以往简单应用物理耦合模型评价人口城市化与土地城市化协调关系的局限，借助地理学综合集成的思想，从定性与定量、解析与综合、表象与机制等多重视角，依据“格局—过程—机制—趋势”的逻辑范式，对人口-土地城市化耦合发展进行了系统研究。

2. 揭示了人口-土地城市化耦合发展的一般过程

本书运用异速生长模型，揭示了人口-土地城市化耦合发展的一般过程，验证了对人口-土地城市化过程四阶段的推论。异速生长系数代表的人口-土地城市化耦合发展过程曲线，经历了由负异速生长到正异速生长，异速生长系数增长速率由快到慢的波动式发展过程。

3. 总结归纳了人口-土地城市化耦合发展模式和内在机制

通过剖析经济发达地区与欠发达地区不同的耦合发展机制，提出了人口-土地城市化滞后型、同步型、超前型、过度超前型四种耦合发展模式，从而构建了人口-土地城市化耦合系统框架，并从社会力、市场力、政府力三大驱动机制对不同模式的内在机制进行了总结。

4. 模拟了不同情景下人口-土地城市化耦合发展趋势

将一般系统动力学方法与土地利用规划的总量指标、增量指标、结构指标和效率指标相结合，构建了基于多情景模拟的系统动力学模型，对全省和典型城市的人口-土地城市化耦合发展趋势进行了预测研究。

二、研究不足

人口-土地城市化的耦合发展过程、机制研究是一项系统研究工程，涉及的领

域众多、内容丰富。本书试图总结人口-土地城市化耦合发展的一般过程、提炼内在机制，透过省市县三级尺度并采取多种方法进行研究，但仍有许多问题有待今后进一步深化。

1. 应继续关注新型城镇化阶段人地关系变化

本书重点对 1991～2010 年江苏省人口-土地城市化耦合发展过程及其机制进行了研究，该阶段是全省城市化快速发展的时期，也是人地关系矛盾由隐到显的爆发期。2010 年以后，推进以人为核心的新型城镇化成为城市化工作的重点，尤其是生态文明建设要求积极实施主体功能区战略，大力推进绿色城镇化，江苏省一直以来苏南、苏中、苏北的梯度板块也向“1 + 3”重点功能区格局转换，新时期的人地关系值得继续深入探究。

2. 缺少对城市化质量的测度与评价

城市化不仅是数量上的城市化，在新型城镇化背景下，人口-土地城市化耦合发展更应该关注城市化质量的提升。本书运用异速生长模型、城市用地增长弹性系数、向量自回归模型等方法对人口-土地城市化演化格局与耦合过程及其机制进行了大量的定量化分析，在当前江苏省正处于高速增长转向高质量发展的关键期，尚缺少对城市化质量的测度与评价。

3. 调控策略的针对性有待进一步强化

本书对不同耦合模式地区调控措施的分析与第 5 章驱动力和作用机制的结合仍不够紧密，主要还是围绕构建现代产业体系、推进产业集聚、优化城乡格局等内容提出。应在此基础上，区分不同耦合模式下的人口-土地城市化驱动机制，进一步提出差别化的调控措施。

第三节 未来进一步探索的方向

当前江苏省正处于从全面建设小康社会向基本实现现代化转变的关键时期，城市化仍处于快速发展的阶段，经济增长速度仍保持在较高水平，对资源的需求量和消耗量仍是巨大的。不仅要面对剩余可开发的土地资源极其有限的困境，同时需要满足不断增长的生产生活用地需求及生态用地保障需求，因此必须促进内涵式增长，提高集约节约利用水平，实现从高速增长到高质量发展的转型。土地资源利用作为自然和人文环境交互作用的结果，集中体现了人地关系的特征、属性及作用机制，未来应该在以下几个方面继续深化人口-土地城市化耦合发展研究。

1. 耦合发展一般过程仅基于城市化进程研究，可融入经济发展阶段等进程，提升一般过程的规律性。一般过程的研究是基于城市化进程，更多体现了城市化发展的规律。今后可依据钱纳里多国模型划分的产业发展阶段，从经济发展规律出发，得到人口-土地城市化耦合发展的一般过程。在时序上对二者进行无缝拼接，加强城市化与经济发展之间的规律研究，提高耦合一般过程的准确性。

2. 加强耦合发展的区域差异研究，丰富人口-土地城市化耦合发展模式及其驱动机制。本书以人口-土地城市化相互作用关系为基础，通过构建耦合系统框架，提炼了三大驱动力并总结其在不同经济发展阶段的表现。省内不同区域的人口-土地城市化耦合发展模式纷繁复杂，需要在总结出的四类模式的基础上继续深化，进而提炼出更加到位的驱动机制。

3. 综合耦合阶段与耦合模式的研究结果，加强二者对应关系研究。在对不同耦合发展阶段典型地区分析的基础上，揭示其驱动机制，进而总结不同耦合发展阶段的驱动机制特征（模式）及驱动力变化，构建耦合框架体系，从而实现耦合阶段与耦合模式两大内容的有机结合。

参考文献

安虎森，高正伍. 2010. 经济活动空间聚集的内生机制与区域协调发展的战略选项. 南京社会科学，(1)：22～28.

安祥生. 2006. 城镇建设用地增长及其预测：以山西省为例. 北京大学学报：哲学社会科学版，(S1)：87～90.

摆万奇. 2000. 深圳市土地利用动态趋势分析. 自然科学学报，(4)：112～117.

鲍丽萍，王景岗. 2009. 中国大陆城市建设用地扩展动因浅析. 中国土地科学，(8)：68～72.

蔡滢滢，牟守国，肖波. 2011. 南京市土地利用与城市化水平的协调度研究. 山东农业大学学报(自然科学版)，(1)：145～149.

蔡运龙，霍雅勒. 2002. 耕地非农化的供给驱动. 中国土地，(7)：20～22.

陈春林，陈红，韩阳. 2011. 改革开放以来吉林省城市集聚区的空间演化. 中国人口·资源与环境，(3)：121～124.

陈凤桂，张虹鸥，吴旗韬，等. 2010. 我国人口城镇化与土地城镇化协调发展研究. 人文地理，(5)：53～58.

陈香，顾朝林. 2007. 从常州看新“苏南模式”及其动力机制. 城市发展研究，(5)：75～83.

陈小文，刘厚俊. 2003.新型工业化、城市化与南京城市发展. 南京社会科学，(11)：90～95.

陈彦光. 2008. 分形城市系统：标度·对称·空间复杂性. 北京：科学出版社.

陈彦光. 2011. 地理数学方法：基础和应用. 北京：科学出版社.

陈彦光，刘继生.2001. 城市土地利用结构和形态的定量描述：从信息熵到分维数. 地理研究，(2)：146～152.

陈彦光，许秋红. 1999. 区域城市人口-面积异速生长关系的分形几何模型——对 Nordbeck-Dutton 城市体系异速生长关系的理论修正与发展. 信阳师范学院院报(自然科学版)，(2)：198～203.

陈彦光，周一星. 2005. 城市化 Logistic 过程的阶段划分及其空间解释——对 Northam 曲线的修正与发展. 经济地理，(6)：817～822.

程勇，徐康宁，邵军. 2006. 城市的工业化水平定位与产业发展战略分析——以南京为例. 科学学与科学技术管理，(10)：93～98.

丁光伟，李世顺.1998. 我国农用地资源变化的驱动力分析. 中国科学院院刊，(4)：286～289.

董婕，张华丽，延军平. 2010. 西安城市化进程对城市用水的影响. 资源科学，32(8)：1520～1526.

范辉，陈超，余国忠. 2010. 河南省耕地资源与城市化发展的协调性分析. 水土保持通报，(4)：184～189.

方创琳，杨玉梅. 2006. 城市化与环境交互耦合系统的基本定律. 干旱区地理，(1)：1～8.

冯健. 2002. 杭州市人口密度空间分布及其演化的模型研究. 地理研究，(5)：635～646.

冯科. 2010. 城市用地蔓延的定量表达、机理分析及其调控策略研究——以杭州市为例. 杭州：浙江大学.

冯科，吴次芳，韩昊英，等. 2010. 杭州市土地利用总体规划的建设用地控制成效研究. 自然资源学报，(3)：376～385.

盖星石. 2008. 关于南京城市空间布局发展若干关系问题的探讨. 江苏城市规划，(11)：11～14.

耿海青，谷树忠，国冬梅. 2004. 基于信息熵的城市居民家庭能源消费结构演变分析. 自然资源学报，(2)：257～262.

公安部治安管理局. 2011. 中华人民共和国全国分县市人口统计资料（2010年）. 北京：群众出版社.

宫漫. 2011. 中国城市化进程中人地资源利用研究. 北京：中国地质大学.

顾朝林. 1999. 经济全球化与中国城市发展——跨世纪中国城市发展战略研究. 北京：商务印书馆.

顾朝林. 2005. 科学发展观与城市科学学科体系建设. 规划师，(2)：5～7.

顾朝林，于涛方，李王鸣，等. 2008. 中国城市化：格局·过程·机理. 北京：科学出版社.

顾朝林，张敏，张成，等. 2007. 长江三角洲城市群发展研究. 长江流域资源与环境，(3)：771～775.

管驰明，姚士谋，陆树建，等. 2003. 基于全球区位论的城市发展研究：以江苏省南通市为例. 人文地理，(4)：69～74.

郭凯峰，沈荔，严士清. 2008. 欠发达城市产业发展战略分析——以江苏省宿迁市为例. 云南地理环境研究，(3)：60～64.

郭艳红. 2011. 北京市土地资源人口承载力评价研究. 资源与产业，(S1)：83～88.

郭志勇，顾乃华.2012. 土地财政、虚高城市化与土地粗放利用. 产经评论，(6)：128～137.

韩振武，潘维军. 2012. 城市化，加速还是减速——苏州城乡一体化发展的启示. 城市，(2)：52～56.

何念如. 2006. 中国当代城市化理论研究（1979～2005）. 上海：复旦大学.

贺曲夫，刘炎，马海龙. 2009. 行政区划视角下城市空间发展战略研究——以江苏省常州市为例. 特区经济，(5)：48～50.

胡健，王雷，欧名豪. 2008. 城市发展概念规划对中国土地利用战略研究的启示和借鉴. 中国土地科学，(9)：14～19.

胡伟艳，张安录，渠丽萍. 2009. 人口、就业与土地非农化的相互关系研究. 中国人口·资源与环境，(5)：104～110.

胡玉奎. 1988. 系统动力学——战略与策略实验室. 杭州：浙江人民出版社.

黄丹，徐邓耀. 2011. 基于SPSS的人口增长与土地城市化关系分析研究. 重庆与世界，(1)：76～85.

黄慧明. 2007. 美国“精明增长”的策略、案例及在中国应用的思考. 现代城市研究，(5)：19～28.

黄金川，方创琳. 2003. 城市化与生态环境交互耦合机制与规律性分析. 地理研究，(2)：211～220.

黄献松. 2009. 城市化与能源消费关系的动态计量分析——以陕西省电力消费为例. 城市发展研究，(3)：92～98.

黄艳芬，丁力. 2013. 中国城市化进程中的社会问题分析. 河北学刊，(1)：116～121.

黄宇慧. 2006. 我国城市化水平与经济发展关系的计量分析. 财经问题研究，(3) 87-91.

季小立，宗蕴璋. 2004. “苏南模式”城市化及其演进. 理论与现代化，(6)：10～15.

贾生华，张宏斌. 2000. 中国土地非农化过程与机制实证研究. 上海：上海交通大学出版社.

简新华. 2004. 论中国特色的城镇化道路. 北京：经济科学出版社.
江苏省建设厅. 1998. 江苏城镇发展报告（1997 年）. 南京：东南大学出版社.
江秀乐. 1996. 系统·演化·发展. 西安：陕西师范大学出版社.
江智华. 2013. 中国人口城市化综述. 北方经济，（1）：69～70.
蒋涛，刘海荣. 2010.淮海经济区区域经济协调发展研究. 城市，（2）：22～25.
景春梅. 2010. 城市化、动力机制及其制度创新——基于政府行为的视角. 北京：社会科学文献出版社.
李通屏，成金华. 2005. 城市化驱动投资与消费效应研究. 中国人口科学，（5）：65～69，96.
李林杰，顾六宝. 2005. 人口城市化：解决“三农”问题的路径选择. 中国人口科学，（S1）：34～38.
李林杰，申波，李杨. 2007. 借助人口城市化促进国内消费需求的思路与对策. 中国软科学，（7）：30～40.
李广. 2011.淮海经济区发展战略的思考. 统计科学与实践，（3）：43～45.
李海燕，陈晓红. 2014.基于 SD 的城市化与生态环境耦合发展研究——以黑龙江省东部煤电化基地为例. 生态经济，30（12）：109～115.
李佳霖. 2013. 新型城镇化进程中城镇建设用地合理供应规模研究. 呼和浩特：内蒙古师范大学.
李江，郭庆胜. 2002. 基于信息熵的城市用地结构动态演变分析. 长江流域资源与环境，11（5）：393～397.
李锦宏. 2008. 从内生的角度选择比较优势战略——兼论欠发达地区经济发展的内生比较优势. 职业时空，（2）：12～13.
李晋玲，刘人境，贺柯柯.2007. 陕西省人口迁移与人口城市化系统动力学分析. 西安交通大学学报（社会科学版），27（3）：44～50.
李力行. 2010. 中国的城市化水平：现状、挑战和应对. 浙江社会科学，（12）：27～34，42.
李灵敏. 2015. 呼和浩特市城市化与生态环境耦合协调发展研究. 呼和浩特：内蒙古师范大学.
李明月，胡竹枝. 2012. 广东省人口城市化与土地城市化速率比对. 城市问题，（4）：33～36.
李培林. 2012. 城市化与我国新成长阶段——我国城市化发展战略研究. 江苏社会科学，（5）：38～46.
李培祥. 2008. 广东人口城市化与土地城市化关系研究. 安徽农业科学，（29）：12955～12958.
李小建. 1999. 经济地理学. 北京：高等教育出版社.
李玲，沈静，袁媛. 2008. 人口发展与区域规划. 北京：科学出版社.
梁进社，王旻. 2002. 城市用地与人口的异速增长和相关经验研究. 地理科学，（6）：649～654.
梁爽. 2006. 土地非农化及其收益分配与制度创新. 北京：中国科学院.
林燕华，毛良祥. 2008. 我国城市用地扩展与土地集约利用. 国土与自然资源研究，（3）：27～29.
林珍铭，夏斌，董武娟. 2011. 基于信息熵的广东省土地利用结构时空变化分析. 热带地理，（3）：266～271.
刘殿成. 2001. 转型期欠发达地区农村劳动力转移模式对策研究——以甘肃省为例. 人口学刊，（4）：27～30.
刘红萍. 2006. 城市用地扩张规律与控制绩效研究. 武汉：华中农业大学.
刘纪远，邓祥征. 2009. LUCC 时空过程研究的方法进展. 科学通报，（21）：3251～3258.
刘纪远，王新生，庄大方，等. 2003. 凸壳原理用于城市用地空间扩展类型识别. 地理学报，（6）：

885～892.
刘继生，陈彦光. 2004. 城市密度分布与异速生长定律的空间复杂性探讨. 东北师大学报自然科学版，36（4）：139～148.
刘继生，陈彦光. 2005. 山东省城市人口-城区面积的异速生长特征探讨. 地理科学，（2）：135～141.
刘涛，曹广忠. 2010. 城市用地扩张及驱动力研究进展. 地理科学进展，（8）：927～934.
刘耀彬. 2006. 区域城市化与生态环境耦合特征及机制——以江苏省为例. 经济地理，（3）：456～462.
刘耀彬，李仁东，宋学锋. 2005a. 中国城市化与生态环境耦合度分析. 自然资源学报，（1）：105～112.
刘耀彬，李仁东，宋学锋.2005b. 中国区域城市化与生态环境耦合的关联分析. 地理学报，（2）：237～247.
刘英群. 2011. 中国城市化：经济、空间和人口. 大连：东北财经大学.
刘瑜，沈山. 2009. 近年来江苏城市化发展特征、问题与对策. 边疆经济与文化，（1）：36～38.
刘振肖. 2010. 面板数据计量经济模型在土地利用与覆被变化中的应用研究. 长沙：中南大学.
卢斌莹，陈正江，侯春红，等. 2010. 基于 GIS 的西安市南郊土地城市化空间发展研究. 人文地理，（1）：56～59.
卢新海. 2004. 城市化进程中的土地需求与供给. 中国房地产，（1）：20～22.
卢艳，崔燕平，程淑红. 2008. 中部地级以上城市用地扩张的时空演变. 地域研究与开发，（4）：99～103.
卢向虎. 2005. 制度是如何阻碍我国农村人口向城市迁移的？——论制度对城乡人口迁移的作用机理.调研世界，（6）：30～32.
陆大道. 2007. 我国的城镇化进程与空间扩张. 城市规划学刊，（4）：47～52.
陆建平，黄明哲. 2005. 关于强化欠发达地区经济发展内生增长机制的思考. 农业考古，（6）：247～250.
吕萍，周滔，张正峰，等. 2008. 土地城市化及其度量指标体系的构建与应用. 中国土地科学，（8）：24～28，42.
吕小彪，周均清，王乘. 2004. 英国控制城市土地开发对中国的启迪. 小城镇建设，（11）：90～94.
马建华，管华. 2003. 系统科学及其在地理学中的应用. 北京：科学出版社.
马晓东，沈正平.2007. 江苏省城市化的空间格局及其演化. 经济地理，（9）：783～786.
马永春. 2013. 产业结构演进对人口流动的影响研究. 统计科学与实践，（2）：25～27.
倪鹏飞. 2012. 2012 年中国城市竞争力蓝皮书. 北京：社会科学文献出版社.
乔标，方创琳. 2005. 城市化与生态环境协调发展的动态耦合模型及其在干旱区的应用. 生态学报，（11）：3003～3008.
邱道持，刘力，曹蕾，等. 2005. 城镇建设用地控制模型研究：以重庆市为例. 西南师范大学学报：自然科学版，（5）：944～948.
曲福田，陈江龙，陈雯. 2005. 农地非农化经济驱动机制的理论分析与实证研究. 自然资源学报，（3）：231～240.
曲福田，冯淑怡，俞红.2001. 土地价格及分配关系与土地非农化经济机制研究——以经济发达地区为例. 中国农村经济，（12）：54～61.
任志远. 2005. 关于城市科学学科内容的思索. 城市发展研究，（1）：1～7.

尚涛，郭根龙，冯宗宪. 2007. 我国服务贸易自由化与经济增长的关系研究——基于脉冲响应函数方法的分析. 国际贸易问题，（8）：92～98.
隋海燕. 2006. 中国人口城市化对全面建设小康社会的意义.人口学刊，（3）：35～38.
盛广耀. 2008. 城市化模式及其转变研究. 北京：中国社会科学出版社.
史常亮. 2010. 无锡市城市建设用地扩张驱动力分析. 徐州工程学院学报（社会科学版），（4）：33～37，71.
史培军，陈晋，潘耀忠. 2000a. 深圳市土地利用变化机制分析. 地理学报，（2）：151～160.
史培军，宫鹏，李小兵. 2000b. 土地利用/覆被变化研究的方法与实践. 北京：科学出版社.
石诗源. 2010. 江苏省农村居民点用地的格局、转型与调控研究. 南京：南京师范大学.
宋学锋，刘耀彬. 2006. 基于SD的江苏省城市化与生态环境耦合发展情景分析. 系统工程理论与实践，（3）：124～130.
孙在宏，袁源，王亚华，等. 2011. 基于分形理论的江苏省城市规模分布与异速生长特征. 地理研究，（12）：2163～2172.
台冰，厉有为. 2006. 人均工业增加值与人口城市化水平关系研究.深圳大学学报（人文社会科学版），（6）：28～32.
谈明洪，李秀彬. 2010. 世界主要国家城市人均用地研究及其对我国的启示. 自然资源学报，（11）：1813～1822.
谈明洪，李秀彬，吕昌河. 2003. 我国城市用地扩张的驱动力分析. 经济地理，（5）：635～639.
谭术魁，韩思雨，周敏. 2017. 土地城市化背景下武汉市资源环境承载力仿真研究. 长江流域资源与环境，26（11）：1824～1830.
谭永忠，吴次芳. 2003. 区域土地利用结构的信息熵分异规律研究. 自然资源学报，（1）：112～116.
陶应发，郑涛.2009. 我国工业重工化对经济增长影响的实证分析. 中国地质大学学报（社会科学版），（1）：59～62.
田光进，庄大方. 2003. 基于遥感与GIS的中国城镇用地扩展特征. 地球科学进展，（1）：44～47.
田莉. 2011. 我国城镇化进程中喜忧参半的土地城市化. 城市规划，（2）：11～12.
童玉芬，王莹莹. 2016. 北京市人口动态模拟与政策分析. 中国人口·资源与环境，26（2）：170～176.
汪冬梅. 2003. 中国城市化问题研究. 泰安：山东农业大学.
王延中. 2010. 中国社会福利制度的发展及其对城市化的影响（上）. 中国社会科学院研究生院学报，（2）：50～59.
王安岭. 2010. 做大做强中心城市核心极，加快打造城乡一体都市区——无锡城市现代化和区域城市化思路研究. 现代经济探讨，（2）：36～40.
王桂新. 2012. 我国城市化发展的几点思考. 人口研究，（2）：37～44.
王海全，龚晓. 2005. 土地非农化控制低效原因探析. 农业经济，（12）：16～17.
王婧，方创琳. 2011. 城市建设用地增长研究进展与展望. 地理科学进展，（11）：1440～1448.
王军. 2008. 江苏省人口城市化与空间组织互动机制研究. 地域研究与开发，（5）：45～49.
王其藩. 1994. 系统动力学. 北京：清华大学出版社.
王秀红，何书金，罗明. 2002. 土地利用结构综合数值表征. 地理科学进展，（1）：17～24.
王亚华，张小林，孙在宏，等. 2011. 不同发展水平地区协调互补的土地利用规划模式构建. 资源与产业，13（6）：24～29.

王英利，陈为忠. 2008. 大都市带周边地区城市定位的依据及途径——以南通市为例. 南通大学·社会科学版，(2)：27～33.

温铁军，朱守银. 1996. 土地资本的增殖收益及其分配——县以下地方政府资本原始积累与农村小城镇建设中的土地问题. 中国土地，(4)：24～27.

文凤华，马超群，何琳洁. 2004. 从不确定性看我国农村土地产权制度模式选择. 湖南大学学报（社会科学版），(1)：43～47.

吴大放，刘艳艳，董玉祥，等. 2010. 珠海市建设用地变化时空特征及其驱动力分析. 经济地理，(2)：226～232.

吴文恒，牛叔文，郭晓东，等. 2006. 中国人口与资源环境耦合的演进分析. 自然资源学报，(6)：853～861.

武进. 1990. 中国城市形态：结构、特征及其演变. 南京：江苏科学技术出版社.

新玉言. 2013. 新型城镇化：格局规划与资源配置. 北京：国家行政学院出版社.

徐辉. 2011. 以创新型城市建设引领南通区域经济社会发展. 南通纺织职业技术学院学报（综合版），(4)：63～67.

许国志. 2000. 系统科学. 上海：上海科技教育出版社.

许君燕. 2010. 城市化与土地资源利用的耦合协调机制研究. 资源开发与市场，(10)：929～933.

薛华培. 2011. 南通都市区的空间发展战略. 南通大学学报（社会科学版），(6)：21～26.

薛欧，赵凯，陈艳蕊，等. 2011. 陕西省土地城市化水平评价分析. 山东农业大学学报（自然科学版），(3)：415～421.

严金明. 2001. 中国土地利用规划：理论·方法·战略. 北京：经济管理出版社.

杨钢桥. 2004. 国外城镇用地扩张的控制. 现代城市研究，(8)：57～60.

杨国良，彭鹏. 1996. 农业发展与土地非农化. 资源科学，(1)：36～41.

杨恒. 2012. 多经济区域辐射优势叠加城市发展——以江苏省宿迁市为例. 经济研究导刊，(7)：129～136.

杨敏. 2012. 中国城市化之抉择：初级发展还是科学发展. 探索与争鸣，(11)：39～43.

姚士谋，陈爽. 1998. 长江三角洲地区城市空间演化趋势. 地理学报，(S1)：1～10.

姚寿福. 2004. 我国现行征地制度存在问题以及改革思路. 国土经济，(4)：13～14.

姚震宇. 2011. 江苏的空间城市化与人口城市化. 现代经济探讨，(8)：61～65.

姚从容. 2010. 人口城市化与全球变暖——基于气候变化与人口变动的研究述评.现代经济探讨，(3)：88～92.

叶艳妹，吴次芳. 1997. 土地产权制度与耕地保护. 中国土地，(6)：24～27.

叶裕民. 2002. 中国城市化之路——经济支持与制度创新. 北京：商务印书馆.

余建华. 2003. 南通城市发展规划战略. 城市问题，(5)：29～33.

余庆年，王万茂. 2002. 中国耕地面临四大挑战. 生态经济，(1)：67～68.

俞万源. 2007. 欠发达地区人口城市化模式——以梅州市为例. 经济地理，(3)：458～462.

袁丰，魏也华，陈雯，等. 2012. 无锡城市制造业企业区位调整与苏南模式重组. 地理科学，(4)：401～408.

袁丽丽. 2005. 城市化进程中城市土地可持续利用研究. 武汉：华中农业大学.

袁绪英，曾菊新，吴宜进. 2011. 滠水河流域经济环境协调发展系统动力学模拟. 地域研究与开发，30（6）：84～88.

约翰逊. 2004. 经济发展中的农业、农村、农民问题. 林毅夫，译. 北京：商务印书馆.

曾辉，褚艳铃，李书娟. 2007. 南昌地区建设用地空间扩展的广义转移概率模型建设与应用研究. 地理科学，(4)：473～479.

张安录. 1999.城乡生态经济交错区农地城市流转机制与制度创新. 中国农村经济，(7)：43～49.

张宏斌. 2001. 土地非农化机制研究. 杭州：浙江大学.

张虹鸥，叶玉瑶，陈绍愿. 2006. 珠江三角洲城市群城市规模分布变化及其空间特征. 经济地理，(5)：806～809.

张良悦. 2009. 城市化进程中的土地利用与农地保护. 北京：经济科学出版社.

张心怡，刘敏，孟飞. 2006. 基于 RS 和 GIS 的上海城建用地扩展研究. 长江流域资源与环境，(1)：29～33.

张振杰，杨山，孙敏. 2007. 城乡耦合地域系统相互作用模型构建及应用——以南京为例. 人文地理，(4)：90～94.

赵金芸，李培仁. 1997. 城市化工业化与耕地保护. 中国土地，(9)：15～17，47.

赵显洲. 2006. 我国城市化与经济发展相互关系的动态分析. 中国软科学，(9)：116～121.

赵岑，冯长春. 2010. 我国城市化进程中城市人口与城市用地相互关系研究. 城市发展研究，(10)：113～118.

赵乐. 2010. 快速城市化进程中浙江沿海城市用地时空变化研究. 杭州：浙江大学.

赵涛. 2005. 中国城市用地扩展及其驱动机制. 北京：中国科学院研究生院.

赵小艳. 2008. 构建都市区城市快速发展条件下的应对——南通都市区的构建和空间结构选择//生态文明视角下的城乡规划——2008 中国城市规划年会论文集.

赵可，张安录，李平. 2011. 城市建设用地扩张的驱动力——基于省际面板数据的分析.自然资源学报，26（8)：1323～1332.

甄峰，简博秀，沈青，等. 2007. 城市管制、区划调整与空间整合——以常州市区为例. 地理研究，(1)：157～167.

甄峰，欧向军，王春慧，等. 2011. 江苏省城市化战略调整研究. 长江流域资源与环境，(7)：813～818.

中国经济增长前沿课题组. 2011. 城市化、财政扩张与经济增长. 经济研究，(11)：4～20.

中国社会科学院城市发展与环境研究所. 2012. 中国城市发展报告 2012. 北京：社会科学文献出版社.

周滔. 2009. 征地区片综合地价与土地城市化的空间耦合分析——以北京市为例. 地域研究与开发，(3)：96～100.

周一星. 1999. 城市地理学. 北京：商务印书馆.

周一星，陈彦光. 2003. 城市与城市地理. 北京：人民教育出版社.

朱茀华，马海涛. 2011. 苏州城市化进程中的动力因素分析. 产业与科技论坛，(11)：39～41.

朱杰. 2009. 长江三角洲人口迁移空间格局、模式及启示. 地理科学进展，(3)：353～361.

朱铁臻. 2010. 城市发展学. 石家庄：河北教育出版社.

左倩云. 2016. 基于系统动力学的城乡建设用地置换供需预测研究——以重庆市为例. 重庆：重庆交通大学.

Ahn S. 2002. Determinants and projections of land use in the south central United States. Southern Journal of Applied Forestry，(2)：78～84.

Angel S，Sheppard S C，Civco D L. 2005. The Dynamic of Global Urban Expansion. Washington：The World Bank.

Antrop M. 1998. Landscape change：Plan or chaoes？Landscape and Urban Planning，41：155～161.

Balocco C，Grazzini G. 2000. Thermodynamic parameters for energy sustainability of urban Areas. Solar Energy，（4）：351～356.

Batty M，Longley P A. 1994. Fractal Cities：A Geometry of Form and Function. London：Academic Press，Harcourt Brace & Company Publisher.

Bertalanffy L V. 1973. General System Theory：Foundations，Development，and Applications. New York：George Breziller.

Bockstael N E.1996. Modeling economics and ecology：The importance of a spatial perspective. American Journal of Agricultural Economics，（5）：1168～1180.

Browder J O. 2002. The urban-rural interface：Urbanization and tropical forest cover change. Urban Ecosystems，6：21～41.

Burgi M，Turner M G. 2002. Factors and processes shaping land cover and land cover changes along the Wisconsin river. Ecosystems，（2）：184～201.

Buyantuyev A，Wu J. 2007. Effects of thematic resolution on landscape pattern analysis. Landscape Ecology，（1）：7～13.

Chenery H. 1981. Structure Change and Development Policy. Oxford：Oxford University Press.

Chomitz K M，Gray D A. 1996. Roads，land use，and deforestation：A spatial model applied to Belize. World Bank Economic Review，（3）：487～512.

Deng X Z，Huang J K，Rozelle S. 2010. Economic growth and the expansion of urban land in China. Urban Studies，（4）：813～843.

Forrester J W. 2013. Industrial Dynamics. Eastford：Martino Fine Books.

Friedmann J. 2006. Four theses in the study of China's urbanization. International Journal of Urban and Regional Research，（2）：440～451.

Georgescu-Roegen N. 1997. The Entropy Law and the Economic Process. Cambridge：Harvard University Press.

Geyer H S，Kontuly T. 1996. Differential Urbanization：Integrating Spatial Models. London：Arnold.

Geymen A，Baz I. 2008. Monitoring urban growth and detecting land cover changes on the Istanbul metropolitan area. Environmental Monitoring and Assessment，（1～3）：449～459.

Gould S J.1966. Allometry and size in ontogeny and phylogeny. Biological Reviews，41：587～640.

Hailu Y G，Brown C H. 2005. A growth-focused spatial econometric model of agricultural land development in the northeast. Milwaukee：American Agricultural Economics Association.

Heikkila E J. 2007. Three questions regarding urbanization in China. Journal of Planning Education and Research，（1）：65～81.

Herrmann-Pillath C，Kirchert D，Pan J. 2002. Disparities in Chinese economic development：Approaches on different levels of aggregation. Economic System，26：31～54.

Irwin E G，Bockstael N E.2002. Interacting agents，spatial externalities，and the endogenous evolution of residential land use patterns. Journal of Economic Geography，（2）：31～54.

Kangalawe R Y M. 2010. Changing land use/cover patterns and implications for sustainable environmental management in the Irangi Hills，central Tanzania. Environment，Development and Sustainability，（4）：449～461.

Karmeshu. 1988.Demographic models of urbanization. Environment and Planning B：Planning and Design，（1）：47～54.

Knox P L，Marston S A. 1998. Places and regions in global context：Human geography. Upper Saddle River，NJ：Prentice Hall.

Kuminoff N V，Sokolow A D，Summer D A，et al. 2001. Farmland conversion：Perceptions and realities. California：University of California Agricultural Issues Center.

Ladis L D，Zhang M. 1998. The second generation of the California urban future model，Part 1：Model logic and theory. Environment and Planning B：Planning and Design，（5）：657～666.

Lambin E F，Geist H J.2006. Land-use and Land-cover Change：Local Process and Global Impacts. Berlin：Springer.

Larsen T A，Gujer W.1997. The concept of sustainable urban water management. Water Science Technique，（9）：3～10.

Lee Y. 1989. An allometric analysis of the US urban system：1960～1980. Environment & Planning A，（4）：463～476.

Li L，Sato Y，Zhu H H. 2003. Simulating spatial urban expansion based on a physical process. Landscape and Urban Planning，（1～2）：67～76.

Ligtenberg A，Bregt A K，Lammeren R. 2001. Multi-actor-based land use modeling spatial using agents. Landscape and Urban Planning，（1/2）：21～33.

Liu J Y，Zhan J Y，Deng X Z. 2005. Spatio-temporal patterns and driving forces of urban land expansion in China during the economic reform era. Royal Swedish Academy of Sciences，（6）：450～455.

Liu S H，Prieler S，Li X B. 2002. Spatial patterns of urban land use growth in Beijing. Journal of Geographical Sciences，（3）：266～274.

Mojica M N，Bukenya J O. 2006. Cause and trends of land conversion：A study of urbanization in north Alabama. Orlando：the Southern Agricultural Economics Association.

Nelson C，Plosser C. 1982. Trends and random walks in macro-economics time series：Some evidence and implication. Journal of Monetary Economic，（10）：130～162.

Nzaku K，Bukenya J O. 2005. Economic analysis of agricultural land conversion in the southeast. Milwaukee：American Agricultural Economics Association.

Overmars K P，Verburg P H. 2006. Multi-level modeling of land use from field to village level in the Philippines. Agricultural System，（3）：435～456.

Parker D C，Manson S M，Janssen M A，et al. 2003. Multi-agent system models for the simulation of land-use and land-cover change：A review. Annals of the Association of American Geographers，（2）：314～337.

Portugali J. 2000. Self-organization and the City. Berlin：Springer-Verlag.

Reynolds J. 2001. Land use change and competition in the south. Journal of Agricultural and Applied Economics，（2）：271～281.

Roberto C，Maria C G，Paolo R. 2002. Urban mobility and urban form：The social and environment costs of different patterns of urban expansion. Ecological Economics，（2）：199～216.

Ruth M D，Appasamy P P. 2001. Urbanization and intersectional competition for water. Urbanization and Water，（1）：27～51.

Schneider A，Woodcock C E.2008. Compact，dispersed，fragmented，extensive? A comparison of urban growth in twenty-five global cities using remotely sensed data，pattern metrics and census information. Urban Studies，（3）：659～692.

Seto K C，Kaufmann R K. 2003.Modeling the driver of urban land use change in the Pearl River Delta，China：Integrating remote sensing with socioeconomic data. Land Economics，（1）：106～121.

Seto K C，Shepherd J M. 2009. Global urban land-use trends and climate impacts. Environmental Sustainability，（1）：89～95.

Shoshany M，Goldshleger N.2002. Land-use and population density changes in Israel—1950 to 1990：Analysis of regional and local trends. Land Use Policy，19：123～133.

Stephan P，Friedrich D. 2001. Assessing the environment performance of land cover types for urban planning. Landscape and Urban Planning，（1）：1～20.

Sui D Z. 1994. GIS and urban studies：Positivism，post-positivism，and beyond. Urban Geography，（3）：258～278.

Syphard A D，Clarke K C，Franklin J. 2005. Using a cellular automaton model to forecast the effects of urban growth on habitat pattern in southern California. Ecological Complexity，（2）：185～203.

Tan M H，Li X B，Lu C H. 2005a. Urban land expansion and arable land loss of the major cities in China in the 1990s. Science in China：Series D，（9）：1492～1500.

Tan M H，Li X B，Xie H，et al. 2005b. Urban land expansion and arable land loss in China：A case study of Beijing-Tianjin-Hebei region. Land Use Policy，（3）：187～196.

Turner B L，Lambin E F，Reenberg A. 2007. The emergence of land change science for global environment change and sustainability. Proceedings of the National Academy of Sciences of the United States of America，（52）：20666～20671.

Vernon H. 2002. Urbanization in developing countries. The World Bank Research Observer，（1）：89～112.

Wegener M. 1994. Operational urban models state of the art. Journal of American Planning Association，60（1）：17～29.

Wu J，Cho S H. 2007. The effect of local land use regulations on urban development in the western United States. Regional Science and Urban Economics，（1）：69～86.

Zhang T W. 2000. Land market forces and government's role in sprawl：The case of China. Cities，（2）：123～135.

附　　录

附录一　基于 SPSS 16.0 的江苏省人口城市化模型拟合情况

Quadratic

Model Summary

R	*R* Square	Adjusted *R* Square	Std. Error of the Estimate
0.991	0.982	0.980	147.863

ANOVA

	Sum of Squares	df	Mean Square	*F*	Sig.
Regression	2.061E7	2	1.030E7	471.252	0.000
Residual	371679.208	17	21863.483		
Total	2.098E7	19			

Coefficients

	Unstandardized Coefficients		Standardized Coefficients	*t*	Sig.
	B	Std. Error	Beta		
Case Sequence	139.634	24.126	0.786	5.788	0.000
Case Sequence**2	1.723	1.116	0.210	1.544	0.141
(Constant)	1249.823	110.007		11.361	0.000

Exponential

Modeel Summary

R	*R* Square	Adjusted *R* Square	Std. Error of the Estimate
0.987	0.974	0.973	0.062

ANOVA

	Sum of Squares	df	Mean Square	*F*	Sig.
Regression	2.607	1	2.607	677.477	0.000
Residual	0.069	18	0.004		
Total	2.676	19			

Coefficients

	Unstandardized Coefficients		Standardized Coefficients	*t*	Sig.
	B	Std. Error	Beta		
Case Sequence	0.063	0.002	0.987	26.028	0.000
（Constant）	1439.772	41.487		34.705	0.000

The dependent variable is in（城镇人口规模）

Logistic

Model Summary

R	*R* Square	Adjusted *R* Square	Std. Error of the Estimate
0.987	0.974	0.973	0.062

ANOVA

	Sum of Squares	df	Mean Square	*F*	Sig.
Regression	2.607	1	2.607	677.477	0.000
Residual	0.069	18	0.004		
Total	2.676	19			

Coefficients

	Unstandardized Coefficients		Standardized Coefficients	*t*	Sig.
	B	Std. Error	Beta		
Case Sequence	0.939	0.002	0.373	415.730	0.000
（Constant）	0.001	0.000		34.705	0.000

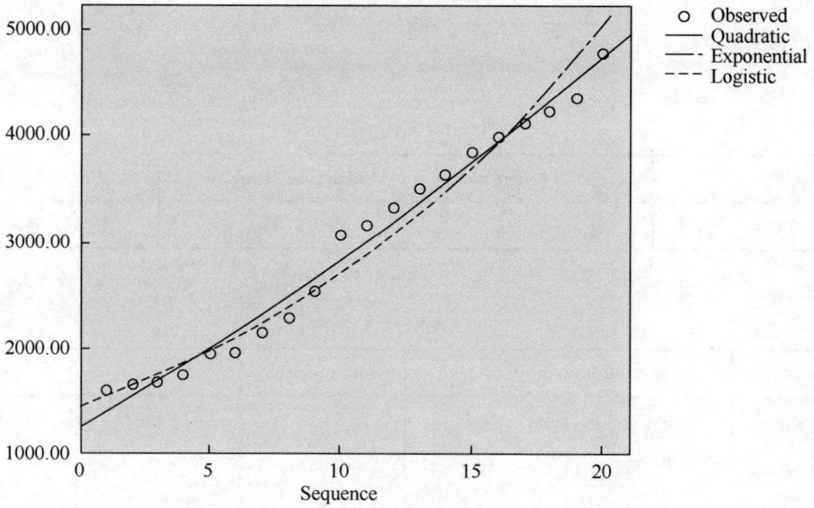

附录二　基于 SPSS 16.0 的江苏省土地城市化模型拟合情况

Quadratic

Model Summary

R	*R* Square	Adjusted *R* Square	Std. Error of the Estimate
0.996	0.992	0.991	89.456

ANOVA

	Sum of Squares	df	Mean Square	*F*	Sig.
Regression	1.719E7	2	8595783.193	1.074E3	0.000
Residual	136039.834	17	8002.343		
Total	1.733E7	19			

Coefficients

	Unstandardized Coefficients		Standardized Coefficients	*t*	Sig.
	B	Std. Error	Beta		
Case Sequence	29.558	14.596	0.183	2.025	0.059
Case Sequence**2	6.102	0.675	0.817	9.038	0.000
（Constant）	952.865	66.553		14.317	0.000

Exponential

Model Summary

R	*R* Square	Adjusted *R* Square	Std. Error of the Estimate
0.995	0.989	0.989	0.048

ANOVA

	Sum of Squares	df	Mean Square	*F*	Sig.
Regression	3.854	1	3.854	1.644E3	0.000
Residual	0.042	18	0.002		
Total	3.896	19			

Coefficients

	Unstandardized Coefficients		Standardized Coefficients	*t*	Sig.
	B	Std. Error	Beta		
Case Sequence	0.076	0.002	0.995	40.543	0.000
（Constant）	873.455	19.647		44.457	0.000

The dependent variable is in（建成区面积）

Logistic

Model Summary

R	*R* Square	Adjusted *R* Square	Std. Error of the Estimate
0.995	0.989	0.989	0.048

ANOVA

	Sum of Squares	df	Mean Square	*F*	Sig.
Regression	3.854	1	3.854	1.644E3	0.000
Residual	0.042	18	0.002		
Total	3.896	19			

Coefficients

	Unstandardized Coefficients		Standardized Coefficients	*t*	Sig.
	B	Std. Error	Beta		
Case Sequence	0.927	0.002	0.370	532.552	0.000
（Constant）	0.001	0.000		44.457	0.000

The dependent variable is in（1/建成区面积）

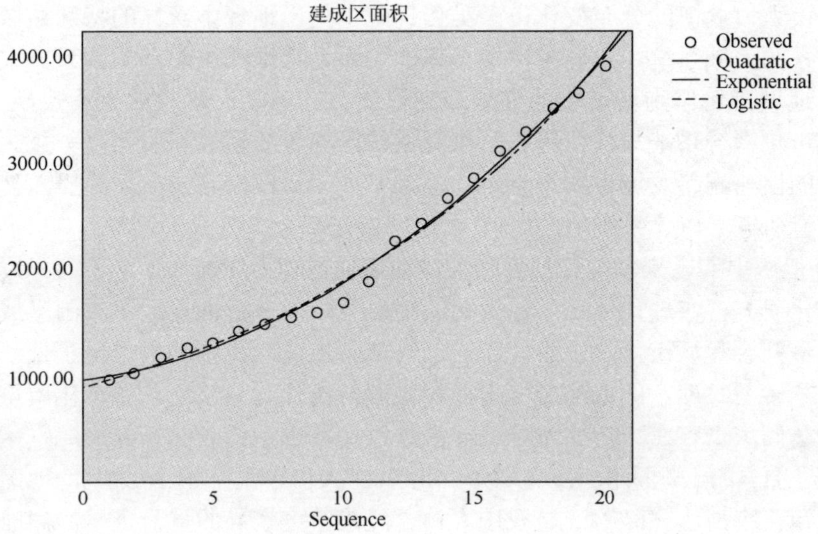

后　　记

由于城市化的复杂性，各学科对其的理解也不尽相同，经济学强调城市化是经济发展的结果，地理学强调空间的转移，社会学强调生活方式的转变，人口学强调城市人口规模的分布变化……吴传钧院士指出地理学研究的特殊领域是研究人地关系的地域系统，人与土地综合体的关系是人地系统的基本关系。人口城市化与土地城市化作为城市化的重要表现形式，二者动态耦合的过程反映了人口-土地城市化耦合系统与外部环境，以及系统内部各要素之间的相互关系。随着城市科学的快速崛起及城市体系理论的不断发展，非线性系统模型的引入使得从定性到定量研究城市化系统中的人口-土地城市化耦合关系成为可能。

20 世纪中期以来，世界范围内人口城市化进程不断加快，基于西方发达国家的城市化研究，在理论体系日趋完善的情况下，其普适性也因不同国家或地区所处的经济社会和城市化阶段不同而受到质疑。当前，我国的城市化正处于快速发展和深刻转型时期，无论从经济指标对比还是统计数字验证，城市化质量与同阶段的发达国家仍存在一定的差距。特别是以江苏省为代表的东部沿海发达地区，以全国 1.11%的土地面积承载了全国 5.80%的人口，生产了 10.23%的地区生产总值，城镇化率高达 66.5%，是我国人口、经济密度较高的省份之一，然而省内不同地区的城市化发展严重不均衡。作为我国资源环境硬约束和土地利用结构性矛盾较为突出的省份之一，江苏省对于推动国土空间利用方式向集约化生态化转型的需求最为迫切，在经济新常态背景下如何跨越从高速增长到高质量发展的拐点有待进一步研究。

我对城市化的认识始于张小林教授的“中国地理”课程，张老师早在 20 世纪 80 年代后期就承担了乡村城市化方向的国家自然科学基金项目，他讲课思路清晰、观点鲜明，每次我总是坐在第一排听课。我于 1994 年考入南京师范大学，就读于地理教育专业，南京师范大学地理学发展历史悠久、人才辈出，第一任系主任李旭旦先生是我国现代人文地理学的奠基人。大学四年里我有幸受到地理系老前辈的传道授业，不仅夯实了地理学专业基础，更深受他们严谨治学的态度的熏陶。大学毕业后我有幸留在土地管理专业工作，孙在宏教授把我领进了土地管理专业的大门。孙老师从 20 世纪 90 年代起就开始了对国土资源信息化的探索，在我踏上工作岗位之初就担任我的教学导师。后来我如愿考取了本校人文地理专业硕士研究生，在孙在宏、张小林和李剑波三位老师的联合指导下，进一步学习土地管理知识。他们常常聊起他们当年的求学经历，告诫我研究生阶段的学习方法是沿着导师指引的方向主动向前走。硕士研究生学习期间，我有幸在他们的指导下参与了多个省份的土地利用总体规划编制工作，张小林老师更是将自己编制两轮土地利用总体规划的经验悉数传授予我，并指导我完成了《经济发达地区与欠发达地区土地利用规划模式比较研究》的硕士毕业论文。

博士研究生阶段，有幸师从张老师门下，他无数次给我讲述城乡发展学科前沿动态、研究思路及研究感悟，让我从中汲取理论与实践的精华。考虑到我的土地管理专业背景，张老师早早为我指明了城市化与土地利用相结合的研究方向，在他的帮助下，我参与了江苏省城乡发展多项课题研究，对全省城市化发展有了较为深入的认识，进而选取了人口-土地城市化耦合关系的研究方向，后经张老师反复督促、点拨、审阅，终于以此方向完成了我的博士毕业论文，本书即是在博士学位论文基础上进一步修改完善而成。从论文修改到书稿的付梓无不凝聚着老师的关心和指导。学生的每一步成长，无不凝聚着张老师的心血和教诲，张老师高尚的道德品格、严谨的治学态度、深厚的专业功底和宽广的学术视野深深影响着我，使我受益终生。

地理科学学院“宽松、和谐、向上”的学院氛围为我的工作、学习创造了良好的环境。诸位老师在本书的写作过程中提供了很多帮助。本书得到国家自然科学基金（人口城市化与土地城市化耦合过程及其机理研究——以江苏省为例，项目编号 41371172）资助。感谢本书的责任编辑周丹女士、黄梅女士等诸位编辑老师，她们深厚的学术素养和认真细致的工作态度保证了本书的顺利出版。

我要深深感谢我的家人一直以来对我的坚定支持和鼓励，特别要感谢我的妻子，她为家庭付出了太多。

学然后知不足。我深知自己的差距，将沿着老师们指引的方向，砥砺前行。

王亚华

2019 年 2 月于南京师范大学行远楼